中国博士后科学基金资助项目（编号：20090460995）

Ling Shijian Jingzheng
De Zuzhi Chuangxin
Moshi Yanjiu

零时间竞争
的组织创新模式研究

胡杨 著

人民出版社

策划编辑:李春生　吴焰东
责任编辑:吴焰东
封面设计:肖　辉

图书在版编目(CIP)数据

零时间竞争的组织创新模式研究/胡杨 著.
-北京:人民出版社,2010.6
ISBN 978－7－01－008898－3

Ⅰ.零⋯　Ⅱ胡.⋯　Ⅲ.企业管理-组织管理学　Ⅳ. F272.9

中国版本图书馆 CIP 数据核字(2010)第 075673 号

零时间竞争的组织创新模式研究

LINGSHIJIAN JINGZHENG DE ZUZHI CHUANGXIN MOSHI YANJIU

胡杨　著

人民出版社 出版发行
(100706　北京朝阳门内大街 166 号)

北京市文林印务有限公司印刷　新华书店经销

2010 年 6 月第 1 版　2010 年 6 月北京第 1 次印刷
开本:880 毫米×1230 毫米 1/32　印张:9.25
字数:260 千字　印数:0,001-5,000 册

ISBN 978－7－01－008898－3　定价:20.00 元

邮购地址 100706　北京朝阳门内大街 166 号
人民东方图书销售中心　电话 (010)65250042　65289539

序　一

　　胡杨博士的《零时间竞争的组织创新模式研究》提出了变革性的企业组织管理思想。看完他送来的样本,我深受启发!

　　在机会与挑战并存的 21 世纪,每个企业都面临一些亟待解决的问题:

　　一是生存危机。据报道,中国企业的平均寿命不到 3 年。1970年名列《财富》杂志"全球 500 强企业"的公司,到 20 世纪 80 年代有三分之一已销声匿迹,至今仍存的已屈指可数。组织被侵蚀的过程往往难以感觉和意识到,当一个组织意识到危机存在之时,可能已无力回天!

　　二是市场应变能力。随着时代的发展,人们对产品要求越来越高,个性化的产品越来越得到市场的青睐,个性化已经成为消费主流。也因为如此,为了适应市场变化,生产条件也随之多样化。生产条件多样化增加了管理的难度和复杂性,要求改变原本按部就班的生产方式,从经营层到基层管理员,都要肩负灵活应对市场的重任。产品生产周期的缩短和品种多样性产生了供求不确定性,对于市场需求变化的判断变得越来越难,有的产品积压销售不出,热销的产品却因产能不足而错失商业机会。

　　三是规模和组织间矛盾。企业从手工作坊发展到有规范和制度的阶段,却又发现规范和制度造成了本位主义和山头现象。如果不能打破不同机能业务部门之间的壁垒,内部的摩擦、消耗将会赶跑所有客户,低效率将蚕食企业的利润,甚至拖垮企业。

　　"零时间竞争的组织创新"的管理理念,旨在鼓励人们抛开心中一切束缚和先入之见,勇于打破传统,超越组织界限,接受全新挑战。快速响应,并满足顾客的个性化需求,正是帮助企业解决上述矛盾的制胜法宝。

在传统经济中,零代表虚无;在知识经济中,零代表一切。作者以丰富的管理经验融合中国传统管理智慧,提炼出全新的管理理念——零时间竞争下的企业组织管理,对传统的组织管理思想提出了根本性挑战。

书中还对联想、方正、华为、海尔及湖南三一等以快速响应著称的国内企业的大量案例进行分析,那些致力于超越组织界限的 CEO、经理人员和咨询顾问们,可以从中更深刻地理解"零时间竞争"的强大威力,理解其中所蕴藏的令企业长盛不衰的火种。

本书作者胡杨博士具有丰富的企业管理实践经验,并富有睿智和洞察力。多年来,他潜心学习,先后研读了国内外大量经济与管理方面的专业书籍,成为了这方面的行家里手。他曾任国内几家管理咨询公司的首席顾问,专门提供企业战略管理、组织行为及人力资源管理方面的咨询,专业方向还包括运作性及战略性知识管理、业务整合以及区域经济研究。他尤其擅长帮助企业建立知识管理体系。目前他正在武汉大学工商管理博士后流动站进行博士后研究,并获批了中国博士后科学基金项目。衷心祝愿他不断取得新成果,并能将知识最大限度地转化为生产力。

李燕萍

2009 年 9 月 16 日

序　二

决定企业产品竞争力的六大因素是价格、质量、品种、服务、时间和环保，这六大因素在不同历史时期对竞争力的影响是不同的。在工业化发展初期，居民消费水平较低，决定竞争力的主要因素是价格。产品只要便宜、可用，就有市场。要使价格便宜，必须在生产过程和流通过程中降低成本。与此相适应，大量生产(Mass Production, MP)成为主流生产方式。通过大量生产，使过去通过手工方式制造的、价格高昂的汽车，能像"别针和火柴"那样低成本地生产出来，使价格大幅度降低，使普通平民都能买得起。福特的大量方式满足人们想拥有一部车的愿望，一举把汽车从少数富翁的奢侈品变成大众化的交通工具，使汽车进入了家庭。汽车工业成为美国的支柱产业，汽车也改变了人们的生活方式。

后来，随着技术的进步、经济的发展和工业化水平的提高，人们的消费水平也日益提高。此时质量和服务就成为影响产品竞争力的关键。质量高、服务好的产品就拥有更多的顾客。日本企业大力开展全面质量管理(TQM)，创造精细生产(Lean Production, LP)方式，获得成功。

自20世纪80年代以来，环境变化迅速，企业经营环境的不确定性增加，人们的消费方式和消费观念也发生了深刻的变化。竞争优势已逐渐转移到品种和时间上。谁能迅速适应市场环境的变化，推出用户所需要的全新产品，谁就能占领市场、赢得竞争。

企业竞争和经营环境的变化，促使竞争模式从基于价格的竞争向基于质量、品种竞争转移，现在转移到基于时间的竞争(Time-Based Competition, TBC)。

基于不同因素的竞争对生产运作管理有直接的影响。当价格是竞争的主要因素时，出现了"基于成本的竞争"，典型的生产方式是大量生产;当质量成为竞争的主要因素时,出现了"基于质量的竞争",典型的生产方式是精细生产;当品种成为竞争的主要因素时,出现了"基于柔性的竞争",典型的生产方式是计算机集成制造(Computer Integrated Manufacturing, CIM);当交货期或上市时间成为竞争的主要因素时,出现了"基于时间的竞争",典型的生产方式是敏捷制造(Agile Manufacturing, AM)和即时顾客化定制(Instant Customerization,IC)。

基于时间的竞争不是不要价格、质量、品种,而是在满足这些因素的前提下及时响应顾客的需要。即时顾客化定制追求零时间,零时间是对顾客需求响应时间的极限,是基于时间竞争的最高目标;顾客化定制完全按照顾客个性化的要求提供产品和服务,是为顾客服务的最高标准。实现顾客化定制要求顾客一旦提出要求,就能将知识和其他资源转换成顾客所需要的产品和服务,这就要求企业和供应商成为一个有机的整体。

实现IC,需要及时、迅速、正确的决策,就要以合拢管理思想建立零时间组织,使决策分散及时地进行。这是实现快速决策的保证。

一个大的组织要作出及时而正确的决策,决策必须分散进行。1998年,雷蒙德·叶和克瑞·皮尔逊提出零时间的哲理、零时间理论的法则和零时间组织等概念。合拢管理(Holonic Management)认为组织中的每一部分自身就是一个整体,是一个完整的实体,同时又存在于(组织)整体之中,是(组织)整体中的整体。提出要以"总体中的总体"(Whole within a Whole)思想建立"零时间"组织,这是企业组织理论的一个重大创新。要使先进的思想和概念能够实施,就要进一步研究"零时间"企业的功能和结构等一系列问题。而要做到分散的决策符合整体目标,需要建立相应的运行机制和基于总体目标的激励机制,使自治和协同统一;要使分散的决策正确,就需要通过及时的教育与培训提高员工素质,并进行及时而有效的沟通。

胡杨博士以组织创新理论为立论依据,以基于时间竞争的快速响应企业为研究样本,综合运用管理学、经济学、组织行为学、生产运作管理、系统论、运筹学及数理统计等学科的理论和方法,研究了面向 TBC 环境的企业组织创新的结构模式、过程模式、评价模式及激励模式,并进行了相应的实证研究。研究内容涉及管理学科前沿,研究工作具有重要理论意义和实践意义,得到的丰富翔实的实证资料可供企业界参考。

　　全球性竞争使得市场急剧变化,管理创新和组织变革是解决这个影响企业生存和发展的世界性问题的关键之一。本书将理论与实践相结合,对企业的组织变革和创新发展有着重要的参考价值。本书的出版,将丰富基于时间竞争运作管理及其组织创新的内容,为企业在基于时间竞争中赢得竞争优势提供一定的指导。

陈荣秋

2009 年 9 月 28 日

目　录

前　言

　　1988 年,乔治·金·斯达克在《哈佛商业评论》发表了一篇具有里程碑意义的文章——《时间:下一个竞争优势资源》。在这篇文章里,乔治·金·斯达克分析了第二次世界大战以来日本企业经历的至少四次竞争优势演进过程:低劳动力成本优势战略→基于规模的资金密集优势战略→集中生产优势战略→柔性生产优势战略。这些竞争优势战略在各自特定的历史时期帮助日本企业走出困境,走向成功。乔治·金·斯达克从日本企业竞争优势的演进过程中看到了时间的"前景",提出了基于时间竞争(Time-Based Competition,TBC)的概念,"今天,时间走向了前沿,成为竞争优势最有力的新资源"。

　　1998 年,雷蒙德·叶和克瑞·皮尔逊发表了《零时间:21 世纪企业的概念结构》,提出了零时间(Zero Time)和即时顾客化定制(Instant Customerization,IC)的概念。

　　2000 年,雷蒙德·叶、克瑞·皮尔逊和乔治·科兹梅特斯基三人出版了《零时间:时时提供即时顾客价值》,他们从概念上对零时间哲理、零时间 5 项法则和如何才能成为零时间组织等方面对零时间理论体系进行了论述。零时间概念的提出是对基于时间竞争理论的重要贡献。2002 年,这本书被译成中文出版。

　　2001 年,克里斯多佛·麦尔在"速度的第二代"中按照先后顺序将 TBC 划分为两代。第一代 TBC 砍去工作流程中非必需的时间,使得组织变得更加轻便、浓缩和灵活,例如,减少批量、"拉动"(Pull)的哲理、并行工程、计算机辅助设计等等。这是 TBC 的最低要求,是直线式的。第二代 TBC 是快速决策,它与第一阶段有着本质的差别,是非理性的和曲线性的。快速的决策依据市场顾客的需求和对将来的远见。

　　2001 年,杰瑞·温德和阿温德·朗格斯瓦米预计顾客化定制是大量定制的下一次革命。

国内外对基于时间竞争条件下的生产运作管理问题进行了大量研究，取得了很大进展，提出了很多新概念、新理论和新方法，并已经在一些管理先进的企业，如戴尔、通用电气、思科等公司得到应用。"零时间"概念的提出，开阔了人们对基于时间竞争研究的视野，使即时满足顾客的需求成为可能。

从斯达克"基于时间的竞争"到叶和皮尔逊"零时间"概念的提出，是一个从宏观描述到微观探索的过程。从 Dell 等公司的实践，使我们认识到零时间组织并非空想，尽管公司离零时间企业还有很大差距。工业革命后的 200 多年，世界经济一直呈加速发展趋势，当今世界唯一不变的就是变化。急剧变化的时代使得时间成为取得竞争成功的最重要的因素。缩短对顾客需求的响应时间的极限就是零时间：顾客一旦提出要求，企业就能立即将可利用的资源转化成顾客个性化的产品和服务。这在进入信息时代以前是无法想象的。零库存曾经是不可想象的，现在已被广泛接受，零时间概念也将很快被人们接受。

叶和皮尔逊虽然从 Dell 等公司的实践经验中提炼出"零时间"的概念和零时间组织的法则，但多年从事生产运作管理研究和管理的实践，使我们认识到，任何新的思想仅停留在概念上是不能转变成生产力的。日本企业是先有实践，然后由管理学家（大部分并不是日本人）总结上升到理论。如果没有超级市场的启发，就没有看板控制系统；而没有看板控制系统和相应的工厂布置和管理保证（零调整准备时间、零缺陷、TPM、U 型生产单元等），准时生产的思想也就不能实现。因此，有必要借鉴大量生产（Mass Production）、精细生产（Lean Production）和大量定制（Mass Customization）生产已有的研究成果，系统研究顾客化定制（Customerization）和即时顾客化定制（Instant Customerization）的理论、方法、系统、模型和规则，并结合我国的实践，使即时顾客化定制在我国企业能够实施。

按照克里斯多佛·麦尔的划分，现在所做的研究集中在实现 TBC 的最低要求，即砍去工作流程中非必需的时间。对于第二代

TBC 的核心内容——快速决策,研究较少。

随着经济全球化和市场一体化程度的加剧,企业拥有全球市场的同时也必须面对全球的竞争者。敏捷化、高速度以及协作竞争成为零时间竞争的主要特征,创新成为基于时间竞争环境下获得竞争力的主要源泉;客户也从原来单调的低层次需求发展成为凸显个性化的高层次需求。为了适应这种变化,企业战略导向必须具备快速反应、满足顾客个性化需求以及把握核心竞争力三个特点,这些都要求企业向敏捷化、柔性化的方向转变,组织模式向扁平化、虚拟化、网络化和有利于提高企业能力的方向创新。

本研究以国家自然科学基金重点项目(70332001)和中国博士后科学基金项目(20090460995)为依托,以组织创新理论为指导,以典型的快速响应企业为研究样本,综合运用管理学、经济学、组织行为学、生产运作管理、系统论、运筹学及数理统计等学科的理论和方法,研究了面向 TBC 环境的组织创新结构模式、激励模式、过程模式及评价模式,并进行了相应的实证研究。主要得到以下研究成果:

第一,提出了 TBC 下基于敏捷供应链管理的物流组织结构整合模式。构建快速反应能力是当今企业在 TBC 环境下获取持续竞争优势的重要途径,同时也对企业的组织模式和运行机制产生深刻影响。单元组织结构具有反应迅速、流程优化、运作灵活、动态边界、自我创新的特点,是企业组织创新的发展趋势。基于市场环境动态性和复杂性对组织模式提出的要求,分析了基于时间竞争的内涵、TBC 环境下的组织模式特征及其对组织创新的要求,并阐述了基于合拢管理思想的单元组织结构及其运作模式,在此基础上提出了 TBC 环境下的组织结构创新路径和模式,着重指出了基于敏捷供应链管理的四种物流组织结构整合模式。

第二,建立了 TBC 环境下的面向零时间企业的组织创新激励模式。本书面向零时间企业,在简要阐释零时间企业内涵的基础上,剖析了零时间企业激励的特点与原则,指出了即时激励的重要作用,提出了即时激励的基本内容和"三位一体"的即时激励实现模式。同时,本书还从正反两方面指出了员工流失的利弊,对员工流动的成因进行了分析,并提出了降低员工流失率的激励对策。

第三,修订和完善美国著名学者阿马布勒(1988)提出的组织创新模式,构建了面向 TBC 环境的组织创新过程模式。阿马布勒特别重视个人创造力对组织创新的影响,认为个人创造力是组织创新的主要元素,无个人创造力便无组织的创新。而本书所建构出来的组织创新过程模式,强调个人、组织、环境三个因素的互相配合与互动。本书归纳出来的个人因素包括关键人物、组织成员创造力、个人心态与个人经验等,组织因素包括组织结构、组织文化、组织资源与组织气候等,环境因素则包括顾客、科技、供应商、竞争者及政策等。

第四,整合"过程理论"与"组织的创新能力"两种研究取向,构建了面向 TBC 环境的组织创新评价模式,并以多元观点定义组织创新。过去评价组织创新的程度大都采用认知型问卷以主观指标来评估或仅用一些简单的客观指标,而本书参考了许多专家学者认为 TBC 企业组织模式应该加入的构面,同时还加入了客观与主观的指标,并提供了一套严谨的计算方式。对于组织创新的评价,本书提出了许多具有建设性的改善方向。

书中阐述的一些思想不仅对企业、高校和科研院所中从事人力资源管理的理论工作者和实践工作者有参考价值,对各级领导和从事人的思想和组织工作的各界人士也有参考价值。本书的贡献与附加价值在于:本书研究了我国组织创新的现状,提供了组织创新的新思维,并且提出了我国 TBC 环境下组织变革中存在问题的解决思想和可以借鉴的框架与思路。

由于本书是对零时间竞争的组织创新模式进行的探索性研究,错误、不足之处在所难免,敬请广大读者和专家、学者批评指正。

胡杨
2009 年 9 月 8 日

1 绪 论

1.1 选题背景

今天的企业经营环境呈现着基于时间竞争的复杂氛围,其主要特征为:(1)让人无法跟上步调的技术和知识变迁、游戏规则变异、异业技术融合及典范转移(Paradigm Shift)的速度,带来稍纵即逝的商机和成功;(2)多得让人无法吸收的信息,使人困惑迷惘而陷入多种可能选择的迷宫;(3)跨领域突现的颠覆性新技术,一夜间让经营典范的大企业黯然引退,规模大已不能成为防护的堡垒;(4)科技的高度发展,带来了多重风险及全球化风险的文明困境(Immeiseration of Civilization);(5)信息科技与网络的结合改变了全球产业结构及竞争的基础,更使得组织疆界、产业疆界、国家疆界逐渐变得模糊和毫无意义;(6)企业组织之间充斥着复杂的关联性(Interconnectedness)、联结性(Connectivity)和竞争性;(7)全球经济趋向知识化、创新化、网络化、互动化、虚拟化、数字化、实时化、群聚化、无形化和全球化;(8)企业组织由追求有形资源的传统经济体转变为追求无形智能资本的智价经济体,知识是价值产生的端点,也是报酬归向的端点,而知识的创造、学习、蓄积、管理与加值应用的能力和效率已成为企业组织维持生存与发展的关键;(9)问题都不是简单的局部原因造成的,而是由"危机事件孕育危机事件"的连锁效应造成的,而且问题具有繁衍性,问题的解决总会带来新的问题,问题的产生远比解决方案的出现要快,旧问题的解决总会伴随新问题的产生。

面对这些基于时间竞争的环境,一方面要求企业充分满足顾客个性化需求,另一方面要求制造商尽可能缩短产品交货时间,即生产方式趋向于即时顾客化定制。随着决定竞争力的主要因素从价格、质量、品种等逐步转向速度，企业之间竞争的焦点开始转向时间，时间成为竞争优势最有力的资源（George Jr. Stalk，1988），从而出现了基于时间竞争的快速反应、并行工程、敏捷制造系统的竞争策略。基于时间竞争的公司由于能够快速地响应顾客需求，从而获得了比竞争对手更大的利润和市场份额（Vinocur M. Richard，1994）。

缩短对顾客需求响应时间的极限就是零时间：顾客一旦提出要求，企业就能立即将可利用的资源转化成顾客个性化的产品和服务。1998 年，雷蒙德·叶（Raymond T. Yeh）和凯丽·皮尔逊（Keri Pearlson）提出了零时间和即时顾客化定制的概念。随着零时间概念逐渐为顾客和企业所接受，崭新的游戏规则要求企业必须以新的思路来运作。舒斯特尔（Schuster）和杜福克（Dufek，2004）提出了以顾客为中心的企业范式（Consumer-Centric Business Paradigm），从供应链、产品设计和制造的角度研究了如何响应顾客的需求。其实，外部灵活地运用供应链的力度和广度必须与内部整合相结合，陈荣秋教授提出了以顾客为中心的管理模式（陈荣秋，2005）。[1] 随着企业范式和管理模式的转变，与之相适应的组织构造和运作方式也必将发生根本性的变化，实现内部运作与外部环境的和谐（即时适应）。例如，20 世纪 80 年代初，通用汽车公司由于没有进行组织变革，虽然花费几十亿美元安装了机器人和计算机辅助制造设备，但是并没有改善生产率。

为了寻求与实现即时顾客化定制生产模式相对应的组织运作方式，雷蒙德·叶和克瑞·皮尔逊（2000）[2]等提出了"零时"公司的概念。从联邦快递公司、戴尔计算机公司、通用电气公司和思科公司等成功企业的发展趋势来看，零时间企业是这些公司逐步接近的目标。因此，零时间企业已经成为基于时间公司（Time-Based Company）追

---

① 陈荣秋：《基于时间竞争的运作管理新技术与新方法研究》（国家自然科学基金申请报告），2003 年 9 月。

② 雷蒙德·叶、克瑞·皮尔逊、乔治·科兹梅特斯基著，唐德琴、唐文焕、邵浩萍译：《零时——即时响应客户需求的创新战略》，电子工业出版社 2002 年版，第 193－222 页。

求的企业运作和经营方向,成为企业发展的必然趋势。与虚拟组织运作方式相比,零时间组织更进了一步,立足于如何快速响应并满足顾客的个性化需求。新的竞争模式和运作模式要求有新的组织形式来支持,零时间组织运作方式只有在具体的组织构架上才可能得到真正的实现。如何构造零时间组织的基本构架,雷蒙德·叶和克瑞·皮尔逊(2000)等提出采用合拢管理思想(整体中的整体)来构建零时间组织的启发性思路。根据合拢的管理思想来构建零时间组织,在组织上突破有形的界限,虽然存在生产、营销、设计、财务等功能,但组织内部没有专门执行这些功能的部门。例如,意大利电力巨头 AES 公司没有市场部、财务部、人力资源部等专设职能部门,而是将下属的电厂和业务发展活动划分为两个区域,每个区域都由一位经理领导,每个电厂也有一位经理,监管负责厂内事务的 20 个小组,每个小组包括组长在内有 5 至 20 名员工。零时间组织是适应即时顾客化定制的经营管理思想和运作方式,合拢管理是零时间组织构造的设计思路。

高速变化的市场迫使企业保证每项业务有足够小的规模以便调整适应,同时激烈的竞争又要求企业保持范围经济。因此,团队成为许多高效组织应对外部环境变化大的方法之一,从企业流程再造、全面质量管理到新产品开发等都引入了团队作为组织转型的基本工具。越来越多的组织也已经证明团队的确能改进组织的产品或服务质量,迅速响应并满足顾客需求。例如,通用电气公司的实效计划(即现场解决问题)与变革促进计划就是授权拥有丰富知识和经验的多功能小组解决特殊问题,提高对顾客的反应能力;麦肯锡咨询公司建立了一个快速反应小组,其目标是在 24 小时内跨越全球,为公司面临难题的咨询员与其他可能具有专业知识的咨询员建立联系;美国波音公司有 10 万台 DEU 公司的 PC 机,DEU 公司有 30 人常驻波音公司,就像波音公司的一个部门,这个常驻小组参与波音公司的生产计划和技术预测,为波音公司提供各种各样的实时服务。

明茨伯格(Mintzberg)和万德登(VanDerHeyden,1999)提出了集合(分享共同的资源和保持各自独立)、链条(线性关联)、枢纽(协调中心,人员、物品或信息流动的会聚)和网络(不同的节点以各种方式相连)四种组织图工具来描述各种各样的组织结构。利克特(Rensis Likert,1961)提出了以工作群体(Working Group)为基本单元的组织结构(简称群体结构),但是整个结构本身的信息体制(层级传递)并没有变化。团队的大量涌现将伴随着一种新的组织形式——基于团队的组织,这种组织的基础是网络、技能族,跨越与供应商、顾客甚至竞争者的组织边界。1995年,莫蒙(Morman)等人出版了《以团队为基础设计组织》,首先把"Team-Based Organization"作为一种组织类型加以研究。赵春明(2002)进一步从组织的高度上认为,团队是拥有高度自主权的次级组织,团队与团队的结合实际上是两个次级组织的结合,结果形成一个复合组织,即以团队为基础组织(Team-Based Organization)。并且,他还归纳出团队的特征:自组织(即团队成员平等协商、自我学习和自我管理)、网络化和全息性(Holon)。如果将团队特性与合拢特性进行比较,我们能够发现,团队组织(Team-Based Organization)的自组织性、网络性和全息性分别对应于合拢组织的自治性、合作性和合拢级联,也就是说,拥有高度自主权的团队就是合拢体,因此,可以推断:按照合拢思想构建的团队组织(TBO)就是零时间组织的具体架构。

虽然雷蒙德·叶和克瑞·皮尔逊(2000)等提出了"零时"公司的概念,归纳出零时间公司的五项法则:零价值间隙、零学习间隙、零管理间隙、零流程间隙和零内部间隙。而且,不少学者探讨出了按照合拢管理思想构建的组织结构,例如团队组织。尽管这是企业组织理论的一个重大创新,但还不能回答"组织如何面对基于时间的竞争"、"组织如何才能生存于复杂与混沌的TBC环境之中"这样一组组织创新的根本问题所在。

过去数十年间,常见到典范移转(Paradigm Shift)的情形,自20世纪五六十年代生产导向,到七八十年代成本导向,再到九十年代质量导向,直至今天加入WTO后,以时间为主的国际化竞争,管理的思维均随着竞争的形态做不同的改变,因此,建立组织的学习能力、有效的累积培养因应变化与挑战所需的能力,是当前TBC企业经营的重要课题。野中郁（Nonaka，1991）曾研究本田、佳能及松下等知名公司的成功秘诀，结果发现其关键都在于管理新知创造成功的方法，因此他将这些公司称为"知识创造公司"（Knowledge-Creating Company）。[1] 此与奎因（Quinn，1992）所推崇的"智能型企业"（Intelligent Enterprise）极为相似，均强调以知识为基础的资本来建立核心优势。[2] 因此在面向 TBC 环境的竞争中，竞争的型态在于如何塑造和促进有利于知识累积、利用、扩散及创新的组织结构，这意味着未来企业取得竞争优势的关键在于知识资产如何持续创新，如何吸收外来知识，并结合本身的既有知识及创造力，提出新技术、新产品、新管理方式的能力，此即本研究所欲探讨的主题——组织创新。

IT 及其相关产业具有高风险、环境快速变动、产品生命周期短的产业特质，常使得置身 TBC 环境中的企业必须具备更快速的响应能力，才能在竞争激烈的环境中得以生存。本研究在实证研究基础上将以 IT 业及相关联的家电业、零售服务业及汽车业为研究对象，为国内未来进行 TBC 企业组织创新相关议题研究提供参考。

有关"创新"的定义有许多的说法，例如，德鲁克（Drucker，1985）认为，"创新是创业精神的基本工具，它是一种赋予资源新的内涵以创造财富的作为，任何改变现存资源、财富创造潜力的方式，都可称之为创新"[3]。桑德（Souder，1982）认为，"创新是一项高风险的意念，对支持的组织而言是新的，而且此组织相信它有高的潜在利润，或是其他有利的商业影响"[4]。回顾历来学者的研究，文献中常见"创新"（Innovation）一词，且创新的探讨多集中于技术上的改进或突

[1] Nonaka, I. , "The Knowledge-Creating Company", *Harvard Business Review*: 1991, pp. 96 – 104.

[2] Quinn, J. B. , "The Intelligent Enterprise: a New Paradigm", *Academy of Management Executive*, 1992,6(4):pp. 48 – 63.

[3] Drucker, P. F. , *Innovation and Entrepreneurship: Practice and Principles*, Heinemann, London,1985.

[4] Souder, W. E. and Quaddus, A. , "A Decision Modeling Approach to Forecasting the Diffusion of Longwall Mining Technologies", *Technological Forecasting and Social Change*,1982,21,pp. 1 – 14.

破,"创新"与"技术创新"(Technology Innovation)常被视为同一件事,关于技术研发创新的相关研究较多,然而就整体组织观点来探讨组织创新的研究则相对较少,因此有关组织创新理论的补充与其内涵的探讨就更显得重要。基于上述背景,本书将以 TBC 企业为研究主体,探讨与其密切相关又极具重要性的研究课题——组织创新,通过严谨的研究流程,结合量化与质化的研究方法,厘清组织创新的内涵、过程模式、评价模式、激励模式以及与其他相关变量间的关系。

1.2　研究动机

本书的研究动机可分别从实务面、理论面及组织的内外角度来加以阐述:

1.2.1　实务层面的观察

创新相关的研究常被局限在技术或科技方面,然而德鲁克(Drucker,1985)却提出相左的看法,他认为创新一词应该是经济或社会性的用语,而非科技性用语,换言之,对经济或社会具有价值方能称得上是创新,他举报纸、保险与分期付款为例来说明创新对经济体系的影响,并进一步说明社会创新对经济的影响高于科技创新。创新不但提升了企业整体的竞争力,同时也对人类文明产生了很大的影响。例如,Merck 药厂开发胆固醇用药 Mevacor 是一项创新;Wal-Mart 将折扣零售商店设立于美国西南部的小城镇、Federal Express 的当天运送服务都属于创新的一种;知名企业如迪士尼、3M、任天堂、英特尔发展的集成电路技术、SONY 公司开发的晶体管收录音机及录放机、福特汽车公司的装配线生产方式、丰田公司的 JIT 系统等都以整体组织系统性的创造力及创新为基础为企业建立竞争优势,并造福社会与世界。

姑且不论哪种创新对经济影响较大,21 世纪强调的新管理典范——知识经济,一再揭示知识资本、企业创新能力、信息科技应用的重要性。过去的工业制程、产品可以维持很长的生命周期,现在则很短的时间内就要改变,否则很快就会变成存货滞销,因此,一家企业能否拥有足够的竞争力,所依靠的不再只是土地、资金、设备,时间才是决胜的关键,创新则是赢得时间的手段。然而,创新并不局限于高科技产业,也并非一定要全新的产品发明,许多小创意或改善,就能创造出价值与商机。我国的创新仍停留在制程的创新,今后我国的企业必须从产品、技术、研发、组织、营销、文化等环节,来提升企业整体的组织创新能力。历年来的标杆企业调查显示,前瞻与创新两项指标是影响企业发展最重要的因素,而企业家在创新能力上所获得的加权评分更逐年上升,显见企业家愈来愈重视以创新来累积知识资本,这也是中国未来企业该走的路。因此,无论是传统产业或是高科技产业,创新都对企业的成长与发展具有相当的重要性,而创新也不仅仅限于技术的创新或是某一种特定类型的创新,组织创新应包含许多层面的创新策略与活动,相辅相成的结果将使企业发挥更大的综效。创新性组织必须从技术面、硬件面延伸至管理面、软件面,让创意孕育于组织中。组织创新广度与深度的延展,必将为组织带来更多的效益。诚如阿马布勒(Amabile)等人在1996年所言,"创造力在任何领域中都是一种崭新有用的产出,而组织将这些创意想法实现于组织中的过程称为'组织创新'"①。此说法,将组织创新的多元性再度加以诠释。从实务角度观察,组织创新的内涵复杂,企业往往并不清楚组织创新的关键影响因素是什么,更不了解企业目前组织创新的程度,或是投注在组织创新的努力上是否具有效率,当然也无法认识组织创新对企业绩效的影响力究竟有多大。因此,组织创新的影响因素以及组织创新与组织绩效间的关系相当值得探究,而由整体角度具体来探讨组织创新的过程、分析架构及评价模式更为必要。

---

① Amabile, T. M., "How to Kill Creativity", *Harvard Business Review*, 19, pp. 77 – 87.

1.2.2　理论层面的探究

自从熊彼特（Schumpeter）提出创新与扩散对于产业的影响之后，"创新"的概念一直是组织研究的重要课题。就研究组织的学者来说，"如何从创新的引进来提高组织的绩效"一直是个重要的课题，虽然有些学者曾针对创新组织的特征进行研究，然而得到的结论却极不一致，以至于组织创新理论的建构并不容易（旦恩和莫尔，1976）[①]。产生上述现象的原因可能是：（1）不同的新类型并没有很明确的区别（Daft，1978）[②]；（2）未详细考虑到创新的引进是多阶段的过程，而且会产生多种结果（扎特曼和邓肯，1976）[③]；（3）相同名称的变量不同的评价方式（旦恩和莫尔，1976）；（4）在研究过一部分特别领域的组织后，便将创新引进的过程一般化（Daft & Becker，1978）[④]。基于上述说明可知组织创新研究的内容或方向差异很大。就国内的研究而言，截至 2006 年 6 月，在全国硕博士优秀论文信息网中，键入"组织创新"的关键词，相关文献共有 5 篇；查询中文核心期刊目录，关于"组织创新"的研究共计 486 篇；外文期刊数据库键入"Organizational Innovation"，相关文献则共计 257 篇。国内外的研究成果虽然越来越多，然而在组织创新内涵的研究上仍然存在不足，关于组织创新的影响因素以及组织创新与组织绩效间的关系，虽有许多实证研究，然而并未得到一致的结论，或者是发展的模式并不完整，因此，本研究将根植于此，针对上述研究缺口进一步深入研究。

沃尔夫（Wolfe，1994）曾就过去的研究加以归纳，他认为，"组织创新主要有三种不同的研究取向，每一种取向各有其关切的研究问

---

① Downs, G. W. and Mohr, L. B., "Conceptual Issues in the Study of Innovation", *Administrative Science Quarterly*, 1976, 21: pp. 700 – 714.

② Daft, Richard L., *Organization Theory and Design*, Paul: West Pub., 1995.

③ Zaltman, G. Duncan, R. and Holbek, J., *Innovations and Organizations*, Wiley New York, 1973.

④ Daft, R. L. and Becker, S. W., *The Innovative Organization*, Elsevier, New York, 1978.

题、模式及其数据搜集方法",三种研究取向分别是"创新的扩散"的研究取向、"组织的创新能力"的研究取向和"过程理论"的研究取向。① 虽然沃尔夫(Wolfe,1994)提出的三种研究取向都有一定贡献度,然而仍各有其主要的限制:"组织的扩散"的研究取向虽可知道扩散的作用,然而此研究取向常因其无法明确解释何时及为何会有创新的扩散型态,因此限制了我们对于"组织的扩散"的进一步了解。"组织的创新性"的研究取向虽可找出重要的影响因素,但也常因其未交代预测变项的交互作用而常受批评。"过程理论研究"的研究取向虽能指出创新的几个不同过程,但也正因为创新过程是极其复杂的,并不易找出真正的序列的阶段模式(Sequential Stage Model),因此其贡献也受限。组织创新本身是一个动态的过程,若仅从组织创新的结果来进行研究便会失的偏颇,而无法窥得全貌。基于以上各研究取向间的矛盾与缺陷,本书将整合"过程理论研究"与"组织的创新性"两种研究取向,针对上述各研究取向不足处进行更深入的探索与研究。

9

除上述分类外,组织创新的研究也可分成许多不同的观点:产品观点、过程观点、产品及过程观点、多元观点。产品观点的学者是以产品观点定义"组织创新",认为"组织创新"是指组织产生或设计新的产品(柏斯基,1989)②,进而该产品可以获奖或成功上市(Blau & McKinley,1979)。过程观点认为"组织创新"可以是一种"过程"(Process)。阿马布勒(Amabile,1988)便是采取"过程"观点的定义。产品及过程观点则认为"组织创新"是任何对事业单位而言是新的产品或程序的创造。多尔蒂(Dougherty,1995)等人认为"组织创新"是一项复杂问题的解决过程,涉及的活动包括产品设计、产品创新、部门协调及公司资源、结构、策略的配合。③ 多元观点则采取多元(Mul-

① Wolfe, R. A., "Organizational Innovation: Review, Critique and Suggested Research Directions", *Journal of Management Studies*, 1994,31(3):pp. 405 – 430.

② Burgess, B. H., *Industrial Organization*, Prentice-Hall, Englewood Cliffs, N. J., 1989.

③ Dougherty, D. & Bowman, E. H., "The Effects of Organizational Downsizing of Product Innovation", *California Management Review*, 1995,37(4):pp. 28 – 44.

tiple)的观点定义"组织创新",他们认为过去学者们对于"组织创新"持有的产品或过程观点,大多着重在企业的"技术创新"层面,对于管理政策或措施等"管理创新"层面有所忽略。

换言之,"技术创新"(包括产品、过程及设备)与"管理创新"(包括系统、政策、方案及服务),都是"组织创新"可能的展现。本书则采取多元(Multiple)的观点来探讨"组织创新"。整合"过程理论研究"、"组织的创新性"两种研究取向以及多元观点来探讨组织创新,将使得本书所建构的组织创新模式兼具深度与广度,立论将较为严谨。本书完成了组织创新模式的建构之后,将进行组织创新与其前置影响因素(包括个人、组织与环境等相关变项)及结果变项(组织绩效)关系的实证研究,研究结果有助于实证数据的累积,同时也能包含斯拉潘多(1996)①所归纳出组织创新研究的三大分析角度:个人、组织与过程互动。通过本书的实证分析,组织创新的研究角度与内涵将得以延伸与充实。

1.2.3 组织外部角度的审视

从组织外部角度而言,组织镶嵌在环境里,必会受环境的既有规范和条件的影响和制约,而且必须不断面对环境的变迁。组织要生存与发展,必须能够主动适应环境变迁并和环境维持一种动态平衡的互动关系。一个体质健全的组织,本质上应为一种具多重目标和功能,并与环境维持着多面性良好交换、互动与互赖关系的开放的、演化的"复杂适应系统"(Complex Adaptive System)。组织必须适应环境,才能找到适合其生存与发展的根基。诚然,组织长期生存与发展,维系于其核心技术的运作效率以便在市场上取得一席之地,但也必须从环境中不断寻求了解、支持与资源供应,否则组织将因其核心技术的运作无法顺利展开而逐渐瓦解。因此,组织应在创造社会附加值与满足利益社群需求的实质贡献,以及顺应社会规范与文化价

---

① Slappendel, "Carol Perspectives on Innovation in Organizations", *Organization Studies*, 1996,17(1):pp. 107 – 129.

值的前提下,积极主动创造机会、争取利益社群的支持、维持与环境长期均衡的互动关系、取得组织生存与发展所需的关键资源,以达到经营目标,完成经营使命。从开放性角度而言,广大利益社群对组织长期生存与发展具有载舟覆舟的双重角色,并对组织不断地施予多面性社会控制压力。因此,组织应以一种协调、合作、沟通、信赖与适应性为主的社会互动关系的阴柔机能,弥补或活化传统官僚组织以指挥、专制、控制、威权与维持性为主的技术效率理性的阳刚结构,方能与环境维持着共存共荣及双向交流的长期互动关系。因此,组织在面对 TBC 环境压力时,应具备权变的调适弹性,凭借有效的全方位沟通争取广大利益社群的理性上的相知共识、情感上的交流共享、态度上的支持认同与行动上的信赖合作,缩短组织自身的价值体系与环境的价值及需求之间的差距,以维系组织的生生不息。这种观点,将可提供组织在进行诸如组织精简(Downsizing)、组织复位(Re-orientation)、组织重构(Re-structuring)、组织重组(Re-configurating)、组织重建(Re-invention)、事业流程再造(Business Process Re-engineering)、文化变革方案(Culture Change Program)、全面质量管理(Total Quality Management)、外包(Outsourcing)、六个标准差(Six Sigma)、企业资源规划(Enterprise Resource Planning)等组织创新或转型(Organizational Change or Transformation)时的一种宏观思维方向。

1.2.4 组织内部角度的思考

从组织内部角度而言,组织是许多具有理念共识的人,为达成某些共同特定目标,将其行为通过多元相互连锁的权力结构关系、沟通及决策等的运作程序和融合过程,彼此互动、协调、分享与贯联所形成的一个合作体系或社会群体。因此,一个组织为了维持其长期生存与发展,除了需努力不懈地强化其核心技术的运作效率以及增强社会性运作机能以弹性适应社会控制压力外,组织内部人性面的行为管理、人力资源潜能开发与运用、权力与政治行为的规范、人际与群际冲突的有效管理等也将是另一种关键要素。技术性运作机能可塑造组织资源转换过程的本质,社会性运作机能则可掌握组织与环境资源交换关系的动态,而组织内部人性面的价值交流程序相关活动却左右了技术性与社会性运作机能的效率与效能,能促进组织不断自我超越、自我更新。这种观点,将可提供组织在进行创新或转型管理时的一种微观思维方向。从管理实务而言,管理者应站在组织内外的交会界面上扮演跨疆界角色,以维持与调和内外需求间的均衡,因此须兼顾两面,一面透视组织内部行为并扮演衔接功能(Linking Pin)角色以协调统一各层面的行为机能,另一面警觉环境变迁并扮演网络关系(Network)角色以有效调适与顺应社会控制压力。因此,一个有效的管理者应具备整合性(Synthesis)或全观性(Holistic),将组织视为一种介于封闭系统与开放系统间的混合体,在宏观与微观的组织管理上应该积极统合技术的、社会的、人性的三种组织基本要素,并强化组织内外整体运作的互动与依存关系,才有可能在致力增进组织绩效、回馈社会需求、承担社会责任的同时,也能满足组织成员的需要、增强成员的工作投入与组织承诺。然而,当管理者实际面临组织管理相关问题时,却常主观地依赖其直觉经验或习惯领域,寻求短期局部性的解决方案,而忽略了看似单纯的组织管理问题、其层面往往相互关联的事实,因此容易诱使管理者在试图解决这些问题时,陷入"管中窥豹"的决策陷阱而不自知,导致决策质量无法确保、决策风险无法降低、决策悔意无法摆脱的结果。此外,管理者也往往忽略了自己也是系统的一部分,置身于系统之中,如果他想要采取对系统有利的策略行动,而不了解整个系统将如何演变,则他开启的变革事件终究会回馈(Feedback)过来,迫使自己适应系统的变迁。因此,虽然管理者所面临的问题表面上是短期局部性的,但仍需有系统性或全观性的考虑,方能捕捉问题的全貌(Wholeness),方能看清复杂事件背后运作的简单结构和逻辑,方能因时、因地制宜,实行适当的策略作为。

如上所述,组织是一种复杂适应系统,任何对组织实体所建构的理论,其所呈现的其实只是一种诠释的可能,而非唯一必然的理解方式,任何理论基本上都是受着特定时空条件的制约。虽然各理论呈现很大的差异,但彼此间并不互相排斥。有些具有互补关系,有些则具有替代关系;部分理论从宏观角度观察,部分理论则从微观角度切入;有的理论着眼于组织的经济功能,有的理论则关心组织的社会功能;一些理论注重组织的存亡根因,一些理论则重视组织的形态模式;有的理论视组织为一封闭系统,有的理论则视组织为一开放系统;部分理论从资源依赖角度观察,部分理论则从组织生态角度切入。摩根(Morgan,1986)指出,组织研究领域确实存在着多元典范并置的局面,而典范多元性将带给组织理论无穷的发展空间;他认为,任何理论都是对实体真相的诠释,当人们将实体真相予以理论化时,即在试图描述实体的真相,此有助于人们对于实体真相的认识与理解。然而,任何理论如果坚持己见,则对实体真相的认识与理解将易沦为片面,无法掌握实体真相的全貌,即使汇集了所有的理论观点也无法对实体真相产生完整的图像,只有靠多元观点的平衡来限制偏见的产生。摩根(Morgan,1990)强调,未来的组织理论不可局限于一个固定僵化的世界观,而妨害了人类创造性的发挥,这种开放的态度才能激发出有生命力的组织理论观点。

13

　　因此,本书认为,不同的组织理论对组织实体的真相有不同的描述,单凭某个或某些理论是无法全面解释或深层认识实体真相,也无法给管理者提供有效的理论指引,进而造成理论与实务间的鸿沟,因此,研究者应借助多学科多观点的互动启发,来丰富其对实体真相的理解与想象空间,同时设法搭建各理论间的桥梁,这样才能对实体真相具有较全面的认识和理解,所建构的理论也将具有更丰富的真理性。从超理论(Metatheory)观点来看,组织研究主要有分析和综合两种方式,均对知识有所贡献(华莱士,1992),因此若能整合不同的组织理论观点,即使可能相互冲突,对于实体的真相也会有更完整而接近事实的了解,在知识领域上也可促进理论趋同,并可引导更多组织问题的提出和探讨,激发更丰富更完整的理论思考与研究。实际上,这种对立观点相互贯通与趋同的整合性研究取向,已出现在目前的组织研究领域中并逐渐成熟。

　　组织创新是目前快速响应企业实务上亟待达到的目标,然而组织创新理论尚在发展阶段,组织创新内涵需要加以明确,以作为建构创新理论或后续相关实证研究的基础。此外,组织创新评价模式的建立,有助于企业本身组织创新能力的自我诊断(Diagnosis)、追踪与改善。因此,组织创新在理论上的探索和实务性的研究上,均值得深入探讨。

1.3 研究目的

基于上述研究背景与动机,以下就本书主要的研究目的加以说明:

(1)搜集并分析国内外有关组织创新理论、研究取向及实证研究的相关文献。

(2)通过严谨的研究程序及研究方法(质化与量化),深入探讨基于时间竞争的企业组织创新的本质与意义、构面与评价指标的内涵。

(3)以质性研究法对国内几家以快速反应著称的企业组织进行研究,并修正组织创新领域学者阿马布勒(Amabile,1988)提出的组织创新模型,以建构基于时间竞争的"企业组织创新过程模式"。

(4)基于上述二、三项发展的量表或模式,建构基于时间竞争的企业组织创新评价模式,此模式包括各构面与指标的权重以及详细的计算公式。

(5)以本书建构的组织创新评价模式,进行影响组织创新的因素(个人、组织与环境因素)、组织创新与组织绩效间关系的实证研究。

(6)基于模式建构与实证研究的结果,针对后续研究者提出研究建议与未来研究方向,并对企业界提出因应策略和建议。

1.4 研究范围

组织创新的层面非常广泛,小到一个个体"创造力"的激发,大到一个组织的再造,都可以是创新,如新产品、新科技、新服务的引进,新的管理政策、新的组织形态、更有效的系统方法的产生,等等。因此,大到企业整体组织结构的调整或策略的改变,小到某一产品或流程的改善,都算是组织创新,所以创新的概念是可简可繁的。由于组织创新的定义或分类尚未一致化,本研究希望从组织创新的定义入手,清楚界定组织创新应涵盖的范围及评价指标。许多文献显示,个人变项、组织变项与环境脉络变项均具有解释力(阿马布勒,1988;丹麦普,1984,1987,1991)。[①] 因此,本书将进一步探讨相关变量与组织创新变项间的关系。在实证研究方面,本书以国内几家以快速响应著称的高科技企业为研究样本,通过严谨的统计分析方法,以获得较为具体的结论,作为企业界在实务运用上的参考以及后续研究者的研讨方向。本书的研究范围可用表1-1加以说明。

表1-1 本书的研究范围

分 类　　　范围与内容	本书的研究范围
探讨重点	面向TBC环境的组织创新结构模式、过程模式、评价模式、激励模式的建立,组织创新与影响因素及组织绩效间的互动关系
研究形态	进行大量文献探讨后,整合国内外质化与量化的研究方法、结论与建议。因此,本书包含探索性研究、叙述性研究以及因果性研究
研究变项	面向TBC环境的组织创新影响变项(个人、组织和环境)、组织创新、组织绩效
研究取向	整合"过程理论研究"与"组织的创新性"两种研究取向

---

① Damanpour, F. and Evan, W. M. , "Organizational Innovation and Performance: The Problem of Organizational Lag", *Administrative Science Quarterly*, 1984,29:pp. 392 – 409. Damanpour, F. , "The Adoption of Technological, Administrative, and Ancillary Innovations: Impact of Organizational Factors", *Journal of Management*, 1987,13:pp. 675 – 688. Damanpour, Fariborz, "Organizational Innovation: A Meta Analysis of Effects of Determinants and Moderators", *Academy of Management Journal*, 1991,34(3):pp. 555 – 590.

范围与内容 / 分 类	本书的研究范围
理论基础	机械与有机模式、双核心模式（Dual-core Model）、跃进式（Radicalness）模式、双边俱利的模式（Ambidextrous Model）、双核心及双边俱利模式；组织创新多元观点
实证对象	以国内几家以快速响应著称的企业为研究样本（含 IT、服务、汽车、家电等行业）
分析单位	企业组织
研究方法	质化与量化整合
数据分析型式	主观数据与客观数据
访谈及问卷填答者	企业内生产、研发及人力资源管理等部门的高级主管

16

1.5　主要创新点

（1）提出了 TBC 下基于敏捷供应链管理的四种物流组织结构整合模式。基于市场环境动态性和复杂性对组织模式提出的要求，分析了基于时间竞争的内涵、TBC 环境下的组织模式特征及其对组织创新的要求，并阐述了基于合拢管理思想的单元组织结构及其运作模式，在此基础上提出了 TBC 环境下的组织结构创新路径和模式，着重指出了基于敏捷供应链管理的四种物流组织结构整合模式。

（2）建立了 TBC 环境下的面向零时间企业的组织创新激励模式。本书面向零时间企业，在简要阐释零时间企业内涵的基础上，剖析了零时间企业激励的特点与原则，强调了即时激励的重要作用，提出了即时激励的基本内容和"三位一体"的即时激励实现模式。同时，本书还从正反两方面指出了员工流失的利弊，对员工流动的成因进行了分析，并提出了降低员工流失率的激励对策。

（3）修订和完善美国著名学者阿马布勒（Amabile，1988）提出的组织创新模式，构建了面向 TBC 环境的组织创新过程模式。阿马布勒特别重视个人创造力对组织创新的影响,他认为个人创造力是组织创新的主要元素,无个人创造力便无组织的创新。而本书所建构出来的组织创新过程模式,强调个人、组织、环境三个因素的互相配合与互动。本书归纳出来的个人因素包括关键人物、组织成员创造力、个人心态与个人经验等,组织因素包括组织结构、组织文化、组织资源与组织气候等,环境因素则包括顾客、科技、供应商、竞争者及政策等。

(4)整合"过程理论"与"组织的创新能力"两种研究取向,构建了面向 TBC 环境的组织创新评价模式,并以多元观点定义组织创新。过去评价组织创新的程度大都采用认知型问卷以主观指标来评估或仅用一些简单的客观指标,而本书参考了许多专家学者认为 TBC 企业组织模式应该加入的构面,同时还加入了客观与主观的指标,并提供了一套严谨的计算方式。对于组织创新的评价,本书提出了许多具有建设性的改善方向。

(5)理论上,由于国内外探讨组织创新构面与内涵的文献其结论并不一致,而组织模式的构建对于面向 TBC 的现代企业而言,又是迫切需要的研究主题,因此本书针对快速响应企业探讨组织创新的构面及评估指针,除了说明组织创新的内涵外,更可作组织创新评估模式及应用研究的基础,所以本书对于建构组织创新评价模式及创新理论的补充,均有其贡献所在。实务上,面向 TBC 环境的企业组织模式评估体系的建构,将有助于国内 TBC 企业评价自身的组织创新,此外,也可作为其他需要快速响应的企业改善组织创新能力的指导方针与依据。

1.6 研究思路与研究内容

随着经济全球化程度进一步加剧,企业拥有全球市场的同时也必须面对全球的竞争者。敏捷化、高速度以及协作竞争成为 TBC 环境下竞争的主要特征,创新成为 TBC 环境下获得竞争力的主要源泉;客户也从原来单调的低层次需求发展成为凸显个性化的高层次需求。为了适应这种变化,企业战略导向必须要具备快速反应、满足顾客个性化需求及把握核心竞争力这三个特点,这些都要求企业向敏捷化、柔性化的方向转变,组织模式向扁平化、虚拟化、网络化且有利于提高企业能力的方向创新。

本书提出的组织模式由组织结构和组织行为构成,其中组织结构反映机构设置和权责分工关系,是组织模式的基础;组织行为反映激励、领导、沟通等关系,是组织模式的行为和表现。结构以行为为基础,结构的调整必将导致行为的改变,而激励是组织行为的综合反映,因此,本书在分析面向 TBC 环境的企业组织模式特点及其演化、发展之后,着重从结构模式和激励模式两方面研究面向 TBC 环境的企业组织创新,然后深入剖析其过程模式和评价模式,并进行相关的实证研究。本书结构见图 1-1。

第 1 章:绪论。本章共分 6 节,主要阐明本书的背景、动机、目的、研究范围、主要创新点及本书结构安排。

第 2 章:文献探讨。本章共分 5 节,回顾并深入探讨组织创新的定义、相关理论、研究取向、影响因素及实证研究相关文献,并据此发展本书的研究模式及实证研究的基础。

第 3 章:面向 TBC 环境的组织创新结构模式。本章共分 6 节,基于市场环境动态性和复杂性对组织模式提出的要求,分析了基于时间竞争的内涵和特点,阐述了基于合拢管理思想的单元组织结构及其运作模式,并着重提出了时基竞争条件下的组织结构创新模式及面向敏捷供应链管理的企业物流组织创新模式。

第 4 章:面向 TBC 环境的组织创新激励模式。本章共分 6 节,面向零时间企业,探讨如何建立有效的即时激励机制这一重要问题。

第 5 章:面向 TBC 环境的组织创新过程模式。本章共分 6 节,整合"过程理论"与"组织的创新性"两种研究取向,着眼于组织创新过程的研究,从几家需要对市场作出快速反应的比较典型的个案公司入手,着重探讨个案公司的组织创新事件是否符合阿马布勒提出的组织创新模型,若不符合将如何修正?本章通过国内 6 家知名企业的访谈结果,分析了时基竞争条件下组织创新的"来源"、"阶段"与"过程"。

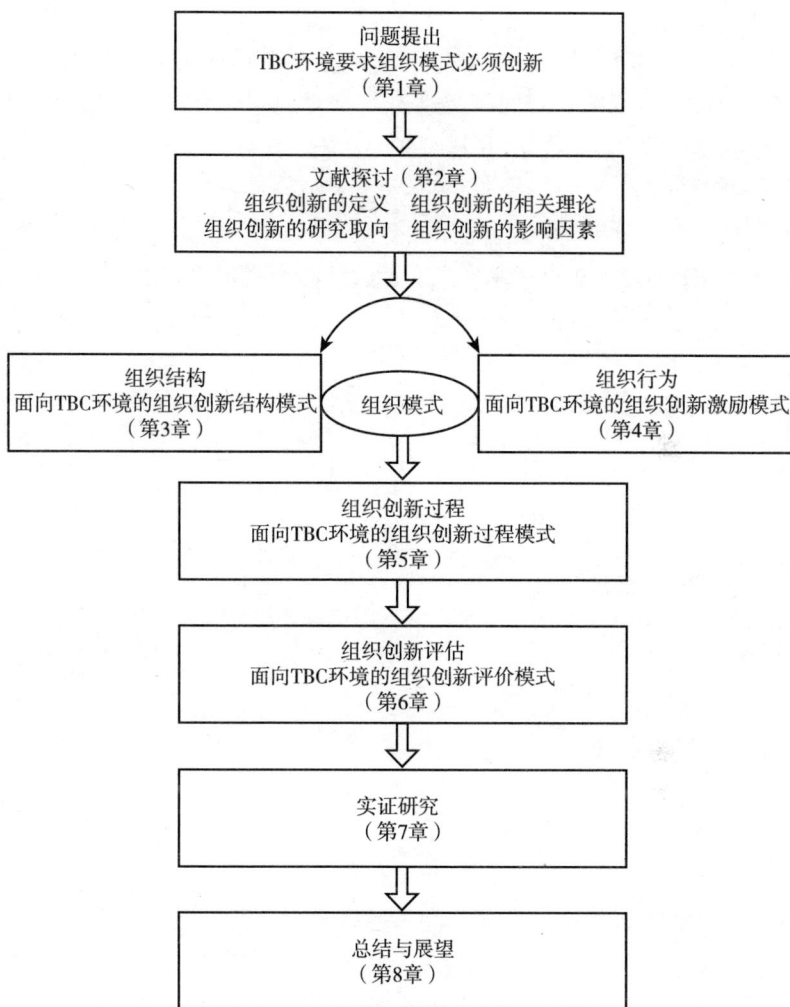

图 1-1 本书的内在逻辑及结构安排

问题提出
TBC环境要求组织模式必须创新
（第1章）

文献探讨（第2章）
组织创新的定义　组织创新的相关理论
组织创新的研究取向　组织创新的影响因素

组织结构
面向TBC环境的组织创新结构模式
（第3章）

组织模式

组织行为
面向TBC环境的组织创新激励模式
（第4章）

组织创新过程
面向TBC环境的组织创新过程模式
（第5章）

组织创新评估
面向TBC环境的组织创新评价模式
（第6章）

实证研究
（第7章）

总结与展望
（第8章）

19

图 1-1　本书的内在逻辑及结构安排

第 6 章：面向 TBC 环境的组织创新评价模式。本章共分 6 节，研究取向上涵盖了组织创新的"过程理论研究取向"与"组织创新能力研究取向"，研究方法上包含了质化与量化的研究方法，在内涵上本书除了以过程理论观点探讨动态的组织创新过程之外，更建构了组织创新的量表与包含了客观、主观指标、权数以及计算公式组织创新的评价模式。

第7章:实证研究。本章共分6节,主要就面向TBC环境的组织创新与其相关变项之间的相关性进行探讨,包括组织创新的前置变项(组织创新的影响因素:个人变项、组织变项与环境变项)与结果变项(组织绩效)。

第8章:总结与展望。本章共分两节,根据实证研究分析与发现提出本书的结论,并对企业界人士及后续研究者提出建议。

2 文献探讨

本章文献探讨的内容包括组织创新的定义、研究取向、影响因素及实证研究等。为厘清组织创新的内涵，以及组织创新与其他变量间的关系，本章回顾了大量的文献，甚至包括研究方法的原理、步骤及使用时机，目的在于确立研究组织创新的明确定义并确定本书关于组织创新的研究取向。

2.1 组织创新的定义

在进行组织创新的相关研究之前，应先了解组织创新的定义。组织创新内涵广泛且不容易有明确的定义。学者对于组织创新的定义，有些仅是一个模糊的概念，并无明确的界定。况且研究组织创新的学者众多，随着研究者的兴趣及观点的不同，对组织创新的界定便有所差异。因此组织创新的界定问题依旧争执未定（沃尔夫，1994）。而通常容易与"组织创新"混淆的名词有"创造力"（Creativity）及"组织变革"（Organizational Change）（坎特，1988；阿马布勒等，1996；赫西，1997；海哥，1999）①。

创造力与组织创新在概念上虽然可以加以区隔，但是在现实层面，两者经常是交迭存在。事实上，创新并非创造力，创新与创造力有相当密切的关系，但并非同一个构念（Hussey，1997）②。创造力是

① Kanter, R. M. , "When a Thousand Flowers Bloom: Structural, Collective, and Social Conditions for Innovation in Organization", *Research in Organizational Behavior*, 1988, pp. 169 – 211. Hage, "Organization Innovation and Organization Change", Annu. , Rev. , Social, 1999, pp. 597 – 622.

② Hussey, David E. , *Creativity, Innovation and Strategy: The Innovation Challenge*, London: John Wiley & Sons Ltd. , 1997.

在任何领域中产生新奇有用的创意,而创新是在组织中成功地执行创意(阿马布勒等,1996)。罗杰斯(Rogers,1954)把创造力定义为以一种新奇关联的产品产生,个人独特性的表现于各方面,创新着重的是新概念具体获得成功实践的整体过程。伯恩赛德(Burnside,1995)[1]则认为创新与创造力的区别在于,创造力是个人新的、有用的构想的产生;而创新则是更多必须与团队一起实现特定的构想,也就是"个体新奇与适切观念实践的过程"(阿马布勒,1997)。这刚好符合坎特(Kanter,1988)[2]的看法,他认为创新是将新奇的观念或问题解决策略加以实践的集体过程(Collective Process),对于组织的创造性活动,多以组织创新(Organizational Innovation)视之。马加洛(Majaro,1988)[3]认为创新为创造力的实现,且必须要同时考虑到创造力的吸引力,以及创新应符合组织本身能力与条件,此外创新也涉及利润的意图性,这种意图性在创造力方面一般不会存在。阿马布勒(Amabile,1988)试图衔接创造力与创新这两个概念,她认为个人创造性观念的产生是创新过程的核心建构成分,而组织创新则是组织将个人创造力进行成功实践的展现。简言之,个体创造的过程是创新活动的核心要素,但是个体的创造力表现仅是一个必要因素,而非充分因素,必须还要能够达到成功的实践(Implementation)。

至于组织创新与变革的差异,简单来说,所谓的创新都是变革,但并不是所有的变革都是创新。许多变革的发生并没有直接利益的意图性,有可能只是为了响应内外在环境变化的例行性改变,进行简单的调整。因此如何精确地界定"组织创新"与"组织变革"两词,至

---

① Burnside, Robert M. , "The Soft Stuff is the Hard Stuff: Encouraging Creativity in Times of Turbulence", *Compensation & Benefits Management*,1995,pp. 58 – 64.

② Kanter, R. M. , "When a Thousand Flowers Bloom: Structural, Collective, and Social Conditions for Innovation in Organization", *Research in Organizational Behavior*, 1988,pp. 169 –211.

③ Majaro, Simon, *The Creative Gap: Managing Ideas for Profit*, London: Longman, 1988.

今仍未有定论。达夫(Daft,1995)[1]把"组织变革"(Organizational Change)定义为:一个新构想或行为被组织所采用;相对而言,"组织创新"(Organizational Innovation)则是采用对整个组织、市场、大环境而言是"新"的构想或行为。肯恩(King,1995)[2]则认为"组织创新"的研究是同样强调变革的动机起始与实行,而"组织变革"的研究则主要强调其实行面。由于许多的学者均对组织创新有所定义,本书不再一一赘述,表2-1依年代顺序列出了较具代表性的学者所提的定义。

表2-1 不同学者有关"组织创新"的定义

作者(年份)	定义
Blau 与 Mckinley (1979)[3]	以三种不同的意义阐述组织创新:首先,组织创新是综合两个以上的现有概念或实体产生新配置的创造性过程,这点与发明具有相同的意义;其次,组织创新的基本含义在于新颖,因此可视为新创意;最后,组织创新是个人或社会系统接受、发展和执行新创意的过程
Kim(1980)[4]	新构想、程序、产品或服务的产生、接受与执行
Kimberly(1981)[5]	组织在创新过程中,所采取的新活动
Kanter(1983)	创新是种过程,它带来新的解决问题的构想。创新是新构想、程序、产品或服务的产生、接受与执行

---

[1] Daft, Richard L. , *Organization Theory and Design*, Paul: West Pub. ,1995.

[2] King, N. & Anderson, N. , *Innovation and Change in Organizations*, London & New York,1995.

[3] Blau, J R. and McKinley, W. , "Idea, Complexity, and Innovation", *Administrative Science Quarterly*,1979,pp. 200-219.

[4] Kim, L. , "Organizational Innovation and Structure", *Journal of Business Research*, 1980, pp. 225-245.

[5] Kimberly, J. R. & Evanisko, M. , "Organizational Innovation: The Influence of Individual, Organizational, and Contextual Factors on Hospital Adoption of Technological and Administrative Innovations", *Academy of Management Journal*,1981,pp. 689-713.

作者(年份)	定义
Drucker(1985)①	创新是一个经济性或社会性用语。它是有组织、有系统、有目的地寻求改变,亦是改变资源给消费者的价值与满足
Tushman② 与 Anderson(1986)	任何新的产品或程序的创造
Amabile(1988)	代表一种过程,它包括五个阶段:设定议程,设定程序,产生创意,创意测试与实施,结果评估
Kanter(1988)	组织创新应为新的构想、程序、产品或服务的产生、接受与执行,其包含了产生创意、结盟创意、实现创意与迁移创意四个过程。因此在"过程"观点中,组织创新包含了新知识的转化运用、信息的连接、服务的改变与资源的再利用等
Burgess(1989)	组织产生或设计新的产品
West 与 Farr(1990)③	在角色、团体或组织的意念、过程、产品、程序上有意图地介绍与应用新的方法,使个人、团体及整个社会获益
Damanpour(1991)④	组织自然产生或向外购得的特定活动,该活动对组织而言是新的。该项活动可以是设备、系统、政策、方案、过程、产品、服务等
Johannessene 与 Dolva(1994)⑤	知识和相关信息的运用过程,目的在创造及引进新的及有用的事物

24

---

① Drucker, P. F. , *Innovation and Entrepreneurship: Practice and Principles*, Heinemann, London,1985.

② Tushman, N. L. and Nadler, D. A. , "Organizing for Innovation", *California Management Review*,1986,pp. 74 – 92.

③ West, M. A. , & Farr, J. L. , *Innovation and Creativity at Work*, Chichester, England: Wiley,1990.

④ Damanpour, Fariborz. , "Organizational Innovation: a Meta Analysis of Effects of Determinants and Moderators", *Academy of Management Journal*,1991,34(3):pp. 555 – 590.

⑤ Johannessen, J. A. & Dolva, J. O. , "Competence and Innovation: Identifying Critical Innovation Factors", *Entrepreneurship, Innovation, and Change*, 1994, 3(3): pp. 209 – 222.

续表

作者(年份)	定义
Scott 与 Bruce(1994)	从问题发现、寻求资金支持、完成问题解决等多阶段过程来界定
Dougherty 与 Bowman(1995)①	复杂的问题解决过程。涉及活动包括产品设计、产品创新功能、部门协调、公司资源及结构、策略的配合
Russell(1995)②	以过去三年内产品、市场、过程、系统等方面激进的及非线性的改变数量来界定
Lumpkin③ 与 Dess(1996)	反映了公司对于新意念、实验性及创造过程的经营及支持,而其结果将产生新的产品、服务及科技
Robbins④(1996)	创新是一种新的意念,可以启动或增进某项产品、过程或服务。组织创新可以是产品创新、新的生产过程技术、新的结构及管理系统、新的计划及管理方案等
Nohria(1996)	认为是新的政策、结构、方法或流程、产品或市场机会
Oates⑤(1997)	创新的原则含策略、科技、管理三方面。策略创新会提升对顾客满意度、新产品、新服务及新市场的重视。科技创新代表产品的卓越。管理创新指工作实务、训练与教育等如何与新意念形成的企业文化保持一致

25

---

① Dougherty, D. and Bowman, E. H. , "The Effects of Organizational Downsizing of Product Innovation", *California Management Review*,1995,37(4):pp. 28 – 44.

② Russell, R. D. , "An Investigation of Some Organizational Correlates of Corporate Entrepreneurship: Toward a Systems Model of Organizational Innovation", *Entrepreneurship*, *Innovation*, *and Change*,1995,4(4):pp. 295 – 314.

③ Lumpkin, G. T. & Dess, G. G. , "Clarifying the Entrepreneurial Orientation Construct and Linking it to Performance", *Academy of Management Review*, 1996, 21 (1): pp. 135 – 172.

④ Robbins, S. P. , *Organizational Behavior*: *Concepts*, *Controversies and Applications*, Englewood Cliffs, N. J. Prentice-Hall,1996.

⑤ Oates, Keith, "Innovation is Everybody's Business", *Management Services*, 1997,41(5):pp. 8 – 13.

续表

作者(年份)	定义
Tidd，Bessant 与 Pavitt(1997)①	着重科技变革，这种变革以两种形式呈现，第一种是组织所提供及改变的产品服务，第二种是新奇性程度的高低
Watkins，Ellinger 与 Valentine(1999)②	运用某种新事物的一种变化形式，而所谓的新事物可能是一种产品、服务或是一项技术，也可能是新管理或新的行政活动，或是组织中其他部分的改变

资料来源：本研究自行整理。

从以上的探讨可知，"组织创新"确实相当复杂，若仅以产品、过程或任何单一指标观点来界定，都难免失之偏颇，无法窥得全貌。于是，近年来，较多学者倾向支持以多元观点定义"组织创新"，因为他们认为过去学者太过于看重企业的"技术创新"层面，对于"管理创新"的层面反而多有忽略。技术创新与管理创新是有差别的，技术创新指产品、服务、程序上的改良或全新的产品，而管理创新是指组织结构与管理程序上的创新。管理创新可能会也可能不会影响到技术的创新，技术创新可能需要也可能不需要管理的创新。换言之，技术创新是指产品、服务和流程的创新，技术创新和组织的基本活动直接相关，涵盖产品或流程创新（Knight，1967③；Damanpour & Evan，1984④；Damanpour，1988，1991）。管理创新则牵涉组织结构和管理程序，换言之，管理创新和组织的基本活动仅有间接的关系，但是和组

---

① Tidd, Joseph, Bessant, John & Pavitt, Keith, *Managing Innovation: Integrating Technological, Market, and Organizational Change*, Chichester, West Sussex, England; New York: John Wiley, 1997.

② Watkins, K. E., Ellinger, A. D. & Valentine, T., "Understanding Support for Innovation in a Large-Scale Change Effort: The Manager-as-instructor Approach", *Human Resource Development Quarterly*, 1999,10(1):pp. 63 – 79.

③ Knight, K. E., "A Descriptive Model of the Intra-firm Innovation Process", *Journal of Business*, 1967,40:pp. 478 – 496.

④ Damanpour, F. and Evan, W. M., "Organizational Innovation and Performance: The Problem of Organizational Lag", *Administrative Science Quarterly*, 1984,pp. 392 – 409.

织的管理工作具有直接关系(埃文,1966[①];奈特,1967;丹麦普等,1984;丹麦普,1988,1991)。技术和管理创新都着重组织的基本活动,由组织内技术和管理系统的平衡与交相互动,以作为区别的基础。因此,本书亦支持多元观点的学者所主张"组织创新"涵盖了"技术创新"(包括产品、过程及设备)与"管理创新"(包括系统、政策、方案及服务)各层面的观点,并将组织创新定义为:"采用一个新概念或一种新行为,其中可能是新产品、新服务、新技术,也可能是一项新的管理实务,它们相对现有组织而言是新的。"这也是过去许多学者研究后给出的比较一致的定义(丹麦普,1988,1991;达夫和贝克尔,1978[②];海哥,1980[③];海哥和艾肯,1970;扎特曼,邓肯和霍尔贝克,1973[④];奥莱曼等,1998[⑤];伍德,1998;扎穆托和奥康纳,1992[⑥])。

2.2 组织创新的理论模式

综合国内外学者的归类,"组织创新"的理论可分为:比彻(Becher)与韦斯勒(Whisler,1967)、坎特(Kanter,1988)[⑦]和阿马布勒

---

① Evan, W. M., "Organizational Lag", *Human Organizations*, 1966, p. 3.

② Daft, R. L. and Becker, S. W., *The Innovative Organization*, Elsevier, New York, 1978.

③ Hage, J., *Theories of Organizations*, Wiley, New York, 1980.

④ Zaltman, G. Duncan, R. and Holbek, J., *Innovations and Organizations*, Wiley New York, 1973.

⑤ Oerlemans L., Meeus M., Boekema W., "Do Networks Matter for Innovation? The Usefulness of the Economic Network Approach in Analyzing Innovation", *Tijdschr. Econ. So. Geogr.*, 1998, 89(3):pp. 298 – 309.

⑥ Zammuto R, O'Connor E., "Gaining Advanced Manufacturing Technologies Benefits: the Role of Organizational Design and Culture", *Acad. Mgmt. Rev.*, 1992, 17: pp. 701 – 728.

⑦ Kanter, R. M., "When a Thousand Flowers Bloom: Structural, Collective, and Social Conditions for Innovation in Organization", *Research in Organizational Behavior*, 1988, 10:pp. 169 – 211.

（Amabile,1988）主张的"过程的系统说"；诃莱特（Knight,1967）[1]、谢帕德（Shepard,1967）[2]、丹麦普（Damanpour）与埃文（Evan,1984）主张的"创新采用比率说"；埃文（Evan）与布莱克（Black,1967）、诃莱特（Knight,1967）、金伯利（Kimberly）[3]等学者（1986）和德拉津（Drazin,1990）主张的"分类说"。此外,组织创新的研究也可分成许多不同的观点:产品观点、过程观点、产品及过程观点、多元观点。产品观点的学者是以产品观点定义"组织创新",认为"组织创新"是指组织产生或设计新的产品（伯吉斯,1989）,进而该产品可以得奖或成功上市[4]（布伦和麦金利,1979）。过程观点认为"组织创新"可以是一种"过程"（Process）。阿马布勒（Amabile,1988）便是采取"过程"观点的定义。产品及过程观点则认为"组织创新"是任何对事业单位而言是新的产品或程序的创造。杜尔迪[5]（Dougherty）等人（1995）认为"组织创新"是一项复杂的问题解决过程,涉及的活动包括产品设计,产品创新功能部门协调,公司资源、结构、策略的配合。多元观点则采取多元（Multiple）的观点定义"组织创新",他们认为过去学者们对于"组织创新"持有的产品或过程观点,大多着重在企业的"技术创新"层面,对于管理政策或措施等"管理创新"层面有所忽略。换言之,"技术创新"（包括产品、过程及设备）与"管理创新"（包括系统、政策、方案及服务）,都是"组织创新"可能的展现。以下关于组织创新理论的讨论主要是以丹麦

---

① Knight, K. E. , "A Descriptive Model of the Intra-firm Innovation Process", *Journal of Business*, 1967,pp. 478 –496.

② Shepard, H. A. , "Innovation-resistance and Innovation-producing Organizations", *Journal of Business*, 1967,4:pp. 470 –477.

③ Kimberly, J. R. , "The Organization Context of Technological Innovation", Edited by D. D. Davis, *Managing Technological Innovation*, Jossey-Bass, San Francisco, 1986.

④ Blau, J R. and McKinley, W. , "Idea, Complexity, and Innovation", *Administrative Science Quarterly*, 1979,24:pp. 200 –219.

⑤ Dougherty, D. & Bowman, E. H. , "The Effects of Organizational Downsizing of Product Innovation", *California Management Review*, 1995,37(4):pp. 28 –44.

普(Damanpour,1991)①整理"组织创新"的理论及相关的文献进行
分析:

2.2.1 机械及有机组织

伯恩斯(Burns)和斯德克(Stalker,1962)的研究认为有机组织
(Organic Organization)较机械组织(Mechanistic Organization)有利于
事业的"技术创新"活动。原因在于有机组织相对于机械组织具有较
高的专精化、较低的正式化及集权化、较高的内外沟通和较低的垂直
分化。有机式与机械式的组织是连续带上的两端的理想型式(Ideal
Types)。有些学者企图探讨加入连续带上的中间理想形式(Interme-
diate Types)(赫尔和海哥,1982②;金伯利,1986)。因此,丹麦普(Da-
manpour)及埃文(Evan,1990)认为有机式组织是采取持续不断的创
新,机械式组织是采取持续的不创新,而中间式组织则是采取持续介
于上述两者中间进行创新。

2.2.2 双核心模式(Dual-Core Model)

该模式将"组织创新"分为"管理创新"及"技术创新"(Evan &
Black,1967③;Daft,1978)。根据双核心模式,机械式结构是适合于
"管理创新",而有机式结构则是有助于"技术创新"(达夫,1989)④。
其中专精化、功能分化、集权化、垂直分化等组织变项则是支持双核
心模式的命题。丹麦普(Damanpour,1991)发现组织成员的专业性会
等同影响"管理创新"及"技术创新"。

---

① Damanpour, Fariborz, "Organizational Innovation: a Meta Analysis of Effects of De-
terminants and Moderators", *Academy of Management Journal*, 1991,34(3):pp.555-590.

② Hull, F. and Hage, J., "Organization for Innovation: Beyond Burns and
Stalker's Organic Type", *Sociology*, 1982,16:pp.564-577.

③ Evan, W. M. and Black, G., "Innovation in Business Organization: Some Fac-
tors Associated with Success or Failure", *Journal of Business*,1967,40:pp.519-530.

④ Daft, Richard L., "Bureaucratic Versus Nonbureaucratic Structure and the
Process of Innovation and Change", In *Research in the Sociology of Organizations*,
S. B. Bacharach(ed.), Greenwich, CT: JAI Press, 1982.

探讨"管理创新"及"技术创新"的影响因素或绩效表现是值得探讨的课题。例如金伯利(Kimberly)[1]等人(1981)探讨影响医院组织"管理创新"及"技术创新"的个人、组织及外在因素。丹麦普及埃文(1984)以公立图书馆为研究对象,探讨"管理创新"与"技术创新"的配合度对于组织绩效的影响,结果发现:一般而言,技术创新的实行状况较管理创新为佳,而实施技术及管理创新的组织其组织绩效较高。

2.2.3 双边俱利的模式(Ambidextrous model)

双边俱利的模式是建立再创新采用的起始(Initiation)阶段及执行(Implementation)阶段的区分[2](邓肯,1976)。此模式主张,有机式组织有助于创新的执行。拜伊(Beyer)及特瑞斯(Trice,1978)发现正式化及集权化程度越高,越会抑制创新的执行。资莫德(Zmud,1984)[3]的研究则发现,本模式的正式化及集权化命题,对于"技术创新"是正确的,但对于"管理创新"是不正确的。丹麦普(Damanpour,1991)认为专家主义的组织特性是不符合此模式的预测,集权化与创新的起始及执行均存在负相关,专精化及功能分化则与创新起始阶段的关系劣于创新执行阶段。所以,将本模式与双核心模式做比较将有助于解释不一致的研究结果。

2.2.4 双核心及双边俱利的模式

此模式主要区分"技术创新"的起始阶段及"管理创新"的执行阶段。该模式主张,有机式组织有助于促进"技术创新"的起始阶段,

---

① Kimberly, J. R. & Evanisko, M., "Organizational Innovation: The Influence of Individual, Organizational, and Contextual Factors on Hospital Adoption of Technological and Administrative Innovations", *Academy of Management Journal*, 1981, 24: pp. 689 - 713.

② Duncan, R. B., "The Ambidextrous Organization: Designing Dual Structures for Innovation", Edited by R. H. Kilmann, L. R. Pondy, and D. P. Slevin, *The Management of Organization: Strategy and Implementation*, New York: North-Holland, 1976.

③ Zmud, R. W., "An Examination of Push-Pull Theory Applied to Process Innovation in Knowledge Work", *Management Science*, 1984, 30: pp. 727 - 738.

机械式组织则有助于"管理创新"的执行阶段(丹麦普,1988)。针对"创新起始及执行阶段"与"技术创新及管理创新"的四种组合的节制效果(Moderator Effects),将可以更进一步了解组织因素与创新之间的关系。此外,丹麦普(Damanpour,1991)发现有机式组织有助于"技术创新"的执行,而较不利于"管理创新"的起始。

2.2.5 跃进式(Radicalness)模式

海哥(Hage,1980)①提出跃进式的创新模式,此模式的主要假设如下:组织若能使"主控组织领域的结盟者的正向改变态度"及"集合专精主义者"共同发挥作用,那么将会促进激进式的创新。丹麦普(Damanpour,1991)验证海哥的假设,但"管理者面对改变的态度"与激进式创新的正向关系低于渐进式的创新,不符合海哥的假设。因此,部门成员间的沟通与领导对于渐进式创新及跃进式创新的影响是一项值得探讨的课题。

31

现以丹麦普(Damanpour,1991)的概念为基础将"组织创新"理论模式比较分析如表2-2所示。丹麦普(Damanpour,1991)总结表中所述的各种理论模式所获得的支持:大部分研究支持机械与有机模式以及双核心模式,有些研究支持跃进式创新的理论,较少部分支持双边俱利模式;而双核心与双边俱利的模式则共同解释了"技术创新"与"管理创新"以及开始与实施阶段的重叠处。

就各模式的评论而言,Duncan双边俱利模式指出"组织创新"的阶段过程,并确认各阶段的组织影响因素不同,而其主要的限制则在于"组织创新"过程是相当复杂的,真正的循序阶段模式(Sequential Stage Model)则难以真正掌握与控制(沃尔夫,1994)。双核心模式将"组织创新"分为"技术创新"及"管理创新",可以说是学者们较一致的看法,而这也是双核心模式的主要贡献。本书采纳双核心模式的看法,将"组织创新"分成"技术创新"及"管理创新"两大构面。

---

① Hage, J., *Theories of Organizations*, Wiley, New York, 1980.

32

表 2－2 "组织创新"的理论模式

重点 / 模式	代表性学者	核心论点或假设	预测变项	效标变项	与理论模式预测方向不一致的变项	模式受到支持的程度	相关的后续研究
机械及有机组织	Burns 与 Silker (1962)	有机式组织比机械式组织有利于"技术创新"	以高专精化,低正式化,低集权化,高内外在沟通,低垂直分化等代表有机式组织;反之,则代表机械式组织	技术创新	垂直分化越高愈有利于技术创新	得到大部分研究的支持	试图找出介于有机式组织和机械式组织中间的组织,来预测"技术创新",如 Kochhar 等人(1996)
双核心模式	Daft (1978)	有机式结构有助于技术创新,机械式结构有助于管理创新	专精化,功能分化,集权化,垂直分化,专家主义等	技术及管理创新	专家主义(组织成员的专业性)会等同影响技术及管理创新	得到大部分研究的支持	试图找出技术创新及管理创新的影响因素,如 Kimberly 等人(1981)
双边边俱利模式	Duncan (1976)	有机式组织有助于创新的起始阶段,机械式组织有助于创新的执行阶段	专家主义,集权化,专精化,功能分化,正式化,内外在沟通,垂直分化等未衡量	创新的起始及执行	专家主义	得到少部分研究的支持	试图比较本模式与双核心模式,以助于了解创新的研究课题
双核心及双边俱俱利模式	Damanpour (1988)	有机式组织有助于"技术创新"的起始,机械式组织有助于"管理创新"的执行	有机式组织及机械式组织	技术创新的起始及管理创新的执行	有机式组织常有助于技术创新的执行	得到少部分研究的支持	针对"创新"的起始行"与技术及管理创新"的调节效果进行研究
激进式的创新模式	Hage (1980)	假设"管理者正向改变态度"及"集合专精主义者"均与"激进式的创新"存在正向关联性	管理者面对改变的态度及科技知识资源	激进式渐进式的创新	管理者面对改变时的态度与"激进式的创新"的关系低于"渐进式的创新"	得到少部分研究的支持	试图找出其他变项(如组织策略,组织结构)来预测激进式及渐进式的创新,如 Ettlie 等人(1984)

2.3 组织创新的研究视角和取向

2.3.1 国内学者对组织创新的研究视角

近年来,国内不少学者从不同的视角对企业组织创新进行了研究。

国内学者张钢博士对企业组织创新进行了研究。他提出了基于人力资本的组织资本概念,构建了以组织资本投资为核心,融合创新理论、现代企业理论、组织理论为一体的组织创新研究框架,并重点探讨了企业组织创新的动力源、信息源和创新模式以及组织创新与技术创新的匹配,最后建立了组织创新的系统动力学模型①。

中国人民大学的吴培良、郑明身、王凤彬教授所著的《组织理论与设计》,较为系统地介绍了古典组织理论与现代组织理论,组织设计的过程与内容,组织设计的权变因素,组织结构的变革起因、诊断、策略。② 但该书引用的资料到 20 世纪 70 年代止,80 年代以后的组织研究和新观点、新理论不足,尤其缺少国外学者在生态学层次上的见解。

钱平凡博士研究了企业组织转型的问题。他采用结构主义系统分析的方法,确认了企业组织的基本构成要素:活动、技术、制度、目标。他从企业组织转型的历史影响、环境影响、转型的动因出发,探讨了组织转型的过程与机制,实现转型的途径以及如何利用组织文化转型来保证组织转型的实现。③

陈剑和冯蔚东对虚拟企业进行了系统的研究,他们在虚拟企业的构建过程,虚拟伙伴的选择,虚拟企业的组织结构和运行模式、协调机制、风险管理以及利益与风险分配等方面都作了较深入的分析与讨论。④

另外,宋伟博士回避了组织行为学的研究视角,采用组织结构学

33

---

① 张钢:《企业组织创新研究》,科学出版社 2000 年版。
② 吴培良、郑明身、王凤彬:《组织理论与设计》,中国人民大学出版社 1998 年版。
③ 钱平凡:《组织转型》,浙江人民出版社 1999 年版。
④ 陈剑、冯蔚东:《虚拟企业构建与管理》,清华大学出版社 2002 年版。

的方法,探讨了新技术革命条件下企业组织结构创新的新形式和企业组织结构发展的规律性,从理论和实证两个方面对组织结构创新问题进行了研究。① 李贺博士从知识管理的角度研究了组织创新。② 刘璇华博士从企业核心能力的角度研究了组织创新。③ 刘景江博士则以制造企业为例,着重阐述了组织创新的机理与模式。④

2.3.2 国外学者对组织创新的研究取向

沃尔夫(Wolfe,1994)认为,"组织创新主要有三种不同的研究取向,每一种取向各有其关切的研究问题、模式及其数据收集方法"⑤。以下就沃尔夫(Wolfe,1994)对组织创新研究取向的看法说明如下:

(1)"创新的扩散"的研究取向

创新的扩散(Diffusion of Innovation,DI)是指通过一群潜在的采用者,将创新的产品以一定方式扩展散布出去,研究重点主要探讨采用者的创新扩散模态(Pattern),研究的模式则是以后勤成长模式(Logistic Growth Model),来探讨假设的创新扩散模型与真实性的扩散理论的配适(Fit)情形。资料收集的主要方法是以横断面大样本的问卷调查(Cross-sectional Surveys)、专家判断及次级资料的档案法等为主。

(2)"组织创新能力"的研究取向

组织创新能力(Organizational Innovativeness,OI)是指组织采用创新的数目来界定。研究重点在探讨组织创新的决定因素,并以组织作为分析单位。

研究的模式则是变异/回归的模式(Variance/Regression Model),来探讨哪种影响因素对于"组织的创新能力"的解释力较大,主要的

---

① 宋伟:《新技术革命条件下企业组织结构创新研究》,西南财经大学博士论文,2003 年。

② 李贺:《基于知识管理的企业组织创新研究》,吉林大学博士论文,2006 年。

③ 刘璇华:《基于核心能力的企业组织创新研究》,暨南大学博士论文,2003 年。

④ 刘景江:《网络环境下制造企业组织创新的机理与模式研究》,浙江大学博士论文,2004 年。

⑤ Wolfe, R. A. , "Organizational Innovation: Review, Critique and Suggested Research Directions", *Journal of Management Studies*, 1994,31(3):pp. 405 –430.

资料收集方法是横断面的问卷调查。

(3)"过程理论"的研究取向

过程理论研究(Process Theory Research,PTR)取向的研究重点在于探讨创新过程的特性,即研究创新是如何(How)及为什么(Why)会有出现、发展、成长及结束等过程,研究的模式通常是以阶段/过程模式(Stage/Process Model),来探讨"组织创新"的过程,并试图了解各过程的影响因素,主要的资料收集方法是横段面的回溯调查及深度田野调查(In-depth Field Studies)。

许多研究关于创新的分类,多是以静态的角度来探讨,然而创新是一个动态的过程,因此有许多学者提出组织创新阶段理论来剖析其程序。有些学者从宏观角度探讨科技创新的演进,例如托什曼(Tushman)与罗森科普夫(Rosenkopf)的科技生命周期论及阿伯内西(Abernathy)与厄特巴克(Utterback)所提出科技创新的三阶段论:流变期(Fluid)、转移期(Transitional)和确定期(Specific)。另一个层面则是从个体企业的角度讨论企业如何产生创新的行为,论点可分为二阶段论与三阶段论。二阶段论认为创新可分为发起与执行两阶段①(Zaltman,Duncan & Holbek,1973)。三阶段论如汤普森(Thompson,1967)对创新的定义为:产生、接受与执行三阶段。这两种论点的差异在于接受阶段的界定,接受阶段为组织决定采用创意的过程,此阶段在扎特曼、邓肯与霍尔贝克(1973)的理论中乃属于发起阶段。马加洛②(Majaro,1988)的理论也指出创新产生程序包括创意的产生、创意筛选与可行性分析、执行三阶段。

沃尔夫(Wolfe,1994)归纳了许多学者对于"组织创新阶段"的看法并加以整合,结果如表2-3所示,Wolfe并综合整理出10个阶段。本研究在设计个案公司访谈大纲的内容时将以此为基础,进行组织创新的过程研究。

---

① Zaltman, G. Duncan, R. and Holbek, J., *Innovations and Organizations*, Wiley, New York, 1973.

② Majaro, Simon, *The Creative Gap: Managing Ideas for Profit*, London: Longman, 1988.

表2-3 组织创新的阶段模式

学者＼阶段	1	2	3	4	5	6	7	8	9	10
Zaltman, Duncan 与 Holbek (1973)		知识/知觉	态度形成			决策	开始执行		持续执行	
Daft(1978)	概念				计划	采用/拒绝	执行			
Ettlie (1980)		知觉	评估	试验		采用/拒绝	执行			
Tornatsky 等人(1983)		知觉	搭配/选择			采用/拒绝	执行		例行化/承诺	
Rogers①(1983)		知识			说服	决策	执行	确认		
Meyer 与 Goes (1988)②		知识/知觉	评估/选择			采用	执行		扩张	
Cooper 与 Zmud (1990)③		开始(推或拉)				采用	改良/发展/安装	承诺/习惯	合并/例行化	注入
综合意见	概念	知觉	搭配	评价	说服	采用决策	执行	确认	例行化	注入

资料来源：Wolfe, R. A., "Organizational Innovation: Review, Critique and Suggested Research Directions", *Journal of Management Studies*, 1994, 31 (3): p. 410。

此外,关于组织扩散(DI)、组织创新力(OI)与过程理论(PTR)研究的差异,本书也整合了 Wolfe 与其他学者的看法,如表2-4 所示。

① Rogers, E. M., *Diffusion of Innovations*, Free Press, New York,1983.

② Meyer, A. D. & Goes, J. B., "Organizational Assimilation of Innovations: A multilevel Contextual Analysis", *Academy of Management Journal*, 1988, 31: pp. 897 – 923.

③ Cooper, R. G. and Kleinschmidt, E. J., "Success Factors in Product Innovation", *Industrial Marketing Management*, 1987,16: pp. 215 – 223.

表2－4 组织扩散、组织创新力与过程理论研究的差异

研究取向	问题	强调的创新阶段	分析单位	变项		研究模式	主要的资料搜集方法	相关研究
				自变项	因变项			
组织的扩散研究（DI）	采用者的创新模式是什么	采用	创新（内部组织观点）	组织特性 创新特性 提倡者的特性	扩散模式 扩散程度 扩散比率	后勤/成长模式	①横断面问卷调查 ②次级资料	Teece(1980) Easingwood 等人(1981) Norton 与 Bass(1987) Tolbert 与 Zucker(1983) Fisher 与 Carroll(1986) Attewell (1992)
组织的创新性研究（OI）	组织创新力的决定因素是什么	采用或执行	组织	组织特性 创新特性 管理特性 环境特性	创新力：数目、采用的速度	变异/回归模式	横断面问卷调查	Kimberly 与 Evanisko①(1981) Baldridge 与 Burnham(1975) Ettlie (1983) Moch 与 Morse②(1977) Meyer 与 Goes③(1988)

① Kimberly, J. R. & Evanisko, M. , "Organizational Innovation: The Influence of Individual, Organizational, and Contextual Factors on Hospital Adoption of Technological and Administrative Innovations", *Academy of Management Journal*, 1981, pp. 689－713.

② Moch, Michael K. and Edward V. Morse, "Size, Centralization and Organizationaladoption of Innovations", *American Sociological Review*, 1977, pp. 716－725.

③ Meyer, A. D. & Goes, J. B. , "Organizational Assimilation of Innovations: A Multilevel Contextual Analysis", *Academy of Management Journal*, 1988, pp. 897－923.

续表

研究取向	问题	强调的创新阶段	分析单位	变项		研究模式	主要的资料搜集方法	相关研究
				自变项	因变项			
过程理论研究(PTR) A 阶段	组织执行创新时会经历什么阶段	经过执行而采用	创新过程(内部组织观点)	创新特性	阶段:状态与顺序	阶段模式	①横断面追溯回顾 ②问卷调查	Pelz①(1983) Ettlie(1983)
过程理论研究(PTR) B 过程	什么因素可能导致创新执行的一连串事件	经过执行而采用	创新过程(内部组织观点)	前置因素:组织系统:策略、结构资源、技术力量组织政治	结果因素:创新过程	过程模式	深入实地访谈	Dean(1987) Dyer与Page(1988) Schroeder等人(1989)

资料来源:①Wolfe, R. A., "Organizational Innovation: Review, Critique and Suggested Research Directions", *Journal of Management Studies*, 1994,31(3):p. 413;②本书部分自行整理。

① Pelz, Donald C. and Fred C. Munson, "Originality Level and the Innovating Process in Organizations", *Human Systems Management*, 1982, pp. 173 – 187.

从以上可以看出,国内外学者从社会学、生态学、管理学诸视角对组织变革与创新进行了长期的研究,并一直是学者们关注的命题。然而,还未见到将企业组织创新置于 TBC 背景下的系统研究。因此,面向 TBC 环境的组织模式创新仍是一个有待开发、研究的领域,值得我们持续地探讨。同时,虽然沃尔夫(Wolfe,1994)提出的三种研究取向各有一定的贡献度,但是仍各有其主要的限制。本书将整合"过程理论"与"组织的创新能力"两种研究取向,更深入探讨组织创新过程,并建构组织创新衡量模式,以期建立更加完整的组织创新模式。

2.4　组织创新的影响因素

关于组织创新的研究经常在思索一个问题——什么因素能使组织更具创新性。研究者常探讨有关促进或抑制组织创新的前置因素(Antecedents)。许多因素曾被发现,例如,沃尔夫(Wolfe,1994)认为影响组织创新的因素有个人、组织及环境变项。斯科特(Scott,1994)发展了一套组织创新行为的决定因素,内涵包括领导、个人属性、工作团队与创新的心理气候,如图 2 - 1 所示。希金斯[①](Higgins,1995)提出创新方程式(Innovation Equation)的概念,认为创造力与组织文化是影响创新的重要因素(如图 2 - 2)。金与安德森[②](Anderson,1995)认为组织创新的影响因素可以分为人员(People)、结构(Structure)、气候与文化(Climate & Culture)以及环境(Environment)。金与安德森(Anderson,1995)均强调组织创新必须落实于三个层次——个人、团体、组织,并提出组织创新的分析层次与成分,包括组织的结构、个人扮演的角色、员工的训练发展、团队工作的建立、人员涉入创新的程度以及组织本身如何去学习及分享知识等(笛德,

---

① Higgins, James M. , "Innovation: The Core Competence", *Planning Review*, 1995,23: pp. 32 – 36.

② King, N. & Anderson, N. , *Innovation and Change in Organizations*, London & New York, 1995.

1997),内容详见表 2 – 5。关于组织创新的影响因素,许多文献显示:个人、组织与环境变项对于组织创新均具有解释力(Amabile,1988;Damanpour,1984,1987,1991)。本书将进一步探讨个人变项、组织变项以及环境变项与组织创新间的关系。

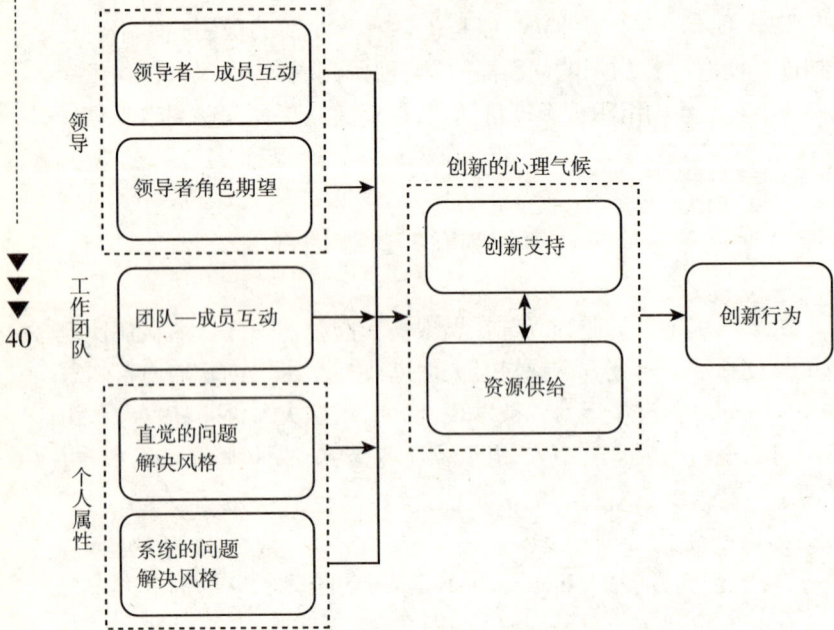

图 2 – 1　创新性行为的决定因素

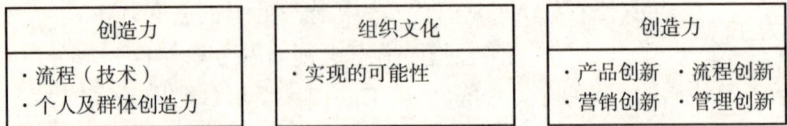

图 2 – 2　创新方程式

资料来源:Higgins, James M. , "Innovation:The Core Competence", *Planning Review*, 1995,23:p. 33。

表2-5 组织创新的三个分析层次及组成内容

层次	内容	特点
个体	1. 组织为了创造性,如何甄补人才 2. 训练能否提高创造性绩效 3. 个体的创造性如何与组织创新相关联	1. 强调关键人物的重要性 2. 个体创造性的培养
团体	1. 创新的工作团体的特征是什么 2. 社会心理学的团体过程观点,是否对组织创新有所促进 3. 对促进创新而言,团队建立起始的效果	1. 有效的团队建立 2. 人员的高度参与创新 3. 广泛的沟通
组织	1. 抗拒变革的因果是什么 2. 创新是否有任何理想的结构、气候及文化 3. 创新过程的发展是否在清楚被界定的阶段 4. 组织变革的可管理性 5. 使用内外在变革推动者的赞成与反对意见	1. 弹性的组织结构 2. 创造性的文化气候 3. 学习型组织的建立

资料来源:King, N. & Anderson, N., *Innovation and Change in Organizations*, London & New York, 1995, p. 5。

2.4.1 个人变项与组织创新的关系

如表2-5所示,从个人层次探讨创新组织的特点是:强调关键人物的重要性以及个体创造性的培养,以下分别就关键人物以及个体创造力分别加以说明:

(1)关键人物与组织创新

组织内人员的特质对组织创新的影响是组织创新研究中不得不考虑的一个重要因素。而早期研究焦点以领导者与高层决策制定者为主,近来则扩大到其他具有影响力的个人,如非正式的创意产生者(Ideas Champions)等。

这些关键人物对于组织创新的影响极为深远,他们除了可以带领组织成员朝向目标发展外,还可以主动发展创新行动,并带动组织创新的推动与发展。

(2)组织成员创造力(Creativity)与组织创新

创造力可视为一种个人特征的表现,由个性及才能的结合表现出来阿马布勒(Amabile, 1988)。坎特(Kanter, 1988)及阿马布勒

(Amabile,1988)曾分别指出个人创造性变项是影响"组织创新"的重要因素;阿马布勒更特别强调:个人创造力是组织创新的主要元素,无个人创造力便无组织的创新;伍德曼(Woodman,1993)等人的组织创造性互动模型也视人格为个人创造性的要素。员工个人特质影响个人创造力发展,而员工个人创造力发展则影响组织创造力的发展。长期研究组织创新的哈佛大学教授阿马布勒,以创造力三成分说(Componential Theory of Creativity)为基础,强调个人内在的动机、任务相关的技巧与创造性思考的技巧等对创新的重要性,并提出组织创新的五大阶段说(见图5-1),特别重视个人创造力对组织创新的影响。后来阿马布勒等人(1996)研究创造力工作环境,进一步发展的工作环境创造力基本架构(见图5-2),则将影响组织创造力的工作环境类别,划分为鼓励创造力、自主性或自由度、资源、压力与组织障碍五大类,并再细分为组织鼓励、主管鼓励、工作团队支持、自由度、足够资源、挑战性工作、过度工作压力与组织中对创造力的障碍八大项目。

创造力工作环境研究所使用的 KEYS 量表,由于架构完整,对组织创新气候的构面涵盖周全,已成为研究组织创新气候的一项重要工具。从组织创新模型到创造力工作环境的系列发展,已经使个人因素、组织因素及其与组织创新的关联有了较为清晰的研究轮廓。另外,伍德曼、索耶与格里芬(Woodman,Sawyer,Griffin,1993)[1]以伍德曼与舍恩费尔特(Schoenfeldt,1990)[2]的个人创造行为互动模式扩大发展为其组织创新理论模型。

伍德曼等定义的组织创造力是在一复杂社会系统中,一群人在一起工作所产生有价值、有用的新产品、服务、点子、程序过程的能力。他认为,个人创造力是前置条件、认知风格和能力、人格、动机因素和知识的一项功能,同时与社会、脉络因素互相影响,进而对团

---

① Woodman,R. W. Sawyer,J. E. & Griffin,R. W. , "Toward a Theory of Organizational Creativity", *Academy of Management Review*, 1993,pp. 293 - 321.

② Woodman, R. W. & Schoenfeldt, L. F., "An Interactionist Model of Creative Behavior", *Journal of Creative Behavior*, 1990,pp. 279 - 290.

体创造力有所贡献;团体创造力受团体的成分和源自组织的脉络影响,个人的创造行为通过团体去影响组织的创造力。他的这一观点进一步说明了团体(组织)与环境对创造结果的影响。

过去许多学者曾以不同的研究方法,探讨高创造力者的人格特质(津巴多,1979;戴维斯,1986;阿马布勒等,1988)。然而,有利于创造力的创造性人格特质其特征如何? 津巴多(Zimbardo,1979)认为有创造力的人具有冲动任性的、独立的、内向的、直觉的与自我接受的人格特质。高夫(Gough,1965,1979)从"形容检核表"(Adjective Check List)进一步发展出创造性人格特质量表(Creative Personality Scale,CPS),指出正向的创造性人格特质包括能干的、自信的、有洞察力的、兴趣广泛的、不拘形式的等18项,与创造力呈负相关的则有平凡的、保守的、传统的等12项,CPS量表从而成为相关探索广为运用的研究工具。劳德塞普(Raudsepp,1987)[1]认为高创造力者人格特质具有下列特征:对问题的敏感性、好奇心、潜意识及情感的对外开放、持续性等。戴维斯(Davis,1986)发现高创造力者的人格特质包括好奇心、专注力、毅力、开放性、冒险性、独创性、变通性。阿马布勒(1988)将影响创造力的因素归类成环境及个人因素两类,其实验结果发现:在个人因素中促进创造力最重要因子为个性特征:持续力、好奇心、有活力及自我动机(Self-Motivation)等。

基于上述可知,创造性人格特质事关个人创造力,进而影响组织创新。坎特(1988)与阿马布勒(1988)均分别指出个人创造力是影响组织创新的重要变项,人格特质更是影响个人创造力发展的重要因素。有关人格特质、创造力理论、组织创造力理论的相关文献见表2-6。因此,我们可以得出:企业员工创造性人格特质越佳,则组织创新成效越高。

43

---

① Raudsepp, E., "Establishing a Creative Climate(Two Dozen Ways to Turn on Your Organization's Light Bulbs)", *Training and Development Journal*, 1987, pp. 50-53.

表2-6　创造力相关理论的探讨

理论类别	研究学者	主要内容
心理分析论	Freud (1948)	创造力是本我和超我之间潜意识作用的一种结果
	Jung (1971)	创造力的动机来自先禀赋,创造力的形成来自于潜意识中的一种冲动和驱策
人本论	Rogers (1954)	对经验采取开放态度,能容忍不同意见,时刻保持对生活有新的体验和感受,并按自己的机体估价过程来评价自己的经验
	Busse 与 Mansfield (1980)	创造力乃由于个人为达自我实现而发挥的潜力
特质论	Torrance① (1971)	创造即是对缺陷的敏感性、流畅性、变通性、精确性再定义的能力
行为论	Meltzman (1960)	将原创性的行为视为经过增强过后所产生,凡经过鼓励及奖赏皆可增加创造力
脑侧化论	Katz (1978)	创造力需先靠左脑知觉新事物,进而整理观念;再由右脑去肯定、精进和沟通。一般左脑控制人的阅读、语言、数理分析及计算能力,右脑则控制创造性活动及创造力的发展
创造的环境说	Campbell (1977)	影响个体创造倾向的组织因素有七方面:害怕失败,不敢冒险;对秩序和传统的偏爱;在组织中无法看到自己和他人的优点;过分依赖无用的推理演算;过分坚持己见;厌恶游戏;过分利用环境
结合自然和人文因素说	Calder 与 Staw (1975)	创造力包含五方面:创造力是认知、理性及语意上的形式;创造力受环境即幼时教养经验的影响;创造力是高度心理健康的展现;创造力是原始冲动,表现出的补偿及集中潜意识的行为;创造力是先知先觉的一种表现

---

① Torrance, E. P. , *Rewarding Creative Behavior*, Englewood Cliffs, NJ: Prentice-Hall, 1966.

理论类别	研究学者	主要内容
结合个人信念及外在行为各种特质说	Asutin (1978)	创造力是由包括弹性←→固执、冒险←→谨慎、现实←→幻想、谦逊←→肯定、内导←→外导、天真←→怀疑、活泼←→沉思、男性兴趣←→女性兴趣、懒散←→努力、自我统整←→自我中心、自由←→训练等内外在特质所激发形成的
结合具有解决问题能力和创造性人格特质理论	Eugene (1981)	创造力应包括流畅力、变通力、独特力、好奇心、开放的感情、强烈追求动机、注意力集中、想象力分析、运作和综合能力、容忍暧昧、问题能力、分辨选择能力、酝酿能力、参与生产及创作能力、譬喻力及冒险意志等因素
创造力统合模式	Clark (1983)	创造力乃是直觉、情意、感觉和思考等作用,既要智能的基础,更需要有创造性人格特质功能的统合与环境
创造因素理论	Amabile (1983)	创造力不能只视为人格倾向或普通能力,而是人格特质、认知能力和社会环境的结合
组织创造力理论	Majaro (1988, 1991)	创造力是一种帮助产生创意的思考过程;创新是产生新商业行为的基本条件
	Mumford 与 Gustafson (1988)	创造力最主要是"产生新奇的、社会所珍惜的产品、想法或过程";界定创造力的定义
	Robinson 与 Stern (1997)	当公司员工能够自动自发地从事崭新与有价值潜力的工作,可称此公司具有创造力;创造力的具体成果是改善或创新
	Feldman 等人(1994)	提出组织创造力理论架构——DIFI Framework。此理论架构包括三个次系统:个人、领域和场合
	Ford (1996)	提出创造性行为多领域模式,认为创造行为同时受到各种领域知识的影响与评估;创造力需要不同领域知识的整合
	Woodman, Sawyer 与 Griffin (1993)	组织创造力是在复杂社会系统中,一群人在一起工作所产生有价值、有用的新产品、服务、创意、程序的能力;凸显个人创造力是组织创造力的前置条件,同时和社会及环境因素互相影响

45

续表

理论类别	研究学者	主要内容
组织创造力理论	Sternberg (1988)	主张创造力三构面模式及智力、认知风格与人格动机;以个人为研究单位的发现
	Herbig 与 Jacobs (1996)	解决问题的创造力可分为两种方式:适应性与创新性;创造力亦针对问题解决方式有程度的差异
	Csikszent-mihalyi 与 Sawyer (1995)	创造过程相当依赖社会互动,而且最有突破的洞察通常来自不同领域信息的整合;主张社会互动与整合式创造力来源的主要因素
	Amabile (1988)	个人创造性观念的产生是创新过程的核心建构成分,而组织创新则为组织将个人创造力加以成功实践的展现;强调组织与个人间的互动
	Amabile (1997)	提出组织创造力与创新的成分理论,认为创造表现包括三个成分:(1)与领域有关的技巧;(2)与创造力有关的技巧;(3)工作动机;从个人所应具备的条件探讨组织创造力的形成及相互的影响

2.4.2 组织变项与组织创新的关系

关于组织创新的影响因素,许多文献显示,个人变项、组织变项与环境变项均具有解释力,然而其中以"组织变项"具有最高的解释力。根据过去的文献显示,较为相关的组织变项包括组织特性、组织文化、组织气候与组织结构设计(阿马布勒,1988;丹麦普,1984,1987,1991)。组织特性变项主要是指产业类别、组织生命周期与组织规模(丹麦普,1991)。组织文化常被定义为"参与者共同接受的价值观、标准、信念及采用的方式",而组织气候则为"一种气氛、态度及行为倾向"。组织的文化可能会为创新带来阻碍,亦可能加速创新的过程,就要看组织文化是否具有活力,是否鼓励良好的人际互动及鼓励创新。而主张组织气候的学者,以阿马布勒(Ambile,1988)为代表,其认为与组织创新相关联的三大要素分别是激励创新的方式、工作领域中的资源与创新的管理技巧,而组织成员身处的工作环境的激励创新程度愈高、可运用的资源愈多、创新的管理技能愈好,则组织创新程度就会愈高。丹麦普(Damanpour,1991)以 Meta-analysis 探讨"组织结构"与"组织创新"间的关系,结果发现:"集权化"与组织创新呈现显著负相关,"正式化"与组织创新不存在关联性,"专精化"则与组织创新呈现显著正相关。以下分别就组织变项与组织创新间的关系进行深入探讨。

(1)组织特性与组织创新间的关系

与组织创新较具关系的组织特性变项主要包括产业类别与组织规模。以下分别就此两项组织背景变项与"组织创新"的关系进行分析。

1)产业类别

就产业类别而言,根据丹麦普(Damanpour,1991)的后设分析(Meta-analysis)结果显示:在集权化方面,制造业与服务业在"组织创新"的表现不存在显著差异。在正式化及专精化方面,制造业的"组织创新"显著优于服务业。

2)组织规模

①与组织创新不存在关联性

就组织规模而言,弗里曼①(Freeman,1973)根据 SAPPHO 项目的资料,针对影响创新的成功因素做研究,以一件成功一件失败的方式配对来区别成功与失败创新的特质,结果发现,组织规模与创新的成功并无正相关。

②与组织创新存在正向关联

奥尔德里奇(Baldridge)及伯恩翰(Burnham,1975)以创新的扩散(Diffusion of Innovation)来界定组织创新并探讨个人、组织及环境变项对于组织创新的影响。结果发现,组织大小(Size)及复杂化(Complexity)对于组织创新行为影响力是非常大的。布劳(Blau)及马克

---

① Freeman, C. A. , "A Study of Success and Failure in Industrial Innovation", *Science and Technology in Economic Growth*, Williams, B. R. (ed.), New York: Halsted, 1973, pp. 227 – 245.

亨利(McHinley,1979)的研究则指出,创新绩效与组织规模呈正相关。金伯利(1981)等人以医院组织为分析单位探讨影响医院组织创新的个人、组织及外在脉络因素。结果发现组织在排除其他因素之后,大小无论对于管理或技术创新的解释力均可达 0.3 以上的显著水平。多尔蒂(Dougherty,1995)等人研究组织缩编(Downsizing)对于产品创新的影响,结果发现组织大小(Size)与创新存在正向关系。

③与组织创新存在负向关联

巴博萨(Barbosa,1985)[①]的研究发现组织僵固性(Organization Rigidity)高、规模大,不利事业技术创新的企图及效率。

(2)组织文化、组织气候与组织创新间的关系

相较于组织结构,组织的文化气候更重要而复杂;而创造性的文化气候,更是组织创新的关键要素。在一个受支持的、创新的组织文化中,有创意的员工便能在支持与鼓励中放心发展他们的构想。

组织气候可以追溯至勒温(Lewin)、李皮特(Lippett)与怀特(White)[②](1939)的研究,由于组织气候是组织内人员与环境相互影响所致,所以组织成员的心理反应与动机作用是构成组织气候的一个主要变量。勒温(Litwin)与斯特林格(Stringer,1968)发展组织气候尺度的管理工具,其中包括结构、责任、奖酬、风险、人情、支持、标准、冲突与认同九个构面共 50 个题目,用以测量组织气候,该量表现仍为广大研究者所采用。

在阿马布勒的系列研究中,阿马布勒(1988)从研究组织创新着眼,对衡量组织气候的构面,采取与以往不同的观点,并认为与组织创新相关的三大分析构面是激励创新的方式(Motivation to Innovate)、工作领域中的资源(Resources in the Task Domain)以及创新的管理技能(Skills in Innovation Management),其结果如表 2-7 所示。

---

① Barbosa, R. R. , "Innovation in a Mature Industry", Ph. D. Dissertation, Columbia University,1985.

② Lewis, Laurie K. and Seibold, David R. , "Innovation Modification during Intraorganizational Adoption", *Academy of Management*, 1993, p. 322.

表2-7 影响组织创新气候构面

构面	向度	定义
组织激励创新的方式	鼓励建言	鼓励新观念的提出与自由发言
	酬赏与肯定	创意的作品能得到适当的回馈与公平的奖励
工作领域中的资源	自由度	自由决定所做的事及需要完成的工作
	管理者楷模	管理者是充满热忱、善于沟通的楷模
	充裕的资源	组织提供达成创新的相关设备、信息、资金、人力等资源
	冒险取向	组织成员愿意冒险完成工作任务
创新性的管理技能	组织特性	合作、支持创新、过度竞争等的组织特性
	挑战性	具挑战性的管理工作
	压力	与外在组织竞争的工作压力

其后,阿马布勒(1996)在发展其创造力工作环境评估量表(KEYS)时,进一步将组织创新气候划分为促进因素(如来自于组织、主管、工作团队的鼓励,自主性、资源等)和阻碍因素(如有过度的工作压力、组织障碍等)。由上述可知组织环境对于组织创新具有很大的影响力,所以阿马布勒(1988)(图2-3)的观点正可以说明组织环境与创造力及组织创新的关系,而这里所谓的环境当然主要包括组织文化与组织气候。因此组织应该鼓励创造的文化与气候、保留适当的组织资源、进行多元知识的交流以及保留授权与自主性,如此较有利于创造力的发挥(阿马布勒等,1996)。

(3)组织结构与组织创新间的关系

研究发现,组织结构与所在的环境相关联,并深受工作性质的影响。伯恩斯(Burns)与斯托克(Stalker)[1]在20世纪50年代后期,说明组织结构可分为有机组织和机械组织。前者较适应于急速变化的环境,而后者则适合于稳定的环境。一般而言,有机组织结构最适合用于促进组织创新,因为有机结构会使决策制定分权化、工作角色自

---

① Burns, T. and Stalker, G. M., *The Management of Innovation*, Tavistock, London, 1962.

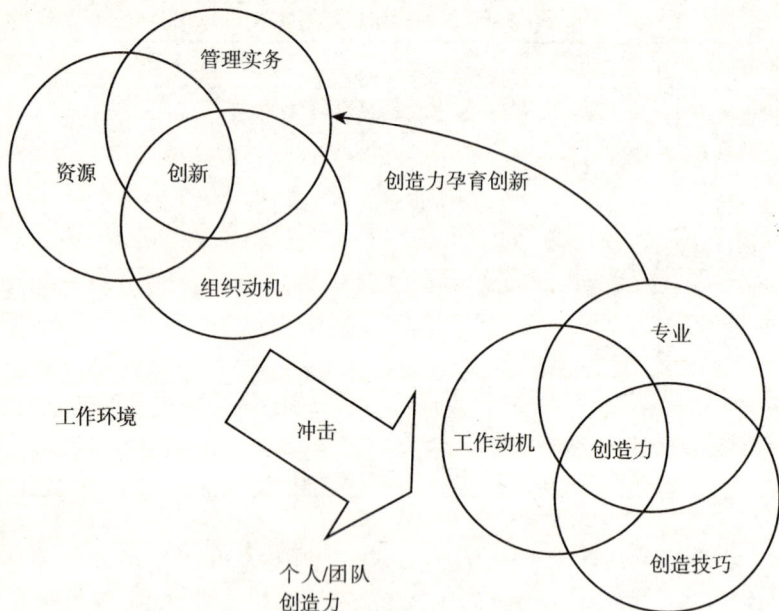

图2-3　组织环境对创造力的影响

由安排,并提高成员的创造力;而弹性的结构和较少的层级节制及广泛的沟通将会加速组织的创新。20 世纪 80 年代以后的学者对于组织结构的分析构面多以集权化、正式化以及专业化为主,丹麦普(1991)以元分析探讨"组织结构"与"组织创新"间的关系,结果发现:"集权化"与组织创新呈现显著负相关,"正式化"与组织创新不存在关联性,"专精化"则与组织创新呈现显著正相关。

2.4.3　环境变项与组织创新的关系

要找出促进或抑制组织创新的因素,只看组织本身的特质是不够的,有必要了解组织所处的环境及其与环境的互动。组织与外界沟通的质与量影响了组织的创新能力。因此,组织内部人员若能跨越组织界限,专业人员可以通过正式及非正式的沟通网络与他人接触,便有机会将新创意应用在组织中。另外,组织对其环境的知觉也影响新创意的采用,迈尔斯(Miles)与斯露(Snow,1978)①提出了四种策略形态:防御者(Defenders)、探勘者(Prospectors)、分析者(Analysers)及反应者(Reactors)。举前两种为例,防御者是指组织认为其环境非常稳定,为了赢得市场,必须重视生产效率。而探勘者则认为环境非常不稳定且混乱,因此十分重视创新。明茨伯格(Mintzberg,2000)从结构面、情境面、策略面及面对的问题提出了他对创新型组织的特点的描述,如表2-8所述。内森(Johannessen)、奥尔森(Olsen)与奥莱森(Olaisen)②基于组织愿景与知识管理发展一套创新理论,并提出一完整模型(图2-4)。模型中各项要素间具有不断循环的关联性。首先,公司愿景会带来知识创造,知识创造带来组织创新与整合运用知识,知识有效整合与应用的好,会进而激发组织创新并强化愿景。达文波特(Daven-

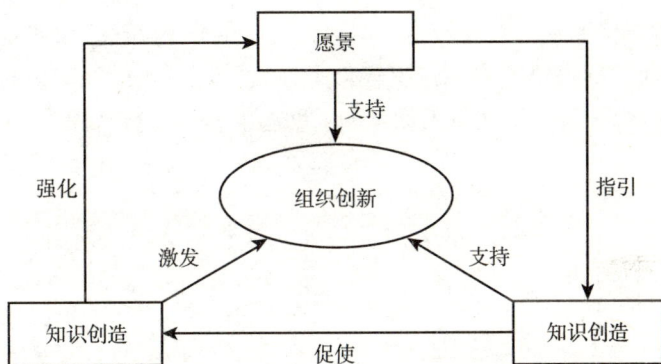

图2-4 愿景、知识创造与组织创新

资料来源:Johannessen, Jon-Arild and Olsen, Bjorn and Olaisen, Johan, "Aspects of Innovation Theory Based on Knowledge-Management", *International Journal of Information Management*, Kidlington, 1999,19(2):pp. 121 – 139。

① Miles, R. E. & Snow, C. C., *Organization Strategy, Structure, and Process*, New York:McGraw-Hill Book Co. , 1978.

② Johannessen, Jon-Arild and Olsen, Bjorn and Olaisen, Johan, "Aspects of Innovation Theory Based on Knowledge-management", *International Journal of Information Management*, Kidlington, 1999,pp. 121 – 139.

port)、德隆(Delong)与比尔斯(Beers)①认为塑造知识环境是知识管理的一项目,也就是建立一个能有效创造、转换与使用知识的环境。简言之,即是塑造一个注意与接纳知识的文化。一些公司致力于改变一些与知识相关的规范与价值观,意图形成此种气候。部分公司则是试图转变员工对工作的认知,或是强调知识创造、分享与使用的过程。他们认为增进对知识管理的注意力应优于储存库的建立。

内森、奥尔森与奥莱森(1999)认为愿景会为知识管理(协助知识整合与应用)提供方向。管理者需了解哪种知识对创新具关键性,如记录与强调各种类型的组织知识(包含系统性、外显、内隐、隐藏性、人际关系知识)。并且,建立组织内外部的个人与团队网络,协助点子流通,并发展、解析、使用新知识。新信息结构包含互联网(Internet)、局域网(Intranet)与外联网(Extranet)。然而,虚拟系统在外显知识转移上有所限制。建立沟通结构(讲座、论坛、会议等均有助于面对面沟通)可使内隐知识转化为外显知识。将内隐知识转变为外显知识后,可以增加员工承诺和辅助态度,强化愿景(图2-5)。

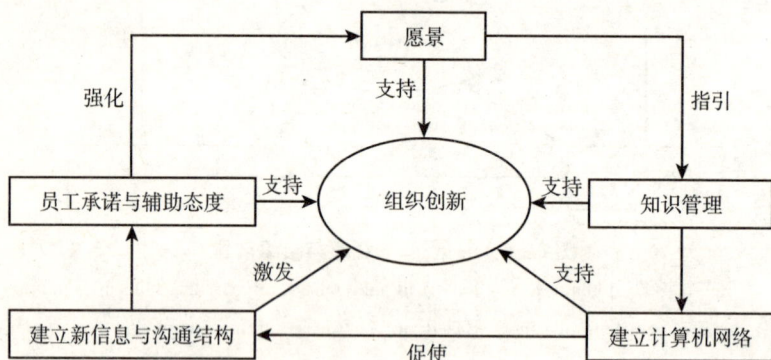

图2-5 愿景、知识管理与组织创新

资料来源:Johannessen, Jon-Arild and Olsen, Bjorn and Olaisen, Johan, "Aspects of Innovation Theory Based on Knowledge-Management", *International Journal of Information Management*, Kidlington, 1999,19(2):pp. 121-139。

----

① Davenport H. T., Delong W. D. & Beers C. M., "Successful Knowledge Management Projects", *Sloan Management Review*, 1998, Winter, pp. 43-75.

表2－8 创新型组织的特点

构面＼特点	创新型组织的特点
结构	易变的、有机性的、选择性的分权,暂时性组织;小组是由各种职务型专家所组成,其中有幕僚、作业员和经理人等,他们必须完成一些创新的项目;通过彼此的调适来达成协调,并可以得到来自联络人员、整合性经理人和矩阵结构的支持
情境	复杂而动态的环境,其中涉及高度技术、经常性的产品变动(因为竞争激烈的缘故),临时性、规模极为庞大的项目;通常都是很年轻的组织,因为组织老化就会有官僚化的压力;常见于新兴的产业;有两种基本类型:专门从事合约个案的作业型暂时性组织和从事自己项目的行政型暂时性组织,当作业核心被截断或自动化时,往往会呈现后者的形态
策略	主要是通过学习或草根(Grassroots)过程;大量出现;通过各种由下而上的过程;不是由管理阶层主导,而是由作业阶层使之成形;在策略方向上,呈现收敛和发散的特有周期性循环
面对问题	结合了大量的民主和少许的官僚特性,算是很时髦的结构;在创新上很有成效(一种很不平凡的结构配置);工作人员会面对不确定性,也可能碰到不当转型的风险

资料来源:本书自行整理。

在寻找促进或阻碍组织创新的因素时若仅是注意组织本身的特质是不够的,组织目前存在的环境,以及与组织互动的方式是更有必要去探讨的(King & Anderson,1995),组织环境对于组织创新的影响,目前尚无强有力的实证结果支持。关于有利与不利于组织创造发挥的环境因素见表2－9。格林(Glynn,1996)①提出"智能与组织创新架构",探讨个体创造力、个人与组织智能、个人与组织及情境背景、有利情境及组织创新间的关系,详见图2－6。蒂德(Tidd)、本珊

53

---

① Glynn, Mary Ann, "Innovative Genius: A Framework for Relating in Dividual and Organizational Intelligences to Innovation", *Academy of Management*, 1996, pp. 1081 – 1111.

特(Bessant)与帕维特(Pavitt)[1]认为创新组织不只意指一种单一结构,而是指一套能同时创造及强化创新环境的要素,详见表 2-10。由上述文献可知,环境变项与组织创新的关系更加复杂,甚至包含或整合了上述个人变项与组织变项的概念,故到目前为止关于环境变项与组织创新的关系尚未明确,也无较令人信服的模式出现。

表 2-9　有利及不利于创造性的组织环境因素

研究者	年份	研究内容
Jaoui	1980	助长新观念的气候;组织的应变性应足以应付任何组织革新所可能带来的冲击压力;建立适当的渠道,以使新观念能变成新产品;高阶管理人员能支持革新
Dumbleton	1986	组织脉络中的组织情感气候、组织沟通网络、组织目标形成及组织控制等四大项基本因素,若能有效地加以管理,则能促进及释放个人创造潜能
Raudsepp	1987	保持组织结构的变通性;使组织训练能与个体自我训练相配合;不断重申"创新"是被期待的;创造开放、互动的组织气候;对于"创新",在财政上能全力支持;认知个别差异,个体均是有价值的;管理者应有支持部属的态度;提供的工作应能使个体感到个人及事业的成长;积极寻找、发展并鼓励特殊的创造才能;允许观念有足够的时间发展成熟;为失败提供一个安全的气氛;提供创造力的训练及研习会;提供适当的渠道,使个体抽象的创造力经由此一渠道能转变成为主意及建议;维持沟通网络的畅通;没有单一管理型态能适合于每一个体
Amabile	1988	促进创新的组织因素,包括重视创新、热心的管理人员、充裕的资源
Gundry 与 Kickul	1994	以归因、概念技巧、行为及过程等不同多元观点探讨组织创造力,认为组织创造力是由教育、环境及应用所共同组成的

---

① Tidd, Joseph. Bessant, John. & Pavitt, Keith, *Managing Innovation: Integrating Technological, Market, and Organizational Change*, Chichester, West Sussex, England, New York: John Wiley.

表2-10 创新组织的构成要素

构成要素	关键特质	学者(年份)
愿景、领导及创新意愿	清楚地分享意图决心；扩展策略意念；最高管理承诺	Kay(1993)，Kanter(1984)，Nayak 与 Nohria(1996)
适当的结构	激发创造力的组织设计	Woodward（1965），Thompson①（1967），Peters（1988），Pfeffer（1994），Burns 与 Stalker(1961)，Mintzberg（1979），Perrow（1967）
关键人物	促进者、提倡者、守门员及其他能鼓励或帮助创新的角色	Allen（1977），Rothwell（1992），Bess（1995），Rubenstein(1994)，Tichy 与 Devanna（1986）
持续及倾力于个人发展	重视长期性的教育训练，以确保高水平竞争力及有效学习技巧	Pedler 等(1991)，Jarvis 与 Paris(1995)，Paris(1995)，Senker(1985)
多方面的沟通	组织内部与外部沟通；内部沟通有向上、向下和横向三种	Allen(1977)，Francis（1987），De Meyer（1985）
客户焦点	内部及外部客户导向；全面质量文化	Rothwell(1992)，Oakland(1989)
有效的团队工作	适当地运用团队（根据地缘、功能以及组织内部级别）以解决问题；需着手于团队的选择及建立	Kharbanda 与 Stallworthy（1990），Bixby（1987），Francis 与 Young(1988)，Wellwright 与 Clark（1992），Thamhain 与 Wilemon(1987)
高度投入创新	组织全面的参与持续的改善活动	Bessant 与 Caffyn（1996），Imai（1987），Robbinson(1991)
具有创造力的文化	利用建设性的方法以创造灵感，凭借相关酬偿系统加以支持	Ekvall（1990），IPD（1995），Rickards（1988）

---

① Thompson, James D., *Organizations in Action: Social Science Bases of Administrative Theory*, New York: McGraw-Hill, 1967.

续表

构成要素	关键特质	学者(年份)
学习型组织	帮助规范组织内个人学习的程序、结构及文化;知识管理	Arg 与 Schon (1970), Garvin (1993), Leonard Barton (1995), Nonaka (1991), Starke (1996)

资料来源:Tidd, Joseph, Bessant, John & Pavitt, Keith, *Managing Innovation: Integrating Technological, Market, and Organizational Change*, Chichester, West Sussex, England, New York: John Wiley,1997。

56

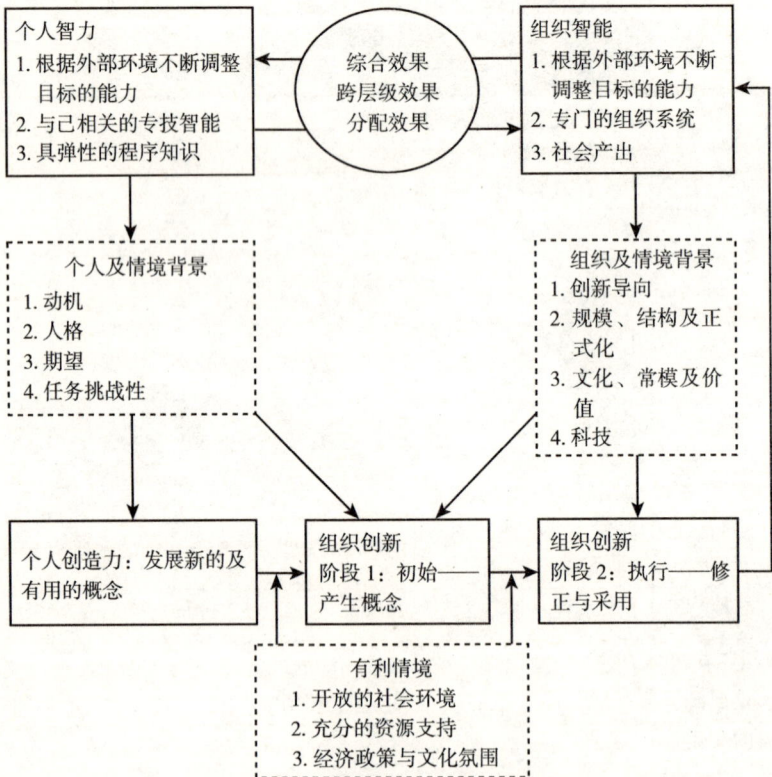

图2-6 智能与组织创新架构

资料来源:Glynn, Mary Ann, "Innovative Genius: A Framework for Relating in Dividual and Organizational Intelligences to Innovation", *Academy of Management*, 1996,21(4):p. 1083。

2.5 组织创新相关的实证研究

组织创新的研究内容或方向差异很大,受限于篇幅及研究目的无法一一陈述与罗列,现就较为重要且与本书相关性较大者依年份顺序列举如下(表2-11)。

表2-11 组织创新相关的实证研究

作者(年份)	研究内容	研究模型与结果
Damanpour 与 Evan(1984)	研究组织创新的构面及其对组织绩效的影响	组织创新分为技术创新与管理创新;实施技术创新与管理创新的组织,其绩效较高
Walton (1987)	研究创新能量的观念	影响创新能量的外部因素是环境与泛能力,创新能力的界定仅具雏形但缺乏明确定义
Damanpour (1987)	探讨创新引进的类型及组织因素的影响状况	三种创新引进的类型分别是技术、管理与辅助;六个组织因素分别是特殊化、功能差异、管理强度、专业化、组织规模与组织剩余
Amabile (1988)	提出影响组织创新气候的三大构面	组织激励创新的方式;工作领域中的资源;创新性的管理技能
Cohen 与 Levinthal (1990)	研究组织创新能力	创新能力关键在于能否吸收与利用事关组织专业领域及技术;影响的重要因素包括组织内外的沟通结构、公司研发投资、外在环境及组织内技术专家的能力
Davis 与 Louise[1](1991)	探讨工作环境及组织创新能力间的关系	外在环境的挑战、领导形态及政治行为与组织创新力有关

57

[1] Davis Louise, "Work Environments and Organizational Innovativeness: An Exploratory Study of the Formal Relationships in Three Organizations", Doctoral Dissertation, University of California, Los Angeles, 1991.

作者(年份)	研究内容	研究模型与结果
Damanpour (1991)	探讨组织创新的决定因素与干涉因素	13个潜在决定因素为:特殊化、功能差异、专业化、正式化、集中化、朝向变革的管理态度、管理费用、科技知识资源、管理强度、剩余资源、外在沟通、内在沟通与垂直差异;干涉因子指组织的类型、创新的类型、引进的阶段、创新的范围
Bolton, Michele 与 Kremen(1993)	研究组织绩效与组织创新引进的关系	最初引进决策与引进时间的效果互相独立时,组织绩效才会与组织创新发生关联
Wolfe (1994)	提出组织创新研究的三种主要不同的取向	分为创新的扩散、组织的创新能力与过程理论三种研究取向
Higgins (1995)	探讨创新组织的要素与相关因素	以麦肯锡公司提出的7S为构面提出诊断组织创新,并引进创新商数量表(IQI),来衡量组织中产品创新、过程创新、营销创新及管理创新
Tushman 与 O'Reilly (1997)	探讨组织变革、组织改造及组织创新	创新过程中企业除了顺应科技循环外,管理者应该将公司的文化、人员、正式组织、关键任务加以协调发展
Damanpour (1996)	研究组织复杂性与组织创新间的关系	组织复杂性以结构复杂性及组织规模为衡量指针,权变因素则包含环境不确定性、组织规模、产业部门、创新种类及创新引进阶段
Amabile (1996)	研究创造力工作环境	进一步发展的工作环境创造力基本架构,将影响组织创造力的工作环境类别,划分为鼓励创造力、自主性或自由度、资源、压力与组织障碍等五大类,并再细分为组织鼓励、主管鼓励、工作团队支持、自由度、足够资源、挑战性工作、过度工作压力与组织中对创造力的障碍八大项目

续表

作者(年份)	研究内容	研究模型与结果
Mone，McKinley 与 Barker①（1998）	研究组织衰退与创新的间的关系	研究结果显示，组织衰退与创新的间有三个干扰变项，分别是环境干扰项(组织任务的制度化)、组织干扰项(权力结构的扩散或集中、不受约束资源的多寡)与决策者干扰项(衰退是否可控制的态度、衰退是否为暂时的态度)，此权变模式有助于了解组织衰退与创新间的关系
Johannessen，Olsen 与 Olaisen（1999）	基于组织愿景与知识管理发展一套创新理论，并提出一完整模型。模型中各项要素间具有不断循环的关联性	愿景会为知识管理提供一方向。管理者须了解何种知识对创新而言具关键性，如记录与强调各种类型的组织知识。并且，建立组织内外部的个人与团队网络，协助点子流通，并发展、解析、使用新知识。此网络须依靠新信息与沟通结构。新信息结构包含因特网（Internet）、局域网（Intranet）与外联网（Extranet）。虚拟系统在外显知识移转上有所限制。建立沟通结构可使内隐知识转化为外显知识。将内隐知识转变为外显知识后，可以增加员工承诺、辅助态度，强化愿景
Hage（1999）	比较组织变革与组织创新的差异	导入"考虑投入"与"回馈"的概念，进入组织创新的研究领域
Yamin，Gunase Karan 与 Mavondo②（1999）	探讨创新指针与绩效间的关系	组织创新(管理创新、技术创新与产品创新)与绩效显著相关

59

① Mone, M. A. , McKinley, W. and Barker, V. L. , "Organizational Decline and Innovation: A Contingency Framework", *Academy of Management*, 1998, pp. 115 - 132.

② Yamin, Shahid and Gunasekaran, A. and Mavondo, Felix T. , "Innovation Index and its Implications on Organizational Performance: A Study of Australian Manufacturing Companies", *International Journal of Technology Management*, Geneva, 1999, pp. 95 - 503.

续表

作者(年份)	研究内容	研究模型与结果
Damanpour (2000)	探讨银行业组织变项对创新采用的影响	组织规模及地理区域范围与创新采用的规模及速度呈现显著相关;地理与产品范围会影响采用产品创新或流程创新的倾向;不同银行其创新采用的型态有所差异
Damanpour (2001)	探讨组织内采用产品创新或流程创新的动态过程	探讨了自1982年至1993年共计101家银行,结果发现:产品创新较常被采用;"产品—流程创新"比"流程—产品创新"常见;产品创新与流程创新呈现正向关系;采用产品与流程创新的银行通常绩效较高

资料来源:本书自行整理。

　　综合上述研究结果,组织创新各种不同的研究取向,其研究模式与方法均有所差异,因此若要对"组织创新"的概念形成一致的看法并不容易。归纳上述研究,本研究得到以下发现:(1)面临激烈竞争环境的企业,组织创新事关组织绩效的良否;(2)过去关于组织创新的研究多针对技术能力提出衡量指标的看法,需要在理论内涵与衡量构面上继续扩充与修正;(3)双核心模式将"组织创新"分为"技术创新"和"管理创新"是学者们较一致的看法。本书根据双核心模式的看法,将"组织创新"分成"技术创新"和"管理创新"两大构面,次构面与衡量指标将参酌其他文献予以适当的归类,以建构面向TBC环境的企业组织创新的层级架构与指标。

3 面向 TBC 环境的组织创新结构模式

　　随着科学技术蓬勃发展、经济日益繁荣和工业化水平的不断提高,我们周围的环境正在不断发生着深刻的变化,竞争日趋激烈的市场环境业已形成。企业竞争和经营环境的变化,促使竞争模式从基于价格的竞争向基于质量、品种的竞争转移,现在转移到基于时间的竞争(Time-Based Competition, TBC)。TBC 不是不要价格、质量、品种,而是在满足这些因素的前提下即时响应顾客的需要[1](陈荣秋,2003);同时,顾客的需求变得个性化和多样化。这些给现代企业的运营提出了挑战,企业为了生存和发展就不得不争取顾客,在当今这个以快速变化为特征的 TBC 时代,即时响应客户的个性化和多样化需求已成为不可辩驳的事实。

　　基于时间竞争(Time-Based Competition, TBC)由斯达克(Stalk)第一次明确提出。根据斯达克的研究,第二次世界大战后日本经过了劳动力密集、资金密集、集中生产、柔性生产四次竞争优势战略转变,使得日本一直保持着低成本与高生产率。柔性制造解决了品种限制,同时也降低了成本。利用柔性制造系统,丰田公司在不到 5 年的时间内,制造成本降低 60%,收支平衡点降低 50%,全员劳动力生产率提高 100%。为了进一步解决品种驱动的快速变换问题,日本的竞争者倡导基于时间的竞争,时间成了竞争优势新的资源。

　　TBC 来自于日本 20 世纪 80 年代汽车制造业,并在 1990 年成为日本和西方企业主导竞争优势。我国目前 TBC 的研究多涉及和渗透于其他生产管理思想研究中,如柔性系统、准时生产、供应链、并行工程、全面质量管理、产品创新等等。TBC 与其他管理理念存在本质

---

　　① 陈荣秋:《基于时间竞争的运作管理新技术与新方法研究》(国家自然科学基金申请报告),2003 年 9 月。

的不同,其与质量和成本竞争一起主导着顾客响应和快速推出新产品战略,其实质是压缩产品从创造到发送过程每一阶段的时间。加快产品开发与推出,快速设计和制造,快速物流配送及顾客服务,这样使得新产品比竞争者更早进入市场,赢得更多的市场份额,大大降低产品生产及上市周期长所带来的时间成本,增强市场变化响应,降低风险,保证和节省运输时间,增加顾客满意度,从而增强了以顾客为主导、竞争激烈、变化快速的 3C 的环境下的适应性和竞争力。

基于时间竞争涉及领域很广,包括基于时间创新、基于时间制造、基于时间销售及基于时间服务等方面。常常采用的基于时间竞争方法有准时生产制(Just-In-Time,JIT)、全面质量管理(Total Quality Management,TQM)、并行工程(Concurrent Engineering,CE)、快速成型(Rapid Prototype,RP)、信息技术(Information Technology,IT)及交叉功能团队(Cross-Functional Team,CFT)等。而且这些方法或技术并不是独立工作,而是相互结合渗透在一起。技术革命—经营方式的转变—新型竞争战略—组织结构的变化等几个方面是因果关系,要压缩产品过程(研发、生产、销售)各个阶段的时间,缩短产品整个周期,使得产品质优价廉地快速进入市场,并到达顾客手中,就必须对基于时间竞争的企业组织模式进行分析并予以创新。

3.1 TBC 环境下的企业组织模式特征

3.1.1 组织结构扁平化

随着瞬息万变的互联网技术的发展和信息以光速的传播,企业竞争表现为时间竞争、创新竞争,企业已没有决策大小的问题,只有速度快慢的问题。工业经济时代的那种纵向一体化的层级制管理模式由于管理层次过多、管理链条过长,企业决策过程繁复、迟缓,缺乏对市场变化、新技术发展的快速反应。用交易费用理论来看,在"企业内部边际费用=外部市场边际费用"中,由于网络使等式右边的外部市场边际费用下降,要维持企业这种组织形式的有效性,就必须使企业临界规模的等式左边"企业内部边际费用"也相应减小,即企业可能有的最大规模必然要减小。因此,为适应市场竞争的需要,就必须改变传统的"科层制"组织模式,转向以现代信息技术手段支撑的流程式"扁平化"结构。这种新型的扁平型管理模式中间管理层减少,通过互联网技术直接面向用户销售,提供服务,减少经销商环节,直接将用户的需求反馈给核心企业,保持企业生产随市场变化的弹性和柔性。

3.1.2 组织结构柔性化

英国学者伯恩斯(Tom Burns)和史托尔克(G. M. Stakler)为了考察快速变化和不确定性环境对企业运作的影响,对英国和苏格兰的20家工业企业进行了调查研究。他们发现:具备快速反应能力的组织结构与静态稳定的组织结构并不相同,他们把这两种组织结构归纳为柔性组织结构和刚性组织结构。柔性组织结构是与动态竞争条件相适应的富有弹性(即适应性、创新性、学习性及敏锐性)的和社会紧密联系的开放系统。它能够将组织内各要素有机地结合起来,根据企业环境变化适时地进行战略调整,及时应对外界环境的变化,力求使组织结构与企业在经济全球化的条件下达到一种"和谐"。

消费者的需求日益个性化、多样化和复杂化,市场更加具有不确定性和多变性,企业组织必须实现从机械式组织到有机式(柔性)组织的变革。柔性组织结构注重组织系统的开放性和合作性,能够灵敏地反应环境的变化,保持组织系统的动态稳定。柔性组织一般由两部分组成:一部分是为保证完成企业固有战略任务而组建的稳定结构,另一部分是企业柔性化的具体体现部分,它是为完成组织所面临的新任务而形成的组织机构。柔性化的组织形式最流行使用团队结构,在多变的环境中,团队结构可以快速组合、重组、解散的优点比传统的部门结构或其他形式的稳定性群体更灵活,反应更迅速。柔性组织结构的运行规则、管理程序和岗位责任很少是成文的和严格规定的,而是由某一时期的工作需要而约定的。这种没有刻板的办理规则和明确的责任分工的组织结构具有较强的灵活性、适应性,从而加强了企业对内外部环境变化的应变能力。

组织结构的柔性化也表现在职权结构的合理化,体现在集权和分权的合理统一。即在进行分权的同时,要实行必要的权力集中;在实行集权化的同时,要给予最灵活的和最大限度的分权。通过权限结构的调整,适当下放中高层管理人员的权力,充分授予基层员工应付突发性事件的自主权,以提高决策的实效性。

3.1.3 企业规模精干化

以互联网为代表的全球一体化的运输和通讯网络(硬件)以及多种世界性国际组织和通行的国际惯例(软件)已逐渐把国际和国内的市场融为一体,所有企业无论规模大小都要面向全球市场,这是发展的必然趋势。在这样一个全球市场面前,企业组织形态、企业规模必须随之变化。用一个形象化的比喻来说明企业组织形态的变化就是从"航空母舰"到"歼击机群"。"航空母舰"是19世纪在美国首先成型的多层级、多单位的现代工商企业的命名。它是由丰富的能源、煤以及革命性的运输和通讯手段——铁路和电报的出现催生的。"航空母舰"是企业组织形式大型化、集中化与内部化的结果。"歼击机群"则是对刚刚开始显形的网络经济时代短小精悍的企业组织形式的比喻。面对崭新的网络通讯技术和其他科技手段,中小企业的网络联盟能够产生和大型企业价值链活动内部化一样的整合效果,同时联盟内各企业可以继续保持目标集聚的专业化优势和迅捷灵敏的反应优势,因而在网络这只比无形的手和有形的手都更有效率的第三只手的作用下,即便是大型现代化工商企业也将摒弃为了充分利用内部优势而形成的繁琐的层级制,而仅保留产生核心竞争力的主体性职能,将其他部分分离并且部件化,形成"一个主体 + 若干部件"的结构,即"一架主机 + 若干僚机"所构成的"歼击机群"。"歼击机群"的组织形式是网络经济的直接结果,是企业组织形式小型化、离散化与外部化的结果。从"航空母舰"到"歼击机群"的转变,意味着多层级单位金字塔结构的日渐解体,同时向松散的有机式网络性组织结构的逐步转化。

3.1.4　企业组织职能集成化

集成是指系统的各个要素之间能彼此有机和谐地工作以发挥整体效益、达到整体优化之目的。集成思想作为一种哲理被应用到组织管理中，对企业组织管理模式产生了深刻影响。组织集成是指企业在信息网络技术和产品开发技术体系的支持下，为最大限度地使企业产品创新活动适应多变的市场环境，在组合子目标和组织运行机制上，在组织结构和组织形态上，在时间和空间上进行综合系统地分析和设计，以期最大限度地提高组织运行效率的一种组织过程和形态。组织集成实质上是将具有不同功能的组织要素集成一个有机组织体的行为过程，其目的是使组织体的功能发生质的突变，整体效益得到极大提高，组织集成又是一种形态，是指通过人主动的集成行为，这种组织表现为一种集成化组织，其集成性表现为组织功能集成、组织过程集成、组织成员集成及组织理论和方法集成。

这种组织集成的特征：一是组织结构的柔性化、精益化，柔性化表现在组织结构快速响应市场变化的能力和快速调整的能力，精益化要求组织结构去掉多余的东西，保留最有效、最精干的部分，达到精干、瘦小的目的；二是组织结构体系的模糊化，主要是组织结构边界的模糊化，组织人员职责的模糊化以及组织管理方式模糊化，如集成化产品开发团队、虚拟组织等；三是组织功能倍增化，组织结构的重组，所形成的集成体是一个各种要素优势得到最大限度发挥，各种优势之间能够实现最佳互补的有机整体，使组织系统整体功能得以倍增化。

组织集成是一个过程，也是一个结果。通过集成行为，最终表现为一个集成化组织，集成化组织是实施产品创新主体，它与传统的职能式的组织管理模式有本质区别。

3.1.5　企业组织形态横向一体化

随着科技的迅猛发展、世界竞争的加剧、用户需求的快速变化和个性化的加强，企业在众多行业面临众多竞争对手，风险大；同时，任何一个企业都不可能在所有业务上成为最杰出者,必须联合行业中其他上下游企业,实现优势互补,充分利用一切可利用的资源来适应社会化大生产的竞争环境,由此横向一体化开始实行。横向一体化即利用企业外部资源快速响应市场需求。本企业只抓住最核心的东西——产品和市场,这样可以充分利用企业的内外资源,缩短产品的生产周期,达到降低成本、提高质量的竞争优势。这就是供应链管理的新的经营与运作模式。

供应链管理模式把供应链上的所有节点企业看做一个整体,强调和依赖战略管理,其中最关键的是采用集成的思想和方法。它使得企业内部管理延伸和发展为面向全行业的产业链管理,管理的资源从企业内部扩展到了外部。这种新型的管理模式使相关各个企业和各个部门相互协调,信息共享,将供应商、制造商、销售商看成是一个严密的有机体。在信息共享和利益相关的氛围下,各个成员的信息比较对称,从而降低了交易成本。

3.1.6　企业组织运作虚拟化

在信息化社会中,企业之间、企业与客户之间、企业内部之间的信息交流日益频繁。商业信息的交流与共享变得越来越重要。那么,支持这种信息交流和共享需求与技术的平台就是国际互联网(Internet)、企业内部网(Intranet)和外部网(Extranet)。

计算机电子技术和通信技术的发展和应用,使企业得以在信息网络构筑的虚拟空间中进行经济活动。企业组织的虚拟性源于网络的虚拟性。从经济学的角度看,虚拟组织的出现突破了企业的界限,在全球范围内对企业内部和外部资源进行动态配置、优化组合,从而大大提高经济运行的效率。因此,培育虚拟企业的成长,促进虚拟经济的发展,成为现代经济新潮流的历史动向。

3.1.7　企业组织管理知识化

随着知识经济的崛起和发展,组织的经营活动日益专业化和知识化。知识管理是企业对其所拥有的知识资源进行识别、获取、开发、分解、储存、传递的过程。完整的知识管理体系应该包括技术和行为两个层面。知识管理的技术层面,强调的是知识处理技术,包括运用管理信息系统、人工智能、工作流和群件设计等技术解决知识源整理、知识库管理和知识流传递等问题;知识管理的组织行为层面,包括组织内人员的行为、组织整体的行为以及组织间的行为对知识管理的影响。有效的知识管理能够使每个员工最大限度地贡献出知识,实现企业显性知识和隐性知识共享,提高组织的应变能力和创新能力。组织管理知识化可能类似管弦乐队或医院的组织,没有中间管理层,操作层拥有更多的专家,而最高层或总部则仅有较少的职员。在这种组织结构下,任何一项任务可能由临时性的一个群体来完成,而其中每一个人的工作都可以是时空分布的、异步的,但通过信息技术仍然可以有效地协调起来。

67

3.1.8 跨国企业网络化

这是跨国公司近年来的一种最优的组织形态。在这一组织结构中,分布在全球的更加专业化的组织单位被联系在一个经营的组织网络中,帮助公司实现效率、地方响应性和学习能力的多重战略目标。这一结构的力量来自于它自身的根本特点:分散化、专业化和相互依存。

分散性指分散的资产。分散资产不但可以充分利用各地要素成本差异的优势,避免资产集中可能带来过度的政治和经济的风险,而且是响应各地不同的刺激,进行创新的重要来源。专业化指专业化经营。跨国组织不是简单地集中或分散公司的资产,而是有选择地作出决定,即考虑资源配置的专业化问题,也就是考虑此子公司所配置的资源与其他子公司的资源差异化的程度,通过资产配置的专业化,并实现专业化经营,公司就可以在最小的规模上实现效率并保持自己分散的结构。相互依存是指相互依存的关系。跨国组织将它的一些资源集中在国内,一些集中在国外,还有一些则分散在其各国的业务中,结果就是资产和能力都经过细分和专业化的复杂结构。由于资产的分散化和专业化,子公司和总部之间以及子公司之间都处于相互依存的状态中。

总之,一体化网络组织只是一种理想的组织类型,它凸显了目前正在进行组织变革的跨国公司的集体成果,是跨国公司进行组织变革的方向。从本质上讲它不是一种特别的组织形式,而是一种全新的管理思想。而引发这一全新管理思想产生并在探索的原因之一,就是由于信息网络技术的发展和应用。

3.2 TBC 环境对企业组织创新的新要求

3.2.1 快速反应

"快速"是新竞争环境下对企业组织结构的第一个要求。在传统的企业管理理论中,产品的质量、成本是企业运营的重要因素,而时间常被置于次要的位置。许多的企业决策者认为,以最低的成本为顾客提供最高价值是获取竞争优势的最佳方式。因此在传统企业的组织结构和流程设计中,往往追求的是高质量、低成本、大批量,决策层很少考虑和衡量企业生产经营(一个价值交付系统)的时间消耗和提高系统的全面应变能力(反应时间)。

在以"变"为特征的信息时代,与质量成本相比,时间逐渐成为同等重要,甚至更为重要的竞争力指标。美国学者乔治·斯托克在研究了日本企业 20 世纪 50 年代的持续成功之后,认识到时间是继成本之后的又一个竞争优势来源,进而提出了基于时间竞争(Time-Based-Competition,TBC)的概念,强调组织在快速反应的基础上建立竞争优势。① 那些能够适应外部环境改变并能快速作出反应的企业首先要对组织结构进行变革,使各个运作单元能以最高的速度执行

---

① 雷蒙德·叶、克瑞·皮尔逊、乔治·科兹梅特斯基著,唐德琴、唐文焕、邵浩萍译:《零时——即时响应客户需求的创新战略》,电子工业出版社 2002 年版,第 193－222 页。宋伟:《新技术革命与企业组织结构创新》,四川大学出版社 2002 年版,第 174－183 页。陈荣秋:《基于时间竞争的运作管理新技术与新方法研究》(国家自然科学基金申请报告),2003 年 9 月。

各项作业,并在必要时,快速作出调整去完成新的工作任务。现代企业要突破传统的低成本大规模的生产模式,以弹性制造和快速反应系统去参与竞争,不断地增加新产品种类,以满足市场多样化的要求。同时,在市场调研与监测、产品立项与研究开发、生产与测试、市场导入与促销、销售与服务、用户信息反馈等环节中进行精确的时间管理,以培养快速反应的能力,才能建立持续的竞争优势。

3.2.2　流程优化

研究表明,产品或服务在价值交付系统中有 95% ~ 99.5% 的时间没有获得价值,都处于等待状态。工作流程的不合理是造成时间浪费的主要因素之一。因此,对业务流程进行优化整合,打造以精简流程为中心的组织结构是企业具有快速反应能力的必然要求。

完成以流程为中心的组织创新,首先,要对流程本身进行重新设计,传统的组织流程实行串行作业,任务与任务之间的连接呈线性结构,在基于流程的组织结构中,强调事务处理的集成性,包括流程事项的整合、废除以及事项间关系的突破,通过这种办法将复杂流程简单化,不创造价值的流程予以删除,串行工程改为并行工程,以此来提高流程的运作效率。通过产品价值链将业务流程沿上下渠道进行延伸,以便及时从利益相关者那里得到有用的信息,形成牵一发而动全身的敏捷反应机制,易于及时了解流程的进展情况、合理紧凑地安排生产流程、缩短作业流程的间隔时间、加快生产进度。其次,在流程再造的基础上对涉及的部门、岗位和职能进行重新调整和设计,也就是把机构重叠、中间层次多、不利于企业协调和统一的部门进行整合,做到在管理方式上实现对流程的全过程管理,克服传统管理中存在的机构设置过细及业务分段管理以至于工作不衔接、协调困难的状况。此外,由于流程再造的指导思想是以提高顾客价值为中心的,因此不仅要在流程再造中进行职能的调整,而且要进行由传统的指导和监督职能转换为最大化顾客价值(包括减少顾客等待时间,快速响应顾客的要求)的职能。流程的创新必然带来企业整体绩效的改善。海尔的经验证明:合理化的流程再造带来了三个明显效果,即顾客零距离、资金零占用、时间零跨度,企业的经营由此进入快速发展的轨道。

3.2.3 灵活运作

所谓灵活是指企业组织结构根据企业战略和竞争发展的需求,能够及时进行调整,即时适应。而不像传统企业那样,以职能领域划分组织内的部门或单位,各个职能部门都有自己的目标与标准,职能领域之间的交接是缓慢的、易出错的。新型组织结构要摆脱这种职能式的旧体系,由一个个不同的价值流小组来执行,即用灵活组合的工作小组代替固定的职能结构。灵活组建的工作小组能够独立完成价值创造过程,尽量避免将工作移交给其他部门,避免在这种交接过程中出现延迟与误解,才能以最快的速度满足顾客的需要。

3.2.4 边界动态

动态是指组织结构具有可变性、可塑性,能够随市场与竞争的需要及时调整,改变结构类型与组织效能。动态组织没有固定的企业边界,又称边界模糊,它通过互联网建立全球的动态协作关系。

现代战略管理理论告诉我们,对抗性竞争的年代已经过去,竞争合作成为新潮流。另外,"战略缺口理论"认为,任何组织都不可能长期拥有所有关键性资源,企业所从事的经济活动只是整个社会分工的某个阶段,企业之间存在着天然的相互依赖关系。借助于互联网,任何企业可以建立全球的动态协作关系来弥补战略资源缺口,保持自身的活力和市场竞争力[1](宋伟,2002;王燕涛等,2006)。

同时,企业的组织边界也更加模糊,组织弹性不断提高。每一个员工可以动态地工作,同时为几个公司服务已不再是新鲜的事情,企业很难确定其组织结构是什么样子,有多少员工。在信息化技术广泛应用的企业中,除掌握核心技术、核心资源的关键部门外,采用业

---

① 王燕涛、朱彬、刘加光、辛献杰、陈义保:《基于企业细胞单元的动态联盟构造方法研究》,载《机械科学与技术》2006 年第 3 期,第 375 - 378 页。

务外包,可以削减其他不必要的部门与人员,使企业规模更小,组织边界更模糊,以灵活变化的组织结构去适应外部环境和全球化市场的快速变化。

3.2.5　自我创新

自我变革与创新是对现代组织结构的第四个要求。当组织结构体系不再适应社会环境变化,或者一个企业因长期成功而因循守旧,寄希望于将过去的成功经验带入新产品研发和市场开拓中时,企业就会在新的市场竞争中落败,因此,组织必须有一种自我否定、自我变革与创新的意识。

企业要建立起这种高度自律的机制,就必须充分放权。权力下放到基层——工作团队,这些团队是以项目或产品为中心的自我管理组织,它们有产品开发、生产、定价、营销等决策权,只有这样小型团队直接面对市场用户,才有快速灵活的适应能力。自我控制、自我变革、自我创新成为工作团队共同的价值观。面临外部环境的剧烈变化时,工作团队能够自动调整,没有向上级汇报再等批复的时间间隔,能快速反应,自动适应环境。

3.3　单元组织结构特征及其运作模式

3.3.1　合拢管理思想

随着竞争环境的复杂性、动态性和不确定性日趋增强,传统的科层或金字塔形组织结构受到了挑战,企业也认识到要改变运作模式以即时适应环境。目前有些组织的反应是授权,公司授予个人和小组以完全的责任和权力为顾客服务。遗憾的是,如果没有基础牢固的道德秩序和管理远见,授权就会在各个小组和部门之间产生竞争而不是合作。如果各个小组或单位独立行动,整个公司将由于内部的竞争而变得瘫痪。因此,一种新的即时适应型管理方法应运而生——合拢管理(Holonic Management)。

"合拢"一词是由 NEC 公司的麻那瓦(Taro Nawa)创造的,用此词描述 NEC 公司在 21 世纪的前景。他把两个希腊字合并,一个是Holos,意思是整体;另一个是 On,意思是单个。Nawa 描述此词:"Holon 是单个,同时它又是整体。"换言之,Holon 是整体中的整体。即时适应型公司把员工和小组与其组织的关系看做是合拢,即在组织整体中的完整和独立的整体。合拢管理的思想包含以下三层含义。

(1)合拢个体独立运作

合拢管理给予员工、小组或团队权力和责任去独立完成为客户服务的工作,允许每个人释放他们的创造力以满足面临的商业挑战。合拢个体本身具备较强的柔性,当环境发生变化时,有足够的能力独立应对变化,为客户创造价值,即时适应环境,以使企业长期在竞争中立于不败之地。

(2)组织全面协调

与授权不同,合拢管理把公司的前景作为最高优先,同时确保个体的单独行动有很好的配合,以符合公司的愿景。用这种方法,组织的每个小部分都是一个整体或合拢体,能得到整个组织的全部知识、前景和资源,他们即是组织整体中的整体。

(3)坚定的目标和信任体制

即时适应的能力取决于两个关键核心能力。第一是坚定的目标,以此经常地引导和指挥组织。第二是在公司与其员工之间和公司中员工之间坚实的信任基础。

坚定的目标使背景不同的员工关注于共同的目标,尽管市场和合作条件连续变化,而目标却能保持不变。这个目标不是指企业的运营决策,而是指企业的价值观和愿景。也只有当组织成员都清楚并认同这个目标时,才能保证个体努力方向的一致性,保证组织在动态复杂的环境中一直保持前进的态势。

即时适应的实质是信任和自由①(胡蓓、张建林,2005)。即时适

---

① 胡蓓、张建林:《零时间企业的管理模式探析》,载《管理评论》2005 年第 17卷第 9 期,第 27 – 33 页。

应型公司信任其员工,授权员工代表公司作出决定,不需要任何批准。为了确保其员工能恰当地使用这种授权,即时适应型公司认真地为每个新员工灌输此共同信任机制。

坚定一致的目标和牢固树立的信任机制,允许即时适应型公司放心地给予员工独立决策的权力,承担责任、处理信息并代表整个组织行动。缺乏这种价值观的组织,就难以具备即时对环境作出反应的能力,也不可能成为真正的即时适应型组织。

3.3.2　单元组织结构特征

根据合拢管理的思想,具有快速反应能力的组织,应该是每个合拢体协同一致为组织共同的目标而努力,同时能够独立、即时为顾客创造价值的单元组织(Cell Organization),每一个合拢体即是一个价值创造单元,也即业务单元。单元组织进一步发展了团队组织的思想,工作单元具有工作团队的一般特征:(1)目的性;(2)团队成员的异质性;(3)成员的地位平等;(4)善于交流和沟通。然而,工作单元与工作团队又有本质的区别(如表3-1所示)。

表3-1　业务单元与工作团队的联系和区别

		工作团队	业务单元
区别	工作目标及性质	完成组织工作流程中的一部分,多为临时组建	独立为顾客创造价值产品或服务,相对稳定
	组织依赖性和柔性	随组织的存在而存在,较强的组织依赖性	较强的柔性,较低的组织依赖性
	规模和边界	规模一定,边界确定	规模不等,边界模糊
	管理方式	团队激励和目标激励,仍然是传统管理	共同的愿景和信任机制,合拢管理方式
相似点		目的性;团队成员的异质性;成员的地位平等;善于交流和沟通	

首先,工作团队的目标一般是组织工作流程的一部分,例如从事

新产品开发研究、质量管理或市场营销等。工作单元则致力于独立为顾客创造价值的全套产品或服务,拥有一条完整的价值流,而非完成其中的一部分。因此,工作团队多是为了解决某个特定的工作任务组建而成,具有一定的临时性,而业务单元虽然也是动态的,但是对外界环境表现出更强的整体稳定性。

其次,根据合拢管理的思想,工作单元自身具备极强的柔性,即使环境发生剧烈变动,甚至脱离了组织也能很快适应环境,即它与工作团队相比,对组织的依赖性更低。

再次,根据卡扎巴赫和史密斯的研究,工作团队一般是一些才能互补并负有共同责任和目标的少数人员的集合,有一个确定的边界(菲比·M. 卡里略、里查德·E. 科普曼,1999)[1]。而工作单元,即一个合拢体,可以是几个人或是几百人,也有可能只是一个人,只要能够独立为客户创造价值的都是一个工作单元,甚至有可能一个人隶属于多个不同的工作单元,其边界是模糊的。

最后,对工作团队实行的是以目标和团队激励为主的管理方式,仍然带有传统管理方式的刚性因素,而对工作单元实行的合拢管理,组织与单元之间通过共同的愿景和信任机制联系在一起,是新型的契约式管理。

人员、角色和业务单元是组成单元组织框架的最基本构件。业务单元是一个灵活的、完整的个体,基本特征是有充分的自治性、合作性和智能性。它拥有不同职能和人员,可以根据流程或活动安排角色,并把角色的权限和职责赋予人员,角色和人员的关联随着流程或活动的变化而变化、消亡而消亡。各个单元处于平等地位,没有严格的主从关系,当流程变化时,业务单元之间的关系随之变化,组织结构随之调整(王魁恒等,2006)。业务单元可以直接面对客户,完成价值创造过程,同时,不同业务单元可以组成更高级别的工作单元,可以组成完成某项任务的单元团队,可以为适应流程需要进行更改,

---

① Phoebe M. Carillo, Richard E. Kopelman, "Organization Structure and Productivity", *Group & Organization Studies*, 1999, pp. 44 – 58.

这些特性充分说明了单元组织结构具有灵活性、动态性。单元组织框架如图 3－1 所示。

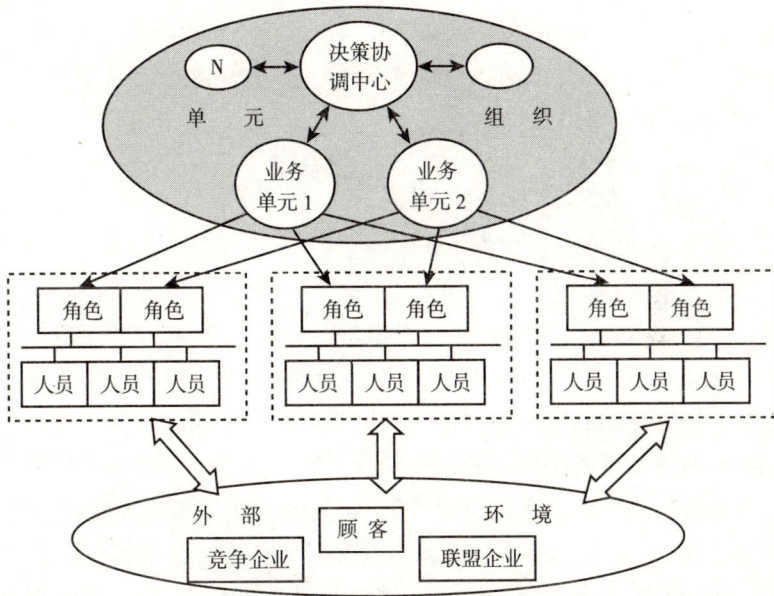

图 3－1 单元组织结构框架图

单元组织的设计,改变了传统的从个体岗位开始设计组织的模式,具有以下优点:

(1)结构建立于自治单元与团队基础之上,使得结构层次大大缩减,克服了传统科层组织的种种弊端,亦使管理控制更富弹性,为效率的提高与组织发展奠定了基础。

(2)业务单元的柔性及建立在单元基础上的价值系统具有可动态重组的特征,使得整个组织系统可快速作出调整,提高了组织对环境变化的反应速度(刘和东,2003)。同时,业务单元所具有的相对稳定性,又可克服一般动态结构,如矩阵结构与动态联盟的缺点。

(3)组织层级的减少与委托代理关系的简化,使组织成本大大降低;技术系统与社会系统的最佳协调、成员个人发展及自治所产生的激励,使人力资源得到更充分的运用,可极大地提高组织的效率(王安民、徐国华,2006)。

(4)工作多样化与丰富化、学习、自治、参与、合作的组织环境,促进了组织与成员的自我创新和共同发展。

(5)工作单元是面向客户组建的,能更快地反映市场需求和作出反应,在竞争中取得先机。

3.3.3 单元组织运作模式

(1)运行机制

单元组织相当于一个有机生物体,而一个业务单元就如同一个器官,每一个器官都可以独立对外界环境作出反应,而将其联系在一起的神经中枢,即约束机制就是共同的目标愿景和信任机制。这一点与合拢管理的思想是相吻合的。保持内部与外部的平衡是组织单元面临的最重要的挑战,如何平衡组织单元内部与外部的平衡关系成为关键。组织单元不仅要配置角色、执行活动、分配职责,要通过整合企业的各部分资源,优化资源配置,而且要与其他组织单元形成流程的无缝整合,没有企业与业务单元双方的信任机制,这些都是无法完成的。尽管完成一项价值创造流程对自身来说不是难事,但是企业整体流程能够以最好的状态进行,以最大量的整合就不是一件容易的事,所以是企业构建组织单元认同的愿景,也是能够构建一个具备快速反应能力的单元组织的保证。

(2)协调机制

组织单元的外部环境是变化的、与其他组织单元的关系也是变化的,但其自身具有相对的稳定性,能够独立完成一定的任务和连续的活动。作为组织构架中的基本组成个体,必须保持与外界密切的接触,这样能够有效地发挥本组织单元的功能,与其他组织单元协作,实现企业的整体运作。协作中的组织单元需要了解其面对的客户的需求,并及时作出反应,同时将其相关流程的进程状况反馈给决策协调中心,以便协调其他组织单元的进程状况,形成信息与资源及流程的互通。也就是说,在动态的运营环境中,组织单元间协调机制是以充分的信息沟通和对流程的控制为基础的。

(3)决策机制

决策机制是组织结构中的一个重要方面。业务单元本质上是一个灵活系统,有不同的职能人员,本身具有决策的能力。当组织单元面对一项流程单元,它要根据环境功能的变化配置人员和角色,为其提供最好的工作环境,使内部人员能够充分施展其核心能力以最大限度地满足顾客的要求。具体决策为:确定子流程,完成对流程的定义,同时对流程分解确定其所需的各种角色,寻找能够完成此决策的人员,并赋予其权限和职责。分配角色和人员的过程就是构架基础流程单元,推动流程进程的过程。而且组织单元需要考虑合理流程及最优运作过程,在需要与环境发生变化时,确保流程系统的运作及时调整不适宜的运作方式,同时排除并处理系统中出现的故障。此外,良好的沟通是组织顺利运行的保障。单元组织扁平化的组织结构,甚至可以说是平面化的组织结构,使企业的各单元成员之间的无障碍沟通成为可能。沟通是组织单元间获取与传播信息方面最重要的能力之一,因此,良好的信息平台支撑成为单元组织的必要条件之一。而且,业务流程的控制和完成也需要信息技术平台,它是实现企业运作的基本条件。

3.4 面向 TBC 环境的组织结构创新路径和模式

如前所述,面向 TBC 环境的组织创新要创造出具有快速、灵活、动态、自我创新与创新特征的新型组织,结构创新则要实现中央职能与团队组织、网络组织、虚拟组织、无边界组织和横向组织的结合。组织结构创新路径如图 3 – 2 所示。

时基竞争条件下的新型企业组织结构的创新过程有三条路径:

第一,从传统组织形态转变为现代组织形态,然后创新成为面向 TBC 环境的新型组织形态。

第二,从传统组织形态直接转变为 TBC 组织形态。

第三,按 TBC 组织形态构建一个新公司。

传统组织形态	现代组织形态	TBC组织形态

基于时间竞争压力　　　　基于时间竞争压力

| 直线职能式结构
事业部结构
项目小组
矩阵结构
混合结构 | → | 团队组织结构
网络组织结构
虚拟组织结构
无边界组织
横向组织 | → | 团队组织+中央职能结构
网络组织+中央职能结构
虚拟组织+中央职能结构
无边界组织+中央职能结构
横向组织+中央职能结构 |

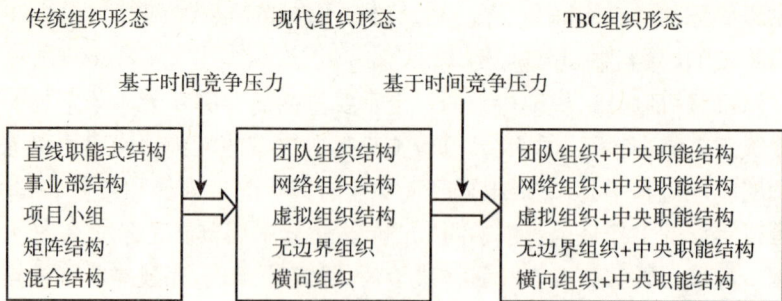

图3-2　面向TBC环境的组织结构创新路径

这三条路径的创新过程分述如下:

3.4.1　传统形态→现代组织形态→面向TBC环境的新型组织形态

这是一条多数现有企业要走过的路径。国内外许许多多的现有工商企业,已经在某一行业或多个行业中经营了多年,它们有自己的管理制度、运作系统和组织结构,如矩阵结构、事业部结构、混合结构等。这些结构对于昨天的经营也许是行之有效的,虽然也暴露出不少弊端,但仍在继续运行。今天有一些企业正在对其进行调整与改造,如在组织内调整工艺流程、运作流程,变垂直结构(职能式)为横向结构,在组织内建立工作团队,在组织外采用虚拟组织、网络结构去整合外部资源,把一些非核心的环节外包出去等。这种组织结构改造或改良,力图增加一些组织弹性,提高反应速度,减少官僚制度机构重叠的负面影响,它还不能达到新型组织结构的目标,这些做法只满足了公司目前经营业务需求的一半需要,还不能造就出面向TBC环境的新型组织模式来。

从传统组织形态转变为未来组织形态分为两大环节。

(1)从传统组织形态向现代组织形态的转变。

这一环节只能是组织结构创新过程的启动,目前还有不少企业组织仍未迈出这一步。如果一家公司将自己的组织全部改变为横向结构或项目团队结构,原有的生产经营管理部门(如计划、研发供应、生产、销售等)不再存在,上述部门的管理人员都被分配到项目工作团队之中,公司的职能部门(质量管理、人力资源管理、会计与核算等)也同样被撤销,相关人员被分解到基层小组与团队中。这就可能导致主要职责为关注公司管理、提供统一服务、确定合理的评估激励制度的公司级职能部门逐渐退出历史舞台,最终形成高层经理、CEO直接管理各个项目团队或横向价值链小组的结局。

　　的确,在技术和市场瞬息万变的时代,公司级的计划与监督管理已不合时宜,信息技术和外部资源的利用使许多公司的中心支持性职能部门形同虚设。况且,没有人能比企业的 CEO 更了解自己的企业,取消公司级的职能部门似乎是大势所趋。实际情况并非如此,取消了公司级的中央职能部门后,由谁来承担公司长期发展所需的必要投入? 由谁从事公司核心能力的开发、培养与推广? 由谁来创新与创新组织制度? 这些面向未来竞争的基础性工作不可能由高层管理团队、CEO 和副总们来做。

　　(2)将基层组织为主的结构(横向组织、网络组织、虚拟组织、无边界组织、团队组织)创新为基层组织与中央职能相结合的结构。

　　这一环节不是恢复公司级职能部门,而是要创新一个崭新的中央职能体系。新的中央职能体系与公司旧的职能部门角色大相径庭,新的公司中央职能部门不负责业务团队、小组、单元的工作程序与日程表,而是指导、协调各业务团队、单元的工作。例如,在海尔公司,中央职能部门人员与各业务单元紧密协作,确保它们不为短期赢利而影响公司长期战略发展。在华为公司,现在也有这样的中心,除负责识别各业务单元可能忽略的新机会外,致力于业务单元之间的协作、促进创新、推动组织发展。这一环节的基本流程为:

　　1)创建中央职能单位。一个企业要构建哪些中央职能部门,还需根据每个企业的具体情况而定。具有共性的中央职能部门应该有:

　　①公司制度管理的中央职能部门——公司战略决策委员会,负责组织各种制度的建立与改革。公司战略决策委员会就像企业创新的"孵化器",它把 CEO 的创新思想转变为工作规程、各项政策与制

度;它也负责总结、提炼基层单元的创新成果,并使所在基层单元共享这些成果。公司制度管理的中央职能部门担负着整个公司管理创新与组织创新的重大职责。

②技术研发单位:负责公司核心技术的开发和推广。所谓核心技术是具有充分的用户价值和独创性的,不易被别人模仿和扩展。就像日本夏普公司的液晶显像技术和佳能公司的光学技术、成像技术和微处理技术一样,它们能够帮助夏普公司在计算机、掌上电脑、手机、各类液晶显示器等产品市场上占有一席之地,也能帮助佳能公司在复印机、照相机、摄像机、激光打印机、成像扫描仪等产品市场获得竞争优势。公司的核心技术给各个经营价值流或产品项目团队提供具有领先优势的关键技术,它是各横向组织或项目团队取得成功的有力保障。核心技术是整个公司内各基层组织共享的资源,它的开发培养与更新只能由中央职能的研发单位来承担。况且,各经营价值链小组或项目团队既无足够人力、财力,又无充足的时间从事核心技术的开发。

③MIS 单位:负责全公司的信息系统开发与利用。公司是一个生产经营的完整系统。权力下放到基层,建立横向组织、项目团队都不会影响公司系统的目的性、关键性、开放性等特性。企业内部组织结构创新只能算企业系统的自组织过程。当今时代的企业组织创新更加依赖信息技术,才能取消组织中层、实现组织扁平化、网络结构、虚拟组织等。信息在企业管理中犹如人体的中枢神经,离开了高效的信息系统,新型企业的结构模式不可能实现。公司信息系统的开发与更新也只能是公司级职能单位的责任。各个基层组织只是使用这一系统,为生产经营活动顺利开展服务,在实际运行上,信息系统职能单位还要指导各基层团队、小组正确地应用这些先进技术,提高工作效率。

④人力资源管理单位:负责整个公司的人力资源开发与利用。未来的竞争是人才的竞争。只使用不培养是无法挖掘员工的潜能的。基层工作单位主要是使用人才。至于培养人才也只能是干中培养。基层单位为了自身利益可能摧残性地使用人才,也可能埋没人才,这种做法不符合公司的根本利益。制定统一的人力资源政策,合

理配置公司内的优秀人才,以期发挥其最大效益,都是公司级人力资源管理单位的职责。

⑤财务智囊单位:负责判定整个公司的财务制度,并对不同经营价值链小组、项目团队提供财务服务。这个由经验丰富的财务精英组成的中央职能部门,用真正的专业化高水平去指导各基层单元的财务管理、成本管理等工作。

⑥法律顾问单位:负责整个公司的法律事务。这一点对规模较大的公司、经营分散的公司十分重要。传统的集权式管理的企业,所有经营活动决策由公司总部作出,有一两位专职律师就够处理公司内外的法律事务。新型组织结构以独立经营的价值链小组或项目团体为基本单元,权力下放,直接面对顾客与供应商、银行等等。较多的基层组织中缺乏法律方面专业人士。公司级的法律顾问单位,能够用少量的律师或法律顾问去满足多个价值流小组或项目工作团队的需要,合理地利用了法律人才资源。同时,他们对基层单元的指导也是价值链小组或项目团队获得成功的有力保障。

2)需要明确中央职能部门的职责和相互关系。中央职能部门主要为公司未来发展从事研究、开发、制度设计和组织创新等工作;中央职能部门与基层单位(价值流小组、项目工作团队)的关系是指导、协调和服务关系;中央职能部门对高层管理团队负责,接受 CEO 与高层经理的领导。

3)在横向组织、网络组织、团队组织与中央职能单位共同工作中"磨合"。每当一种新型组织体系投入运行后,总会遇到传统势力、人们的习惯的阻挠,也会出现正常的工作冲突,还会碰见各种偶然因素的破坏。这里需要一个适应过程,我们称为磨合期。磨合期包括人与人的矛盾、人与物质条件的矛盾、人与环境之间的矛盾。只有勇于面对困难,积极去解决,才能较快、平稳地度过磨合期。

4)最后,将新型组织结构模式制度化。通过了基层单元(横向组织、网络组织、团队组织、虚拟组织、无边界组织)与中央职能部门相结合模式的"磨合"期之后,新型组织结构体系的运作方法必须加以制度化,使之固定下来,长期发挥作用。这一工作正像勒温组织创新模型中"再冻结"阶段。制度化可以防止传统势力、旧的习惯卷土重来,制度化可以让全公司都推行这种新体制新方法,制度化可以在各级管理层分享这一成果的同时,改进和提高它的运行规则和工作效率。此外,通过制度化后的新型结构模式可能成为下一轮企业组织结构创新的新起点。

图 3-3 总结了面向 TBC 环境的组织结构创新模式。

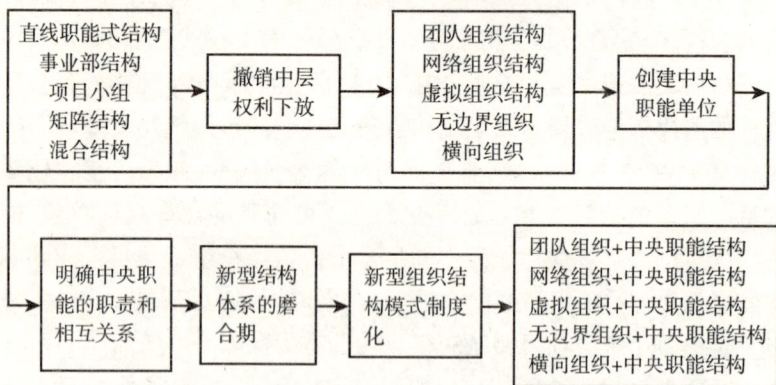

图 3-3　面向 TBC 环境的组织结构创新模式

3.4.2　传统组织形态→TBC 环境下的新型组织形态

这是一项巨大的企业组织创新活动,它符合对旧的组织结构体系进行"创造性摧毁"的思想。只是在具体操作上面临的困难较多。如图 3-3 所示。这条创新的路径,要将撤销中层、权力下放、组建基层单元(横向组织、团队组织、虚拟组织)和创建中央职能单位同时进行,这实际上是对现有组织体系的彻底摧毁和全面创新。要实施这样企业创新的庞大系统工程,必须事先考虑下列问题:

(1)公司 CEO 的决心和高层管理团队的共识与配合。这是从传统组织形态直接创新到未来组织形态的首要条件。对于规模较大企业,这种创新涉及的范围几乎是全方位、所有层次和绝大部分员工。高层经理们是否意志坚强,敢于迎接挑战,去解决一个又一个难题,这是需要慎重考虑的。

(2)日常生产经营活动能否维持和出现中断。从原有的职能式、事业部式、矩阵式的组织结构改变到基层业务单元的横向、团队、网络结构,这是管理职能、生产经营职能向流程型、项目型基层单元的转变,人员、设备、厂房、资金等都需要重新分配。很多人会不习惯这种新的运作方式,过去的规程、方法、制度全被废弃,新方法、制度还未建立,或者是新方法不健全,实施中问题较多。种种原因都会造成生产经营活动的中断。

(3)如果日常生产经营活动中出现中断,下一个问题就是:时间上是否允许这种创新的较长过渡期。一个公司停顿下来,进行彻底创新(剧变),资金成本是否允许? 时间成本又是否允许? 这同样是值得深思的问题。

(4)公司高层领导同时面临双重压力:调整组建流程型、项目型基层单元和创建中央职能机构。前者有资源分配、业务单位组建、授权、管理体制的诸多问题;后者有精英人才的选拔、职能部门的角色转换、中央职能部门与各基层单元的关系等问题。

(5)巨大的、来自各方人士的创新阻力。

因此,这第二条路径比第一条路径艰难得多。它所面临的麻烦可能远不止上述的分析。任何"剧变"都伴随着"阵痛",旧组织形态的所有弊端和新时代员工的新需求、全球化竞争的新压力、新矛盾一并爆发出来,通过组织结构创新来解决,其难度可想而知。

3.4.3　面向 TBC 环境构建一个新型组织

这一路径比第一、第二路径容易得多,它等于在一张白纸上画图。只有在创建一个新企业时适用。公司由三部分组成:一是以CEO 为中心的高层管理团队;二是公司级的中央职能部门;三是流程型、项目型的基层单元(价值链小组、项目工作团队等)。

构建新型组织的过程是构建基层业务单元和中央职能单位同时进行,然后对基层单位授权、明确基层单元的责权利、明确中央职能单位的职责、明确基层单元和中央职能的相互关系。这样就可进入新公司组织结构体系的试运行期——磨合期,在磨合期中不断发现问题,解决问题,调整方法与规程,寻找规律性,使其进入整个结构体系的良好运行状态。随着新公司组织体系的运行规律制度化,并固定下来继续推广与应用,一个基层单元与中心职能单位相结合的新型组织的创建过程告一段落。

面向 TBC 环境的新型组织结构创新模式如图 3-4 所示。

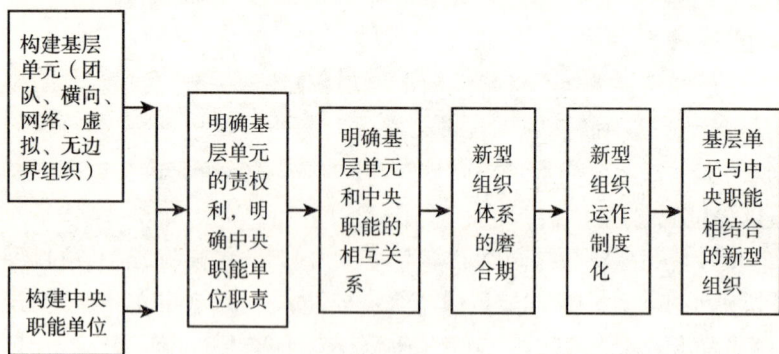

图 3-4　面向 TBC 环境的新型组织结构创新模式

3.5　面向 TBC 环境的物流组织结构整合模式

企业物流组织作为物流活动的载体,对物流绩效的产出起着举足轻重的作用。20 世纪 60 年代以来,随着管理技术和信息技术的发展,企业逐步通过组织机构的重组突出物流功能,其演变大致经历了三个阶段:职能分离阶段、职能聚合阶段和过程整合阶段。本节从企业物流组织结构的发展来考察其演变规律,对竞争力导向下的物流组织进行了深入分析,提出了面向 TBC 环境的物流组织整合模式。

3.5.1　企业物流组织的创新与发展

作为时间竞争的重要一环,供应链中物流组织的重要性不言而喻。国内外企业纷纷致力于物流组织机构的建立和重组以进一步加强物流功能,实现对顾客的快速响应和满足顾客的个性化需求。根据西方国家的实践情况,企业物流组织的创新经历了职能分离、职能聚合和过程整合三个阶段。

（1）职能分离阶段

20 世纪 50 年代以前,物流观念还处于萌芽阶段,此时的物流职能通常被视为是促进性或支持性的工作。物流的组织职能常常被分割到整个公司,即各物流职能分别分布在财务、制造和营销部门中,这种分割局面意味着在执行物流各方面的工作时缺乏职能部门之间的协调,而经常导致重复和浪费。由于各职能部门之间的权力和责任界限是模糊的,信息经常会失真或者延迟。同时各部门有限的职责使得管理者往往只追求本部门效率的提高,不可能顾及整个组织范围内成本的降低,导致企业成本居高不下。

（2）职能聚合阶段

20 世纪 50 年代,社会开始盛行垂直一体化、命令和控制的企业管理模式。微型计算机的出现也为物流职能整合的实现提供了强大的信息支持。职能集合的动机是基于人们日益强化的信念——将所有物流职能聚合成一个单独的组织,以提高整个系统的绩效,即将传统的由财务、营销等部门负责的物流工作和制造过程的物流工作整合在一起,并成立专门的物流部门对其进行管理,此时物流部门和财务、营销等其他部门在组织结构中的地位相当。

（3）过程整合阶段

到了 20 世纪 80 年代中期,物流职能受到进一步重视,甚至被许多企业提到了战略的高度,认为它是企业的“第三利润源泉”。同时,由于市场竞争越来越激烈,为了灵活应变,企业的管理模式从传统的强调命令和控制的垂直一体化转向了强调过程效率和核心能力的水平一体化,而且管理信息系统和网络的出现又从根本上改变了企业内部之间及内部与外部的联系方式。于是物流的重点开始从职能转换到过程上,并关注物流能力在创造客户价值的整个过程中所发挥的作用。这就引入了如何获得最佳的整合物流绩效的新思想——关键不在于如何组织个别的职能,而在于如何最好地管理整个物流过程。

　　过程整合的思想来源于三个方面:(1)开发一个全员参与的工作环境,在这个环境中,以自我指导工作小组的工作方式激发雇员,使其发挥最大潜能;(2)通过过程管理而非职能管理提高生产力;(3)准确信息的快速共享有助于整合组织的方方面面,信息技术代替组织层次成为新企业的承载结构。为了实现不同的物流绩效目标,如整合物流、降低成本、缩短交货周期、实现快速响应、满足客户的个性化需求等,需要构建基于不同流程的专项小组(即"团队/TEAM"),并由项目经理(即过程管理者)带领团队达成目标(过程整合阶段如图3-5所示)。

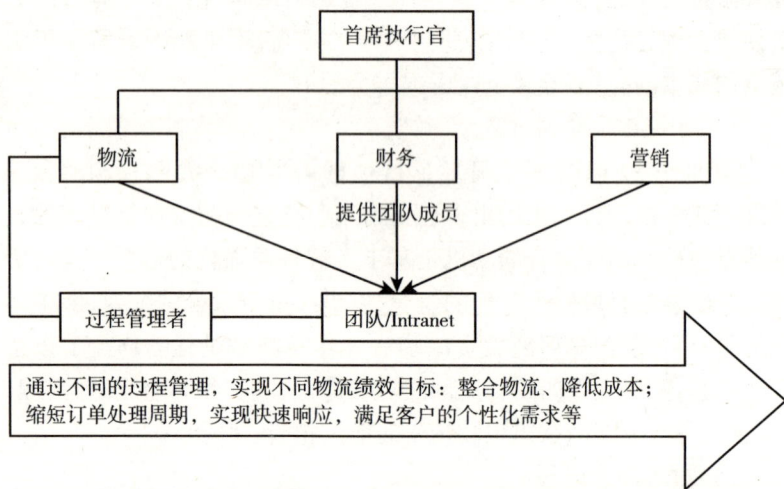

图3-5　过程整合阶段

　　这种结构类似于矩阵型组织结构,因此兼具了矩阵型组织结构和过程管理的众多优点:第一,可以针对不同物流绩效目标组成不同的过程整合工作小组,其组织结构和组织成员是根据需求而变的,具有灵活性和多样性。第二,基于过程整合的运作贯通了整个物流流程,各部门衔接紧密,加快了物流和信息流的流通速度;减少了信息失真和延误,从而最终降低物流成本。第三,由于职能聚集有建立权力集团的嫌疑而遭到反对,把重点转化到过程上来能减少将职能聚集到无所不包的组织单元中去的压力。

3.5.2 面向 TBC 环境的企业物流组织结构发展趋势

物流组织结构的发展和创新是受生产方式、物流发展、企业管理技术和信息技术推动的。可以预见,在 TBC 环境下,随着企业供应链管理思想和 Internet 的出现,未来的物流组织结构是供应链联盟结构,即组织开始从总公司占支配地位的结构转变为联盟、共享服务以及业务外包等实体的网络结构,其实质是从原来单个企业内部的物流过程整合扩展到企业外部多个企业间的物流过程整合。它通过对可以合作的、不固定的、灵活的厂商的协调运作来调动他们的单个核心能力。如图 3-6 所示,企业从采购到制造,再到把最终产品交给客户,并提供售后服务,企业在物流的整个过程上整合了多个外部联盟企业,如关键供应商、制造外包企业、合作开发企业、第三方物流企业、售后服务外包企业等。它们通过 EDI 和 Internet 共享信息和服务,从而加强了战略和计划的协同性。这种基于供应链的流程整合,并不在物理结构上连接各企业,也就是说并不采用控股或兼并的方式,各企业仍是独立的,它们只通过信息和服务的共享形成战略联盟关系,目的是为了通过整合各联盟企业的核心能力而提高整个供应

87

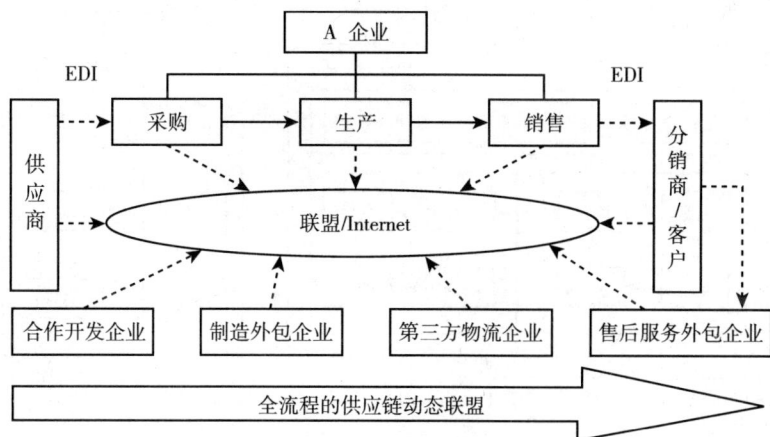

图 3-6 TBC 环境下的敏捷供应链联盟结构

链的竞争能力,使供应链突破物流活动的多个绩效目标:降低库存、降低物流成本、保证信息流和物流的同步性、增加客户价值。同时整个供应链成本的降低和价值的提高可以使供应链上的各个企业都受益,形成多赢局面。这种组织的关键是要处理好企业间的契约、信任、激励和分配等问题。总之,TBC 环境下的敏捷供应链联盟结构兼具了目标的战略性和结构的灵活性,同时还具备策略、计划的协同性和核心能力的效率性,在目前和将来的一段时期都将是比较理想的组织结构。

3.5.3 面向 TBC 环境的基于敏捷供应链特点的物流组织整合模式

(1)厂商主导型物流组织整合模式

厂商主导型物流组织整合模式适用于具有绝对优势的厂商型核心企业构筑的流通供应链。此模式中,厂商是敏捷供应链中物流业务活动的实际组织者和管理者,而零售终端出于职能分工的要求,将物流职能逐步剥离,由以厂商为核心的物流供应链来承担相关物流活动(如图 3-7 所示)。根据厂商承担物流业务职能的具体组织形式,该模式还可以进一步划分为物流事业部型整合模式、产权联盟型整合模式和契约联盟整合模式。

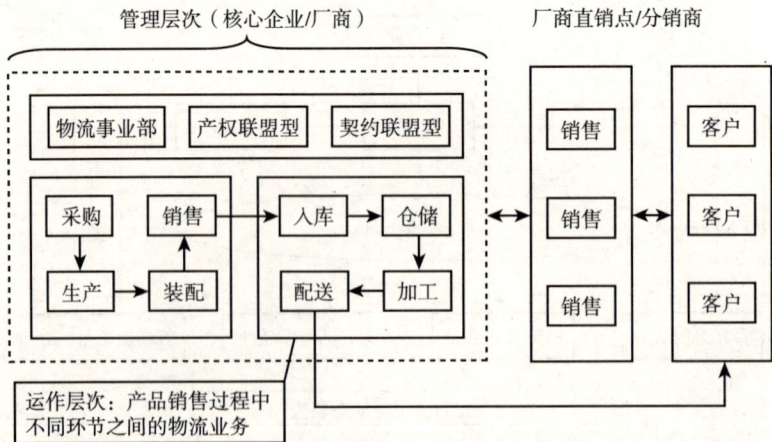

图 3-7 厂商主导型物流组织整合模式图

其中,事业部型整合模式是指在厂商内部设立一个独立核算的物流业务利润中心或成本中心,由其来统筹安排核心企业以及供应链物流业务。该模式以内部交易合同的形式来确定了企业内各物流参与主体之间的利益分配格局,期望通过改变部门的利益分配格局来达到激励效果。产权联盟型整合模式凭借厂商与物流企业之间的产权联系,能够达到普通业务合作所无法达到的深度和广度,合作关系非常稳定。契约联盟型整合模式则强调以长期契约的方式引入外部专业物流机构,侧重点是在引进专业物流机构丰富物流资源的同时,借助其经验与技能来改善流通供应链物流绩效,合作双方更多地体现为一种紧密的长期合作关系而不是单纯的业务购买关系。

与传统物流组织模式相比,厂商主导型物流组织整合模式中,凭借对营销供应链物流业务的领导地位,厂商具备了强制成员企业完成物流业务流程改造的能力,达到物流作业的规模化、集约化和智能化,从而使营销供应链中的厂商物流决策接近理论上完全信息共享的理想目标。此外,厂商能够实时、准确地掌握产品的销售和库存状况,以良好的个性化营销物流服务水平迅速响应客户需求,提升品牌知名度和产品附加值。因此在该模式中,厂商是利益的最大获得者。

(2)分销商主导型物流组织整合模式

随着分销商的迅速扩张及其在供应链中地位的逐步提高,一方面,流通供应链中零售商直接与厂商进行交易的情况越来越多,原有的分销与零售过程便呈现一体化的趋势。日益壮大的零售商居于供应链的核心企业地位,而厂商由于品牌知名度较低,实力相对弱小,处于依附地位,并由此形成了以大型零售商配送中心为核心,统筹流通供应链物流业务的零售主导型整合模式。另一方面,在厂商和零售商的双重挤压下,越来越多的批发商开始将业务重心逐步由分销转向物流,由分销中心向物流中心转变,积极构筑批发主导型物流整合模式(见图3-8)。

在该模式中,分销商凭借其日益完善的物流系统,逐渐取代了厂商的主导地位,承担了供应链中大多数的物流管理职能,而厂商只在运作层次参与部分物流业务的具体执行工作。这里的物流信息传递

供应商/制造商　　　　　管理层次（核心企业/分销商）

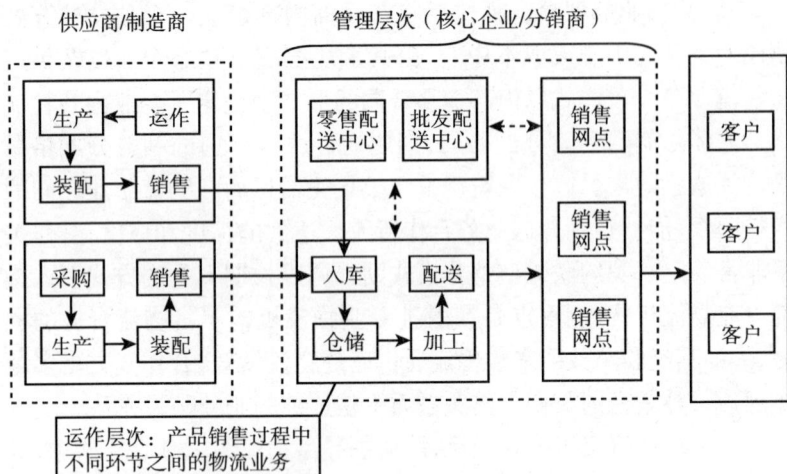

图3-8　分销商主导型物流组织整合模式图

呈星形辐射形态,供应商以分销商物流信息平台为中心实现信息的实时共享。分销商是该模式中最大的利益获得者。

凭借对物流管理职能的控制权,分销商常常迫使厂商承担部分物流成本与风险。当分销商不断向厂商压价,把厂商的让利作为物流组织模式创造的利润源泉之一时,供应商便会隐瞒自己的真实成本,以各种理由和手段变相提价,使合作趋于崩溃边缘。

(3)物流代理型物流组织整合模式

对于实力相对比较均衡的中小企业构成的流通供应链,成员企业间的松散合作决定了该类物流业务的运作必须由从事营销业务以外的其他企业来代理统筹实施。以外部专业或行业性物流机构为核心,众多中小企业签订委托代理契约,形成相互信任、共担风险、共享收益的集约化物流伙伴关系是该模式的基本特点,其核心是通过选择合适的外部物流业务代理机构来统筹物流业务,使供应链中多个中小企业的分散物流获得规模经济和效率。根据物流业务代理委托的方式,可以具体划分为方案集成商型、行业共同配送型和协同运作型三种整合模式(见图3-9)。

其中,方案集成商型是指第四方物流对本身和第三方物流的资

核心企业（第三/第四专业物流机构）

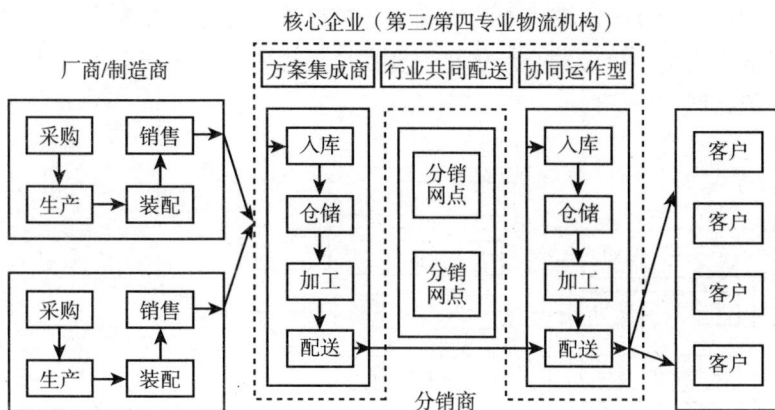

厂商/制造商

| 方案集成商 | 行业共同配送 | 协同运作型 |

图 3-9 物流代理型物流组织整合模式图

源、能力和技术进行全面整合,并由第三方物流企业通过第四方物流的方案为客户提供全面的、集成的一体化物流服务;行业共同配送型是指共同委托行业第三方物流服务商,由其统一为成员企业提供物流服务的整合模式,比较适合行业物流服务比较明确和成熟,且第三方物流企业实力较强的情况;协同运作型是指第四方物流企业在第三方物流公司内部工作,其物流策略通过第三方物流企业这样一个具体实施者来实现的整合模式。

对于图 3-9 的模式,由于核心企业与其他成员企业之间在营销业务上不但不存在直接的利益冲突,并且更多的是一种支持与被支持的业务关系,因此作为核心企业的专业或行业性物流机构往往能够凭借其在物流业务方面的强大优势,吸引和促使各成员企业与其共享各类物流业务信息,获得物流成本上的显著效益。

(4)协作竞争型物流组织整合模式

区别于厂商主导型或分销商主导型物流组织整合模式中核心企业的单极化特征,在协作竞争型物流组织整合模式中,产销两个环节上同时存在两个以上实力相近的核心企业,且任何一家核心企业都无法单独主宰营销供应链业务,因而在物流业务上呈现出多级垄断格局的特征,体现出成员企业间建立在双赢基础上的合作伙伴关系

（见图3-10）。该模式中的物流整合过程是一种信息非完全共享前提下的决策。决策的全局优化程度在很大程度上取决于双方合作程度的高低。

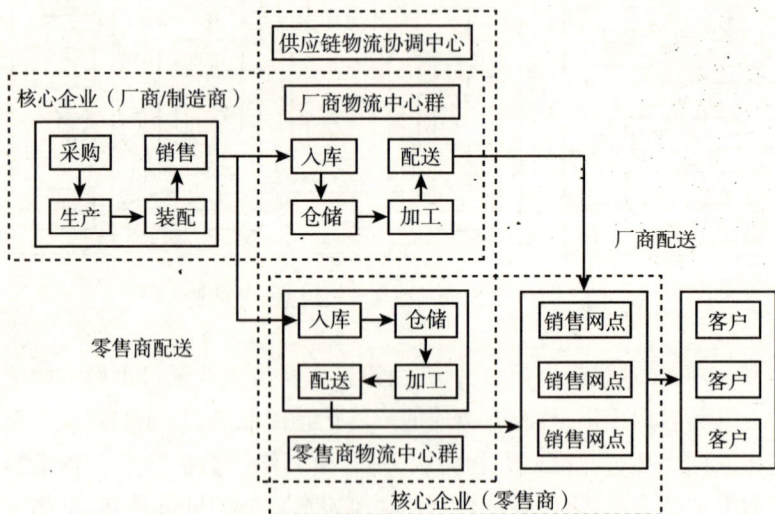

图3-10 协作竞争型物流组织整合模式图

图3-10反映出物流管理权与产品交易价格之间存在的紧密关联。由于厂商和零售企业都拥有自己比较完善的物流系统,因此任何一方都不具备压倒性的优势,只能由各核心企业共同参与的供应链物流协调中心来共同管理物流设施和各类相关业务活动。它的主要特征是物流运作以长期合作契约的形式来保障双方之间信息的集成与共享,核心企业中的任何一方都无法强迫其他企业为其提供完全信息服务。信息非完全共享下的决策状态同时也决定了该模式中成员企业之间利益分配格局的复杂性和不稳定性,各物流参与方总是在对立、谈判、合作中寻求各自的利益最大化。

3.6　本章小结

　　20 世纪后期,日本许多企业继续保持竞争优势的制胜法宝是时间,基于时间竞争(TBC)思想也很快在西方企业传播,并发挥了巨大的潜力。构建快速反应能力是当今企业在 TBC 环境下获取持续竞争优势的重要途径,同时也对企业的组织模式和运行机制产生深刻影响。单元组织结构具有反应迅速、流程优化、运作灵活、边界动态和自我创新的特点,是企业组织创新的发展趋势。基于市场环境动态性和复杂性对组织模式提出的要求,本书分析了基于时间竞争的内涵和特点,阐述了基于合拢管理思想的单元组织结构及其运作模式,并着重提出了 TBC 下的组织结构创新模式及面向敏捷供应链管理的企业物流组织结构整合模式。

4　面向 TBC 环境的组织创新激励模式

4.1　面向 TBC 环境构建激励模式的紧迫性

随着科学技术蓬勃发展、经济日益繁荣和工业化水平的不断提高,我们周围的环境正在不断发生着深刻的变化,人们的消费观念不断转变、消费水平日益提高,同时也给企业内外部的经营环境带来了根本性的改变,竞争日趋激烈的市场环境业已形成。企业竞争和经营环境的变化,促使竞争模式从基于价格的竞争向基于质量、品种的竞争转移,现在转移到基于时间的竞争(Time-Based Competition,TBC)。TBC 不是不要价格、质量、品种,而是在满足这些因素的前提下即时响应顾客的需要(陈荣秋,2003)。同时,由于顾客的需求变得个性化和多样化。这些给现代企业的运营提出了挑战,企业为了生存和发展就不得不争取顾客,在当今这个以快速变化为特征的 TBC 时代,即时响应客户的个性化和多样化需求已成为不可辩驳的事实。根据即时响应客户需求的实际需要,零时间(Zero Time)①(彼得·圣吉,1994)理念得以提出,对零时间企业的研究开始受到学者们的关注。

现代企业管理归咎于对人的管理,期望通过对人的有效调配实现即时响应客户需求从而实现战略发展。人力资源是现代企业的战略性资源,也是企业生存与发展的最为关键的因素,而激励则是人力资源的重要组成部分。企业实行激励机制的最根本的目的是正确地引导员工的工作动机,使他们在实现企业目标的同时实现自身需要,

---

①　彼得·圣吉:《第五项修炼》,上海三联书店 1994 年版。

增加其满意度,从而使他们的积极性和创造性保持并发扬下去。这是即时响应客户的个性化和多样化需求的必要条件之一。其实,在现在的企业里,不少员工本来都能取得更大成就的,但却没有。这并不是因为他们缺乏技能,而是缺乏投入工作的动力和激情,是企业缺乏对他们有效的即时的激励。因此,如何建立有效的企业激励机制是每个企业面临的和亟待解决的十分重要的问题。本书面向组织创新的最高级形式——零时间企业,探讨如何建立有效的即时激励机制这一重要问题。

4.2 面向 TBC 环境的企业激励模式特点

4.2.1 TBC 下的零时间企业内涵

95

零时间的概念首先由雷蒙德·叶和克瑞·皮尔逊于 1998 年在其发表的论文《零时间:21 世纪企业的概念结构》中提出。2000 年,雷蒙德·叶、克瑞·皮尔逊和乔治·科兹梅特斯基三人在其合作撰著《零时间:时时提供即时顾客价值》中对零时间哲学、零时间 5 项法则进行了详细论述。国内,周伯生与樊东平(2000)对零时间的概念做了引入性阐释。概而言之,零时间是一种哲理或理念,是指对顾客需求予以响应的最短时间,类似于质量管理中的零缺陷(Zero Defect)和生产管理中的零库存(Zero Inventory)。零时间概念的提出是对 TBC 理论的重要贡献,它将企业竞争的理念推向了极致,对企业竞争的理念做了最为精辟的概括。

21 世纪,是一个以信息爆炸式膨胀为特征的快速变化的时代,竞争环境及影响竞争的因素的改变使得零时间企业的诞生成为必然。所谓零时间企业,简言之,就是指按照零时间理念和法则进行运作的企业,"在组织内部,每一项业务处理都应响应客户的需要而即时执行,在需要时自动学习,经理和雇员具有即时做决策(决定)的知识和能力,并且供应商能立即供给所需的部件和服务",其本质特征在于能够即时响应顾客的个性化需求①（波特·L. W. 、斯莱尔斯·R. M. 等，1974）。零时间企业的终极目标不仅是要"令客户信赖、做产品领袖、让运作卓越"，也远远不是要做到市场占据，而是要"永久的市场占据"，即通过提供即时的个性化的产品和服务，在已经存在的和尚未开拓的市场上占据统治地位，并通过不停地发布创新产品来获取市场的统治地位，表现为创新、新产品、新服务、市场的螺旋上升过程，如同大海中的波浪一样，不断交替涌现，从不停息。一个传统企业首先必须克服若干不足才能成为零时间企业。文献中认为，传统企业与零时间企业之间存在运作方面的 5 个差异，即零价值差异(Zero Value Gaps)、零学习差异(Zero Learning Gaps)、零管理差异(Zero Management Gaps)、零过程差异(Zero Process Gaps)、零包含差异(Zero Inclusion Gaps)。在企业运作过程中，如果在 5 个领域中的任何一个发生延误，都会妨碍企业对客户需求和业务环境的变化而作出迅速反应。

本书基于零时间企业的具体运作和构建思想，面向零时间企业就即时响应顾客的需求如何有效激励内部员工的问题进行探讨。

4.2.2 TBC 下的企业激励模式的特点与原则

TBC 下的零时间企业的宗旨就是以"零时间"响应市场和顾客的需求，以争取到更多的顾客并赢得竞争优势。要做到零时间响应市场和顾客，就必须要保证员工有高涨的工作积极性与创造性和强烈的责任感和紧迫感，使得他们能够兢兢业业地做好工作，以保证执行的迅捷和顺利。员工的一切行为都是为了追求某种有利或避免某种不利，由此在生理和心理上必然产生与之相适应的喜好和厌恶情绪，激励就是为了促进人们共同地喜好和厌恶的趋向，以促进企业的持续发展，当然，这种趋向，不同的人也各不相同，但有一点是相同的，

---

① Porter L. W. , Steers R. M. , Mowday R. T. , "Organization Commitment, Job Satisfaction, and Turnover Among Psychiatric Technicians", *Journal of Applied Psychology*, 1974(59):pp. 611 –617.

就是即时和适度。为此,就必须要给予员工适当的激励,而且要即时予以激励。激励不适当,激励的力度过大或过小都不能真正达到目的;激励不即时,激励过早或过晚都使得激励失去本来的意义。由此可知,即时而适当地激励显得至关重要。因此,零时间企业激励的本质特点就是即时。适当则是 TBC 下的零时间企业激励的核心原则,具体而言,表现为如下几个方面:

(1)力度适当

激励可以有正激励和负激励,正激励即为奖励,负激励即为惩罚。奖励和惩罚会直接影响激励效果。奖励过重会使员工产生骄傲和满足的情绪,失去进一步提高自己的欲望;奖励过轻会起不到激励效果,或者让员工产生不被重视的感觉。惩罚过重会让员工感到不公,或者失去对企业的认同,甚至产生怠工或破坏的情绪;惩罚过轻会让员工轻视错误的严重性,从而可能还会犯同样的错误。

(2)公平适当

公平适当是员工激励中一个很重要的原则,任何不公的待遇都会影响员工的工作效率和工作情绪,影响激励效果。取得同等成绩的员工,一定要获得同等层次的奖励;同理,犯同等错误的员工,也应受到同等层次的处罚。如果做不到这一点,管理者宁可不奖励或者不处罚。

(3)时机适当

激励即时的核心是一个"快"字,古人提倡"赏不逾时"、"罚不迁列",意思是奖赏不能错过时机,惩罚不能等到士兵离开队伍的行列后去执行,激励只有即时才能使人们迅速看到做好事的利益或做坏事的恶果,"赏一劝百,罚一警众",产生震撼和轰动效应,才能达到"赏立信、罚立威"的目的。

企业是讲效益的,是追求效益最大化的,而人(员工)的业绩的最大化,本身就是企业效益最大化的基础,因而管理者必须把握激励的即时性特点,以使员工业绩最大化。这就需要管理者熟悉时机所具有的几个具体特点,以便能随时随地识别并加以运用。其一是时机具有隐蔽性,员工不可能把自己的全部欲求都暴露出来,往往加以隐

97

蔽,通过曲折途径和复杂多变的心理活动,反映到语言、行为、表情上,并为人所觉察,所以要求管理者学会察言观色,洞察员工的心理;其二是时机具有短暂性,人们的欲望,不是持久不变的,它必然随着人们需求的变更,社会价值观念的变化而改变;其三是时机具有易变性,这一点与短暂性有相通之处,比如,一个人在某一时期对物质奖励更为重视,当其家庭经济条件有了较大改善后,他的需要就会更多地转向精神(即荣誉奖励)。根据时机的这三个特点,管理者可以较为轻松和准确地把握时机、适当激励原则。

(4)方式适当

激励的方式有多种,需要根据不同的对象施以适当的激励方式,激励对象与激励方式的匹配才能收到应有的激励效果。由于不同员工的需求不同,相同的激励措施起到的激励效果也不尽相同。即便是同一位员工,在不同的时间或环境下,也会有不同的需求。由于激励取决于内因,是员工的主观感受,所以,激励要因人而异。在制定和实施激励措施时,首先要调查清楚每个员工真正需要的是什么,将这些需要整理、归类,然后再制定相应的激励措施。

(5)对象适当

对象适当原则主要是指激励需要讲究实事求是,受激励的对象一定要是作出贡献的当事人本人或团队。换言之,赏那些应该受赏的个人和团队,罚那些应该受罚的个人和团队。

(6)地点适当

地点适当原则主要是指激励应根据具体情况具体分析,对于正激励和负激励不能机械地进行就地赏罚。对于正激励,就地嘉奖可以起到"赏一劝百"的作用;对于某些负激励,如果就地处罚不但起不到"罚一警众"的目的,反而会挫伤员工的自尊心和积极性。

总之,即时和适度是互相联系,相辅相成的。适度原则的核心是激励和功过相一致。奖大于功或小于功,罚大于过或小于过都是不可取的,只有适度下的即时和即时下的适度,才能最大限度地发挥激励的作用和效应。凡事都有一个度,掌握不好度,就有可能出现过犹不及或火候不到的结果,这二者都是我们在管理中所应避免的。一言以蔽之,激励适度原则主要应注意以下六点:一是不能无功而赏,无罪而罚;二是不能功大而小赏,罪大而小罚;三是不能功小而大赏,罪小而大罚;四是激励的数量不宜太多,也不宜太少;五是不能赏罪罚功;六是激励适度还得具体情况具体分析,要因人而异、因事而论、因地制宜,不可机械地进行赏罚。

4.3 面向 TBC 环境的即时激励模式

4.3.1 即时激励的重要作用

毋庸置疑,即时激励对于即时响应市场和顾客的需求具有极其重要的促进作用。缺乏即时激励使员工对工作的正确与否无法作出判断,很难养成良好的习惯,最终导致工作效率的降低,因而也就无从谈及即时响应市场和顾客了。即时激励不但是一种激励方法,更是一种企业战略,因而其作用是重大的。具体而言,即时激励的作用体现在如下几个方面:

(1)即时激励是企业的油门系统

在企业既定战略下,即时激励可以为企业的战略执行加速。对员工的激励如同对一辆行驶在公路上的汽车加速,要使汽车能够加速到特定的速度就需要加大油门,员工同样需要激励来鞭策其努力工作和调动积极性,从而使得他们具有饱满的工作热情和强烈的创新活力。如果不能给予即时激励,员工就会逐渐变得怠慢,就难以有力地执行企业战略,进而无从实现即时响应客户和市场。因此,即时激励是企业的油门系统和加速器。

(2)即时激励是企业战略执行的纠偏系统

在企业既定战略下,企业员工的卖力工作是实现其目标的关键,因此保证员工积极而高效地投入其工作是必须的。即时激励可以告诉所有的人:什么是对的,什么是错的。即时激励担负着企业战略执行的纠偏系统功能,员工的某些行为在得到肯定和强化之后会更加专心工作,同时他们的某些行为不符合要求时能够得到即时纠正,从而保证战略执行得以顺利进行。

(3)即时激励是促使员工行为改变的催化剂

有效的即时激励能够形成集体记忆,促使员工养成良好的行为习惯,提高工作效率。每个员工都有自我激励的本能,即时激励可以让员工的需求获得充分满足,同时又能激发他们的热情和干劲,提高工作效率。因此,即时激励具有让员工激情燃烧的催化剂的作用。

综上所述,即时激励具有极其重要的作用,然而如何才能使即时激励的作用发挥得淋漓尽致,关键还在于建立有效的即时激励实现机制。

4.3.2 即时激励的基本内容和实现机制

即时激励的实现机制是由其基本内容所决定的,根据其基本内容方能构建切实可行的具体实现机制。即时激励的基本内容包括:了解员工的实际需求,制定合理的激励制度,把握适当的激励时机,建立基于心理契约的知识型团队激励模式,形成"三位一体"的实现机制。

(1)了解员工的实际需求

企业管理者需要真正地站在员工的立场上思考,设身处地地考虑员工的工作动机和他们为了工作付出的辛苦;从他们的角度来考虑他们付出的劳动和应该得到的报酬及奖赏问题。一位特定岗位上的员工在一件事上作出了成绩,他的动机除了企业日常岗位责任制规定的职责以外,一定还有其他的动机和需求。例如,他有可能想多挣钱,和女朋友出国旅游以及回报家人;或者他想晋升,想当经理以赢得更多人的仰慕等等。这些都是他在岗位职责之外的动机和需求,管理者一定要把这些动机挖掘出来,这样才能真正了解员工,从而制定出有效的即时激励方案。

很多时候,人们已经习惯了用亚伯拉罕·H. 马斯洛(Abraham H. Maslow)在20世纪50年代就已经提出来的塔式"需求层次理论"(安格尔·H. L. 和皮瑞·J. L. ,1983)来解释员工的需求和制定员工的激励举措。其实,如果我们换一个角度来看待员工的需要问题,也许更接近现实、更加实用。我们认为,员工能否在企业里工作得安心和卖力,取决于企业能否或怎样满足员工四个方面的需求:物质待遇、职业理想、归属感和边际追求。

物质待遇:一个人愿不愿意在一个企业里工作,企业给予他的物质待遇的高低是一个重要的变量。很显然,员工不仅希望在养活自己和家人的前提下有所积累,而且也需要获得一种社会文化认同感,因为在特定的社会环境下,薪金是体现一个人的社会地位的重要方面。此外,相当比例的中高级人才往往是以企业给予他们的物质利益的高低来评判企业对人才的尊重和对他们的价值认知的。但是,物质待遇又并非所有员工选择企业和为企业尽职尽责的唯一因素。很显然,如果一名员工的事业心很强,企业并没有将他放置在适合于他的专业岗位上,即使企业给他的物质待遇较高,他也很难专注于工作。

职业理想:职业理想是一个人希望在他喜欢的领域作出一种令人羡慕、令自己满意或自豪的成绩的愿望,哪怕这种愿望可能只是阶段性的。一个人的职业理想与其所受教育、工作和生活环境、个人爱好、个性和追求等有关,也与特定的社会价值取向有关。职业理想比较强烈的人到一个企业工作,这个企业吸引他的可能并不是较高的工资待遇,而仅仅是这个企业给他提供学习锻炼的机会、施展才华的舞台。对于这样的员工来说,只要能给他实现个人抱负的平台,他就可能会心满意足,从而全身心地投入工作之中。

归属感:归属感是员工对自身所工作的企业一种综合感觉,如在该企业工作有无安全感、值不值得全身心投入、有无荣誉感、是否被尊重、人际关系是否融洽、企业是否善待员工、企业能否长期发展、有无安全保障等等。从本质上讲,每一位员工都希望在有归属感的企业工作。一旦一个人感到他所工作的企业没有归属感时,他必然会不安心、不投入,就不能有效完成本职工作。

边际追求:有的员工在一个企业工作,纯粹是把这个企业当做跳板,即为他获取新的工作机会而积累资本/建立条件/消磨时间,我们称员工的这一追求为"边际追求"。其实,并非把企业当跳板的人员

101

才有边际追求,所有的人员都存在类似追求的可能。比如,有的员工可能会因为喜欢一座城市而选择这个城市的一家企业,有的员工可能因为他所在的企业距离他的家人近而不愿意跳槽,有的员工也可能因为在一个企业工作可以获得较好的社会评价而不为其他企业的高薪引诱所动。边际追求这一概念被提出来的意义在于,如果企业善于挖掘和引导员工的边际追求,将有利于改善员工与企业的关系,即增加企业对员工的吸引力和员工对企业的忠诚度。比如,如果企业的一位高级人才不安心工作的原因是夫妻两地分居,只要该企业设法解决该人才的妻子的调迁问题,就等于满足了其边际追求,从而使其能够安心投入工作之中。

在实际中,企业管理者在了解员工的实际需求时,可以从纵向和横向两个角度出发。从纵向看,知识层次不同、薪酬层次不同的员工,需求愿望也不同。对薪酬较低的员工要侧重满足他们的物质待遇和归属感,即提高他们生存的水平。而对于薪酬本身就很高的员工更要满足他们的职业理想和边际追求;从横向看,对于同等层次的员工,由于他们的个性和生活环境不同,他们需求的侧重点也不同。有些员工由于性格特点,很看重物质待遇;有些员工很喜欢被鼓励,注重精神上的成就感;还有些员工善于钻研技术,学习需求特别强烈,对钱看得并不是很重。因此,需要针对不同的员工"量身定做"需求清单。

总之,员工的需求是错综复杂、多样化的。所以要真正了解每一位员工的需求实属是不容易的,需要企业管理者多下工夫,从纵向与横向两个角度出发,最终总结出每一位员工的真正的需求,然后找出员工的两到三种的主导需求,并有针对性地对他们加以激励。

(2)制定合理的激励制度

首先,制定员工需求清单。在对员工的所有需求做认真而细致的调查的基础之上,制定一份详细的清单。根据需求的成本不同,把清单上的需求进行等级划分。其次,制定工作量表。管理者需要制定员工实现这些需求必须达到的工作量和工作进度。把员工的需求和企业要求的目标联系起来,这样员工就很明了工作必须达到什么样的程度才能得到这个激励,以及没有达到什么样的程度会受到什么样的处罚。管理者需要分析需求和工作量的分配问题,并将之量化到表格里,还要把表格公布开来,让所有员工都了解公司的激励方针和具体制度。

(3)把握适当的激励时机

激励需要遵循时机适当原则,总的要求是要与员工的获奖欲望最强烈的阶段相吻合,这样才能获得最佳的激励效益。以激励的奖励方面来说,美国名将马歇尔认为,对在战斗中表现突出的部队,应予以迅速表彰,他说,嘉奖可立即办好,向新闻界宣布;文书工作可随后办理,因为要求填写各种报表而造成的时间延误,会使奖励的价值减到最低限度,那种认为"有了成绩跑不了,年终算账晚不了"的想法和做法,往往使奖励本有的激励作用随时机的怠误而丧失,造成奖励走过场的结局。

当然,即时激励并非单纯求快,主要是体现一种雷厉风行的作风和精神,而不能机械地当成不差时日的时限,即时的前提在于激励的正确、明确和准确。如果激励事实失误,性质不准,即时不仅毫无意义,而且可能带来不良后果。因此,激励执行即时的原则,并非为快而快,必须严格控制在实事求是和慎重衡量的前提之下。

(4)建立基于心理契约的知识型团队激励模式

零时间企业应该是知识型企业,其团队的组成成员应该是知识型员工,因此在激励知识型团队方面,重点是对知识型员工成就和成长为主的激励。只有充分调动了知识型员工的积极性,才能促使他们共同努力,让团队发挥出更大的协同效应,创造出更好的业绩;在激励方式上,强调的是个人激励、团队激励和组织激励有机结合;在激励时间效应上,把对知识型员工的短期激励和长期激励结合起来,强调激励手段对人才的长期正效应;在激励报酬的机制的设计上,则要建立基于心理契约的团队激励模式。

基于心理契约的知识型团队激励模式见图 4-1(虚线表示反馈线路,实线表示因果关系)。

基于心理契约的知识型团队激励模式将组织对员工的激励从单

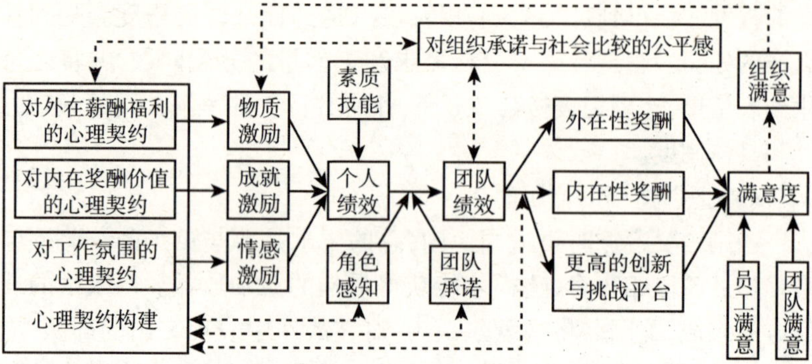

图4-1　基于心理契约的知识型团队激励模式

一的以经济契约为基础的激励模式转换到将心理契约与经济契约相结合的激励模式,尤其强调心理契约在激励中的重要作用。

首先,对外在薪酬福利的心理契约是激励的基础,直接影响着物质激励的效用;其次,对内在奖酬价值的心理契约是激励的核心,它能加强相互责任意识和履行责任的意识及自我约束和自我控制的力度,促成双方价值的趋同,形成内在激励;再次,对工作氛围的心理契约是团队激励的保证,能提供宽松的组织气氛,形成民主的充分授权的管理风格,构建充满信任、热心和尊重的人际关系,建立保证相互支持的内部契约制度;最后,对员工价值的认可和公平的回报是激励的关键。知识型员工十分注重自己所拥有的知识和技能的价值与回报之间的相关性,只有充分尊重知识员工的价值选择,积极兑现承诺并显示公平,这些员工才会最大限度地发挥自己的聪明才智。

(5)形成三位一体的即时激励实现模式

即时激励机制是根据其即时的特点与适度的原则而得以建立的,要成功地实现这种运作机制,我们在此提出三位一体的实现机制,如图4-2所示。所谓"三位",就是换位、定位和到位。首先,通过换位思考了解员工的实际需求;其次,根据实际需求制定合理的激励制度,即定位;最后,把握适当的时机予以即时激励,即到位。由于员工的需求具有动态性,因此要统筹地将三位综合起来形成"一体"。这就是"三位一体"的实现机制的由来。如果将即时激励机制看做企

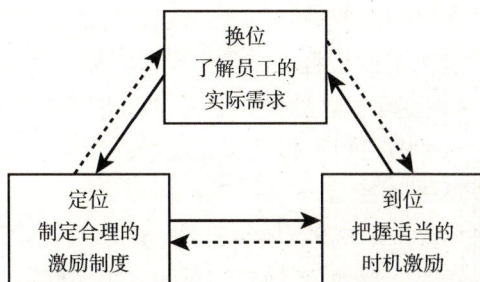

图 4-2 三位一体的即时激励实现模式

业的一种战略,那么三位一体的即时激励实现机制便是战略执行的过程和方法。

总之,人是企业中一种很复杂的元素,要让他们积极而尽职尽责地工作,让激励成为"即时雨",需要殚精竭虑地思索如何有效地激励他们。为此,一些公司使用即时激励取得了良好的收效。比如,思科公司十分重视用奖励来激励人才留下来,在该公司的物质奖励中有一个"即时奖",如果员工在销售中有超越平常的表现,那么他的主管随时可以在 50 到 2000 美金的范围内对他给予奖励。IBM 公司有一个"金香蕉奖",一天,一个年轻人走进 IBM 公司创始人汤姆·瓦特森的办公室并告诉他,自己取得了一项了不起的成绩,瓦特森十分高兴,想好好奖励一下这个小伙子,结果找遍办公桌抽屉,也只找到一只香蕉,他就把这只金黄色的香蕉作为奖品给了小伙子。从此,"金香蕉奖"成为 IBM 公司员工取得成绩的象征。

4.4 面向 TBC 环境的零时间企业的绩效管理模式

4.4.1 零时间企业绩效管理的新特点

(1)绩效行为难以监控

传统绩效考评通常建立在工作标准化和规范化的基础上,对于标准化的工作内容容易进行过程监控,从而使对工作过程的考评科学有序。而零时间企业创造性的工作特点决定了员工的工作一般重复程度较低,没有固定的流程和步骤,不存在固定的工作规则,工作方式发生了根本性变化。这种非标准化的自主性强的工作内容及非程序化的绩效行为很难进行过程上的监控与考评。

(2)绩效成果难以衡量

由于零时间企业工作特点的特殊性,员工工作主要是思维性活动,劳动过程往往是无形的,其绩效结果的取得一般需要一定的时间周期,有些工作甚至具有很大的不确定性,不会马上产生效益。因此,工作成果在短期内难以体现出来,更不易量化,这使传统的基于行为和结果的绩效评价体系受到了挑战。

(3)绩效管理体系难以适应组织结构

零时间企业组织正在不同程度上从传统固定的层次组织向灵活、精干、简单的组织结构转变,如扁平化、网络化、虚拟化、单元组织及无边界组织等。组织结构的变化,势必带来管理任务、管理责任、管理权限的改变,从而打破原有责任和权力分配的均衡。原有均衡的破坏会影响绩效管理程序中战略关系链的衔接和连贯,所以需要调整或创新绩效管理体系。

(4)绩效文化与绩效管理难以匹配

绩效管理模式及方法、工具运用的效果好坏,需要看其与企业绩效文化的匹配程度如何。相对稳定的环境下企业强调有计划的控制,自上而下的目标分解以及个人目标与企业目标完全保持一致。然而零时间环境改变了竞争规则、组织架构、利益相关者的需求,以及人与人之间的关系甚至人们的价值观,所以企业需要对原先的核心文化进行调整甚至彻底改变,以与绩效管理相匹配。

(5)绩效取得强调团队合作

知识的专业化,使得零时间企业员工价值创造活动以分工与协作的形式进行,因此,员工的许多工作任务都是以团队的形式来完成的,劳动成果多是团队智慧和劳动的结晶,其绩效的取得更多依赖于团队的合作而非个人的力量。在零时间企业的工作团队中,虽然团队的工作业绩和个体的努力密不可分,但团队合作的成果却很难分割到每个人身上。因此,很难量化地界定出某个人贡献了多少并以此为依据考评知识型员工的个人绩效。

4.4.2 零时间竞争环境下绩效管理模式的构建

零时间竞争环境给企业绩效管理带来诸多挑战,必须有针对性地对当前控制有余而灵活不足的绩效管理模式进行修正或创新,构建一套基于控制与灵活相平衡的绩效管理模式。

(1)构建零时间竞争下的绩效成果与绩效行为综合考评模式

近年来,目标管理、关键绩效指标、平衡记分卡等绩效考核方式在我国很多企业大行其道,但企业往往忽视了行为锚定法、行为观察量表法等表现性评价技术的运用。实际上,从西方企业的绩效管理发展历程来看,目标管理、关键绩效指标、平衡记分卡等都是战略性的绩效考核工具,能够将员工的绩效与整个组织的战略相承接。但战略性绩效管理工具的实施离不开表现性评价方法和技术的支撑。许多表现性评价技术如行为锚定法和行为观察量表法通过直接为考评者提供具体的行为等级和考评标准的量表,为考评者建立一个统一的考评标准,不仅有利于管理者对员工作出客观评价,还有利于引导和开发员工的绩效行为。

通常关注结果的绩效考评以工作结果为导向,注重工作的最终业绩,考评内容主要集中在工作的实际产出;而关注过程的绩效考评注重员工的工作态度和能力,考评内容主要集中在员工工作过程中的行为、努力程度和工作态度。面向零时间企业的员工工作过程复杂,绩效有较明显的复合性的特点,必须综合考评其工作过程与行为结果。对非程序性员工的绩效考评,尽量以结果为主;对于程序性知识型员工绩效的考评,可采用基于行为的方法;如果员工的绩效结果具有较大的不确定性,成果本身又不易量化,价值体现滞后,专业性、创新性强,那么在对其绩效进行考评时,需要将行为考评与结果考评相结合。

(2)构建零时间竞争下个体与团队的双考评模式

面向零时间企业的员工在很多情况下是以团队合作的形式进行

107

工作的,这种工作特点决定了绩效考评时不能仅仅针对员工个人的工作,还应该考评整个团队的工作状况。如果只考虑个人绩效指标,则可能使员工只注重自身工作质量和绩效,缺乏团队合作精神,协作程度差,这种情况将导致整个团队工作效率低下,甚至导致团队成员各自为战,整体工作陷入混乱。因此,在设计考评指标时,一方面要考虑员工个人的工作行为和工作成果,另一方面要考虑所在工作团队的工作进展、工作质量和团队凝聚力等要素,注意个体指标与团队指标的融合度及一致性。将团队指标纳入知识型员工的绩效评价体系,有利于提高员工的团队合作精神,鼓励员工之间加强协作,促使团队优质高效达到既定目标。

（3）建立新型的绩效沟通模式

零时间竞争下的企业员工绩效指标的确定应该从企业战略出发,按照企业战略、企业目标、部门目标、个人目标的逻辑顺序,进行逐级分解。管理者在制定绩效指标过程中,应与每个知识型员工就目标所涉及的主要工作与衡量标准进行反复沟通协商,双方达成一致后,这些工作和标准就成为绩效评价的依据。对于零时间企业员工来讲,工作意愿是影响他们绩效的最主要因素。用这种绩效指标指导员工的绩效行为,员工自身的能力与业绩的发展就能与部门的目标、企业的战略紧密地结合起来,从而实现企业与员工的双赢。

另外,由于零时间企业员工的工作自主性较高,他们要求及时了解工作过程的绩效状况,及时得到评估的反馈结果。管理者应鼓励他们参与绩效反馈,使他们可以有机会与管理者就绩效考评结果做双向沟通,对不客观、不准确的评估结果有一个申诉的机会,能够及时进行改正,管理者与员工之间主动的、持续的沟通可以让员工充分意识到他们存在的重要性,从而感觉到被肯定和尊重,满足了零时间企业员工的自我尊重和自主管理的要求,有效地起到激励作用。诺基亚公司的"汉堡法",摩托罗拉的"BEST"技巧,联想公司的"40分钟面谈法"都值得学习和借鉴。

4.4.3　零时间竞争环境下绩效管理新模式运行的保障手段

在零时间竞争环境下,为保障绩效管理新模式顺利运行,还必须做好以下工作:

(1)因境制宜,重构组织结构均衡模式

管理的权变原则认为,各种管理方法都是有效的,最适合组织状况的才是最好的。因境制宜,结合组织的战略目标、组织结构和员工状况等进行自我总结,自我创造,制定一套适合自己组织的考核模式,才符合权变管理的根本原则。零时间竞争环境使得组织结构的原有均衡被打破,这迫切需要企业重构均衡,通过变革控制方式与控制结构来实现。在新的均衡中应明确各层级人员的任务和责任,鼓励"放手"管理和自下而上的战略参与,并将其应用于新的绩效管理系统中,增强绩效管理灵活度。然而"放手"管理和自下而上的方式光靠口头的呼吁是无用的,而是需要一些快速、有效的方法。比如权力下移,让"最有发言权"的人做决策,并赋予不同级别的人不同的自由行动裁量权(一般性的小的行动提案由员工自行评估并采取行动,较重要提案由部门经理评估决定,重大行动提案由分管领导评估决策,以此类推)。同时还可以跨越传统提案自下而上逐级审批的过程,设立行动提案管理部门,把接纳、评估、提交以及公司采纳了多少提案纳入对建议者的考核。

(2)身体力行,形成手艺化战略思维模式

虽然在特定阶段员工身份属于某个特定组织,但他还是一个社会人,有各种各样的需求,渴望自己的利益得到满足和保证。所以组织要做到"以人为本",必须在权变的绩效管理中,建立起真正公平、公正、公开的绩效管理机制,激励员工的行为,奖励员工的贡献,保持员工的激情和干劲。零时间竞争环境带来了战略的动态形成过程,这就需要管理者利用经验、通过一系列实践学习来完成。正如明茨伯格在《战略手艺化》中所说,管理者们在掌握了战略的基本概念之后,要走出自己的办公室,通过自己的亲身体验获得第一手资料,深刻了解自己的组织和行业,把战略的制定和执行过程,变成一个不断适应、不断学习乃至不断创新的过程。对于这样的战略思维,企业管理者们应该加以实践,深入一线,亲身感受和体会,以期获得新的战略意图和发展机会。

(3)鼓励创新,构建和绩效管理新模式匹配的企业文化

对于零时间企业而言,必须不断地创新,而创新往往是以短期的失败、损失为代价的,在传统的、以结果论英雄的绩效考核制度下,创新势必会受到压制。

新绩效管理体系强调运用企业文化的软指标考核来强化其灵活性。然而企业文化等软性因素的考核是不好量化的,但可以通过以下方法解决这一难题。首先,分解企业价值观,形成考核细则。比如某企业将"诚信"分解成"诚实正直,表里如一","提出批评意见的同时能提出相应建议"、"勇于承认错误并及时改正"等内容。其次,告知新员工公司价值观的内容,然后开展一系列与价值观有关的培训。通过培训,帮助员工树立正确的价值观。价值观考核与员工的奖金可以不挂钩,但价值观考核优秀的员工更有晋升的机会。

4.5 TBC 环境下的员工流失分析及激励对策

在激烈的市场竞争中,企业将人才视为发展不可或缺的核心资源。现代企业管理归于对人的管理,期望通过对人的有效调配实现即时响应客户需求从而实现战略发展。然而,时基竞争条件下,人们的思想和观念趋于多元化,实现自我价值的意识越来越强,员工流动率日趋攀升。大量的员工流失使企业不能正常运转,严重影响了企业的经营效益。员工流失是 TBC 环境下企业经营管理者必须重视和亟待解决的问题。

4.5.1 如何看待 TBC 环境下的员工流失

世界上任何事情都有其两面性,对员工流失这一问题也应从正反两方面进行分析。

（1）企业裁员的理论依据

经济全球化浪潮下越来越激烈的竞争使几乎每一个公司都被迫不断地研究对策，以提高企业市场竞争力，不知不觉之中，裁员已经成为企业的一种战略手段。尽管裁员的原因是多种多样的，不管是适应商场变化的主动的战略式裁员，还是被动的为走出困境的应急式裁员，裁员对企业来说都是重要的调整手段，合理的裁员对企业来说是非常必要的。从理论上看，企业裁员主要有以下几点理由：

①变革论。企业再造理论是当今企业管理的热门话题，是指在强调以顾客导向和服务至上的基础上，对企业整个管理系统、作业流程进行重新构思和彻底改革，以期在产品品种、质量、成本、服务以及对外部环境反应速度等重大方向问题上获得根本性改善。在这个过程中不可避免会涉及人员的调整。即使在企业成长，业绩理想的时候，有前瞻性、主动性的裁员可使众多企业更具活力和竞争力，更适应新的市场需求。

②成本论。企业是一个经济组织，赢利是其存在的首要途径，生产经营活动要符合成本效益原则。由于效率问题受到外部因素的影响，企业要提高效益，除了要考虑组织结构、产品质量、营销战略之类的问题之外，重要的还要考虑成本问题。由于直接材料成本、制造费用和其他直接支出等难以有较大降低，而劳动力成本作为一种柔性成本具有相对较大的降低空回。

③竞争论。西方国家把裁员称为企业减肥或企业瘦身，企业往往把裁员当做提高效率和竞争力的一个重要手段。西方国家裁减的人员不仅有蓝领工人，而且有大量的白领管理人员。这种以主动型为主的裁员是以扩张为目的的裁员现象，经济学界把这一行为称为创造性的破坏。这种主动性的非收缩性裁员是一个企业正在发展进步的标志，表明这一企业正在为适应更高的工作效率要求而努力。

④信息论。企业组织寿命的长短与组织内信息沟通情况有关。在一起工作的科研人员，在 1.5~5 年这个期间里，信息沟通水平最高，获得成果也最多。时间短，成员之间尚不熟悉，难以取得心灵沟通，员工信息交流水平自然不高。而时间过长，相互间失去了新鲜

111

感,可供交流的信息也会减少。这时合理的人员流动有利于不断引进优秀人才,淘汰不合格的员工,保持员工队伍正常的新陈代谢。

⑤压力论。合理的人员流动,对员工的工作造成一定的强制压力,促进员工关心失业的机会成本,从而促使大多数员工更好地做好本职工作。不仅如此,合理的裁员还可以促进员工不断学习,不断完善自己,正确认识自己的能力,从而提高员工的劳动效率。可以说,合理的人员流动是企业保持生机和活力的客观要求。

（2）企业裁员的负面效应

裁员是企业的一项重要决策。但不按一套科学合理的人力评估方法考核方法和人力规划方法来进行裁员,精简的往往是组织结构中的底层人员。一些企业在裁员过程中有不公开性的现象存在,严重地挫伤了员工的工作积极性:机械地关闭了进入的大门,把有用的人才也拒之门外,使企业无法运用先进的技术和管理知识,企业所处的困境不能得到根本解决。

企业盲目裁员会带来一系列负反应,主要表现在:①招募、评价、录用员工的费用,如招募有广告费用、求职人员的评价考核费用及管理人员费用等。②机会成本,这主要表现为需要增加员工时,由于信息不对称等造成的错误聘用的损失。③培训费用,如准备材料费用、聘请培训人员的费用、由于新雇员接受培训而形成的暂时的岗位空缺所带来的损失等。④效率损失,如新雇员不了解新的工作带来损失的生产效率损失费用、新老员工配合不佳的效率损失、新雇员在完全适应前由于犯错所带来的损失和浪费等。⑤心理影响,裁去的员工给留下者带来一系列的心理反应,从而对组织整体士气和效能产生影响。

只有了解裁员所带来的一系列负效应,企业领导者才会对这个问题有一个清醒的认识。在经济体制转型的过程中,解决人浮于事的主要方法就是实行裁员,如何保证裁员工作的顺利实施,保证社会的稳定,有以下几个方面的问题值得注意:①裁员的公平性和公正性问题;②裁员的科学性和合理性问题;③健全再就业培训制度问题。

4.5.2　TBC 环境下的企业员工高离职率及原因分析

我们课题组对武汉和长沙 10 家以快速响应著称的知识型企业进行了员工流失率专题调查,结果表明,TBC 下的企业人力资源状况存在以下三个突出特点:学历层次高;年纪轻;员工流动率高。这些企业的员工平均年龄为 26.5 岁,学历层次分布是:硕士及以上占24.5%,本科占 58.5%,专科占 9.5%,其他占 7.5%。年人员流动率大都在 35% 左右的水平,个别企业高达 73%。

根据企业界的经验,流动率保持在 15% 左右(淘汰辞退 5%,辞职 10%)比较合适。企业的员工流动率太高是不正常的。它会给企业带来很多损失:一是流动率高意味着招募、甄选、培训等费用提高,增加了人力资源成本;二是流动常常意味着失去对企业有用的人。一项调查显示,在主动辞职的人中 92% 的人在原岗位上得到的评价是优良以上(罗宾斯,1999)。经过分析,我们发现知识型中员工的高离职率主要有员工本人、企业、家庭和外部环境等四方面的原因:

(1)员工本人的原因

①员工的学历层次比较高,他们对企业的各方面要求也比较高,且不担心失业,所以一旦企业在某些他们认为重要的方面忽略了,他们就会另谋高就。

②员工的年龄层次比较年轻,这一年龄的人有着一些特殊的需要,当企业不能满足他们的这些需要时,他们就会选择离开。

③很多员工都是刚刚走出大学校园,对企业没有足够的认识。不能正确对待挫折,稍有不满或挫折容易产生抱怨情绪甚至选择离开。

④职业经验不丰富,职业定位没有形成,易受其他企业或本企业其他职位的吸引。易受周围人群的职业观点的影响,觉得自己不如朋友成功而且归咎于企业选择有误,因此重新选择。

(2)企业的原因

①知识型企业大多规模比较小,组织结构向扁平化。企业不能给员工提供较多的发展渠道,人力资源的价值得不到充分体现。这

促使一部分员工流动到比较大型的企业,使自己的价值得到体现。

②企业专注于技术而缺乏对企业的远景规划,员工对企业和自身的发展没有信心。

③工作环境缺乏沟通与人际交往。知识型企业的员工上班通常都是人机对话,下班各回各的家,对企业缺乏归属感。

④绩效管理不完善或存在误区。知识型企业中的创造型员工他们的工作难以考评,针对他们的绩效管理难度较大,容易使得对他们的激励不足。

⑤学习与成长。知识型企业的快速成长使得企业忽视了员工的培育和成长,员工不能跟上企业的发展并适应企业的发展趋势而遭到淘汰。

(3)家庭的原因

114

①婚姻的影响。这一年龄层次员工的一具显著特征就是他们正处于恋爱与婚姻的阶段,而通常知识型企业都需要员工不定期加班,能供自己自由支配的时间很少,这给他们的恋爱与婚姻带来了很大困难,于是,很多员工离职而选择没有那么多加班的企业工作。

②企业员工的男女比例明显失调,通常女员工只占员工总数的10% ~20%左右,这给员工的恋爱与婚姻带来了困难。

(4)外部环境的原因

①行业人才供应不足。TBC下的企业人力资源市场通常都是一种卖方市场,人才供不应求。环境对人才的引力很大,这造成人才的快速流动。

②行业竞争性强。竞争企业的快速成长也会对企业人才形成较大引力。

4.5.3 降低TBC环境下员工流失率的激励对策

员工流失是许多因素综合作用的结果,所以在降低员工流失给企业造成的损失时必须多管齐下,综合治理。TBC下的企业员工更关注自我价值和渴望成功,如果企业能给予有效的成长机制,不仅能留住员工,同时也使企业获得长远发展的潜力,是一种"双赢"的策略。具体可以从以下几个方面着手：

（1）注重核心员工离职倾向因素的分析，避免人力资源政策制定中的"一刀切"

笔者认为，对于影响核心员工离职倾向因素的分析，不仅包括核心员工内在的组织承诺的强弱，而且还应包括外在的核心员工寻找工作的机会多少，二者共同从总体上决定了核心员工离职的倾向。依据组织承诺理论，核心员工的组织承诺强度主要表现在如下四个方面：个人因素、工作因素、组织因素、有关角色的特征。这四个方面不同程度地影响核心员工的组织承诺的强度。影响核心员工外部机会多少的因素有五方面：行业发展周期；行业竞争结构；行业专业人才需求状况；行业职业中介公司；宏观因素，主要包括宏观经济发展周期，以及国家产业经济政策等。据我们课题组调查，当前许多企业都是制定统一的人力资源政策，这种做法经常会"失灵"，因为核心员工离职的原因不一，离职倾向的强度不一，外部发展的机会也不一，这就要求企业必须针对不同情况采取不同的人力资源政策，要坚决反对人力政策制定中的"一刀切"，以便全面稳定核心员工队伍。

（2）加强和重视职业生涯管理，为员工提供各种个人发展平台

TBC 下的企业员工中，一部分人希望通过努力晋升为管理者；另一部分人却只想在专业上获得提升。因此，组织可以采用双重职业途径的方法，来满足不同价值观员工的需求，但必须使每个层次上的报酬都将是可比的。

微软公司就是采用双重职业途径获得成功的典型案例。为了留住技术人才，微软公司开始采取了将技术过硬的技术人员推到管理者岗位上的方法。但效果不佳，为了解决职业管理问题，微软在技术部门建立正规的技术升迁途径，承认并给予技术过硬的技术人员相当于一般管理者的报酬。同时，为了使不同的职业部门之间建立起某种可比性，微软还在每个专业里设立起"技术级别"。这些级别既反映了人们在公司的表现和基本技能，也反映了经验阅历。技术级别的升迁要经过高级管理层的审批，并与报酬直接挂钩。

（3）实行有差别的福利制度

企业要吸引留住人才进而营造持久的竞争优势,优厚的福利意义深远。近10年来的人力资源管理经验告诉我们,高薪只是短期内人力资源市场供求关系的体现,而福利则反映了企业对员工的长期承诺,是企业建立的人力资源"安全网",员工没有那么多的后顾之忧,也就自然地安心工作了。

经验也告诉我们,福利待遇不能搞平均主义,一定要有差别。比如对资深的技术专家和高级管理人员,可以发给数目可观的岗位津贴,可以实行弹性工作制,而一般的中、初级知识型员工津贴的数目则要相应减少,原则上不能实行弹性工作制。

（4）采用工作轮换制度,使得工作富有挑战性

TBC下的企业员工更在意自身价值的实现,并强烈期望得到组织和社会的认可。因此,他们更热衷于具有挑战性的工作。要使工作富有挑战性可以通过工作轮换和工作丰富化来实现。当知识员工觉得现有工作已不再具有挑战性时,管理者就可以把他轮换到同一水平、技术相近的另一个更具挑战性的岗位上去,这样,由工作轮换所带来的丰富的工作内容,就可以减少知识员工的枯燥感,使积极性得到增强。20世纪90年代末,弗利特银行的员工年流动率达到了25%,出纳员、客户服务代表等职位流动率更高达40%,这使得一家以客户为中心的银行几乎无法正常运转。起初,银行以为是薪金低与工作量大的缘故,采取了相应措施却并未遏制员工流失的现象。后来,银行改变了以往的传统做法,开始在内部实施职位轮岗。8个月后,员工跳槽率下降了40%。

（5）重塑员工的心理契约

企业管理正逐步趋于法制化和规范化,也非常重视与员工签订劳动合同以约束企业和个人的权利和义务。但这种文字契约很多时候起不到真正的约束作用,员工与企业真正建立的是心理契约,即作为构成员工与组织之间交换关系和相互责任的一种心理期望,也就是员工和组织之间的相互理解和信任。要想降低员工流失率,必须与员工达成真正的心理契约,建设以能力为本的企业文化,从招聘开

始,企业就应当为求职者提供符合实际的工作背景情况,使员工充分了解企业、了解自己的岗位要求,减少工作的盲目性。

(6)尊重和信任员工,提高 TBC 下的企业员工的决策参与程度

根据 TBC 条件下企业员工从事创造性工作,注重独立性、自主性的特点,让员工参与他们分工业务或利益直接相关的决策,可以充分表达企业对他们的信任和尊重。由于这些员工拥有专业知识和技能,往往最了解问题的状况、改进的方式以及客户的真实想法。一旦员工对公司事务有了更强的参与感和更多的自主性,他们对工作的责任感就会大大增加。

据日本和美国的有关公司统计,实施参与式的管理一般都可以使企业经济效益提高 50%以上,有的公司甚至更高一些。我国的华为与中兴通讯两家高技术公司,有一共同点是以人才的特长设岗,做到人尽其才。谁有课题,公司就给谁配备助手、资金、设备;谁有销售才能,公司就马上委以重任,并赋予全部人、财、物调动权,使其能够充分发挥所长。通过这种方法,这两家公司的人才流动率始终低于5%,远低于同类高新技术企业 20%~50%的平均流动率。

(7)注重员企双方价值体系的差异性,提倡塑造良好的核心员工生存"软环境",减少优秀人才的流失率

企业文化是企业的灵魂,建设强有力的企业文化,并把企业文化内化到核心员工的个人价值体系之中,进而实现企业价值观和个人价值观的统一,这样才能促成核心员工形成高水平组织承诺。当一个核心员工加入一个企业时,对企业文化认同并形成统一价值观的过程是一个顺从→认同→同化→内化的过程,这就要求企业必须注重员企双方价值体系的差异性,从招聘开始就要加强对应聘核心员工的筛选,即要优先选择认同企业文化的核心员工,进入企业后还要通过培训、评估等措施使核心员工认同、同化并内化这种文化,最后达到企业价值观和个人价值观的统一,从而为核心员工塑造良好的生存"软环境",提升他们的组织承诺水平,减少优秀人才的流失率。良好的软环境还注重人情味的投入,给予知识型员工以家庭式的情感抚慰。《财富》杂志评选出最受欢迎的 100 家最佳公司中就有相当

一部分公司慷慨地为员工提供"软福利",即那种能够进一步协调工作与生活之间关系的各种便利。

(8)把员工当客户

从员工个人的角度来看,员工对企业的认识和感受可以分为两个阶段:蜜月期和现实期。新员工来到企业后充满了期望和幻想,踌躇满志,希望大展宏图,在新鲜的环境中积极主动,工作效率较高,希望有一个好印象,称为员工的蜜月期。当员工对企业了解以后,对企业的认识回到了现实中,企业在经营管理中的一些不足之处也显现出来,员工对企业的认识开始转变,新鲜感消失,工作热情下降,称为现实期。要想吸引员工,企业必须使员工经常处于蜜月状态,从工作本身的变化性、挑战性、岗位轮换、角色转换等方面不断增加员工工作的积极性,使企业对员工始终有吸引力。

(9)完善企业培训制度,使员工具有终身就业的能力

由于科技发展高速化、多元化,大部分知识型员工发现,知识与财富成正比例增长,知识很快过时,需要不断地学习新知识,只有不断更新自己的知识才可能获得预期的收入,因此他们非常看重企业是否能提供知识增长的机会,更希望通过工作能得到发展、得到提高。而企业举办的各类培训,则能在一定程度上满足员工的这一需求。在信息经济时代,人才的竞争将更加激烈,企业必须吸引和留住优秀人才,因此,在员工更加注重个人的成长的需要前提下,企业应该注重对员工的人力资本投入,健全人才培养、培训机制,为 TBC 下的企业员工提供受教育和不断提高自身技能的学习机会,从而具备一种终身就业的能力。

4.6　本章小结

现代企业管理中的员工激励问题已经愈来愈引起管理者们的重视,而"激励性"也正是现代人力资源管理区别于传统人事管理的关键特性之一。企业的员工激励管理,既有一定的规律性,也有很强的技巧性和艺术性。管理者要善于因地制宜、因人而异,深入分析、研

究本企业经营管理及员工队伍特点,采取灵活有效的、针对性的措施,使员工的内在活力得以全面激发,为企业经营发展提供强大动力。尽管即时激励并不是新近才提出的,但是要切实地用好即时激励机制却是需要积极探索的,不同企业的做法将是莫衷一是的。时基竞争条件下的今天,最重要的管理能力已经不是"资本管理能力",而是"知本的管理能力",因此企业是否能管理好自身的核心员工队伍,将是企业未来竞争成败的关键。做好企业员工的"留"与"流",既有一定的规律性,也有很强的技巧性和艺术性。

119

5 面向 TBC 环境的组织创新过程模式

5.1 组织创新的过程模式理论

对组织创新的过程模式研究,自 20 世纪 40 年代以来,一直为国外组织理论家们所重视。组织理论家们就此提出了多种模式。

5.1.1 勒温组织创新过程模式理论

120

美国著名心理学家勒温(Kurt Lewin)于 20 世纪 40 年代初第一个提出了"组织创新过程模式"。他认为任何组织的创新都要经过"解冻—创新—再冻结"三个阶段:

(1)解冻(Unfreezing),是指人们认识到创新需要的过程。在此阶段,应激发人们对现状的不满,并产生摒弃旧态度、旧行为方式的愿望,同时使人们了解创新的影响,创造心理上的安全感。

(2)创新(Change),这是从旧阶段到新阶段的过渡。它指明创新方向,实施创新,使职工形成新的态度和行为。创新可以是改变生产过程、机构重组和推行新绩效考评制度等。

(3)再冻结(Refreezing),是指固定新行为和态度,不让它进一步变化的过程,以防止回复到解冻前状态,通常采用的方法是强化。勒温认为,创新计划应包括职工所处的群体,因为这样能促使新态度和新行为持久。

勒温的三阶段模式虽然比较简单,并且他是从组织群体成员的心理角度来考虑的,但这一模式描述了组织创新过程的整体轮廓,有着开创性和奠基性的意义。

5.1.2　沙因的适应循环学说

美国著名的行为科学家 H. 沙因（H. Schein）于 20 世纪 60 年代提出了组织创新过程的"适应循环"学说。他认为，组织创新是一种寻求适应的不断循环的过程，其循环路径为：观察内外部的环境变化→查阅资料进行改革→实施创新→稳定创新成果，防止副作用的发生→输出创新成果（包括产品和服务）→继续观察内外环境变化。

沙因的适应循环学说，着眼于企业组织的生产过程的创新，但该模式具有一定的普遍性，可用于企业组织内其他方面的创新过程分析。

5.1.3　唐纳利等的组织创新过程模式

美国学者小詹姆斯·唐纳利（James H. Donnelly）等于 1978 年在《管理学原理》一书中提出了另一种组织创新过程的模式。其创新路径为：变革力量→变革需要→判断分析问题→提出创新方法→认识限制条件→选择创新方法和战略→实施创新→评价与反馈→形成新的变革力量。

唐纳利等的模式以创新的推动力量为起点，但由于创新力量是企业组织内外环境中有关力量较量的结果，因此这一模式实际上也是从环境分析入手，与沙因的适应循环模式相比，这一模式更为具体、细致，并且增加了从"实施计划"到"选择方法和战略"的及时反馈，从而大大提高了创新的成功率。

5.1.4　科特的组织转型过程模型

美国哈佛大学的科特（John P. Kotter）教授在《哈佛商业评论》1995 年第 3、4 期上发表了《领导创新：为何转型的努力失败了》一文，提出了组织创新过程模式：树立危机意识→组建强有力的创新团队→形成共同愿景→与成员就创新愿景进行沟通→授权他人按愿景行事→设立目标，创造成果→巩固创新成果并持续创新→把新方法制度化。

科特模式的重点在于领导,其隐含的假定是,企业组织的转型是由领导推动并执行的,因此在其模型中,非常强调建立危机意识和建立愿景——这些是高层领导者的使命,偏重于领导是该模型的片面性所在。但以愿景而不只是战略作为企业组织转型的蓝图,增强了企业组织成员对企业组织转型的认同感与参与意识,从而增加了企业组织转型的成功率,这是该模型的一大特色。另外,该模型还强调,要把转型而获得的新的运作方式加以制度化,即把创新的成果固定到企业组织的文化中,使其渗透到企业组织的"血液"中,成为"我们做事的一般方法",从而有效地巩固既得成果。这是该模型的又一特色。

5.1.5 阿马布勒的组织创新过程模式五阶段说

长期研究组织创新的哈佛大学教授阿马布勒(Amabile,1988),以创造力三成分说(Componential Theory of Creativity)为基础,强调个人内在的动机、任务相关的技巧与创造性思考的技巧等对创新的重要性,并提出组织创新的五大阶段说(见图5-1),特别重视个人创造力对组织创新的影响。阿马布勒特别强调:个人创造力是组织创新的主要元素,无个人创造力便无组织的创新。伍德曼(1993)等人的组织创造性互动模型也视人格为个人创造性的要素。员工个人特质影响个人创造力发展,而员工个人创造力发展影响组织创造力的发展。后来阿马布勒等人(1996)研究创造力工作环境,进一步发展的工作环境创造力基本架构如图5-2所示,将影响组织创造力的工作环境类别,划分为鼓励创造力、自主性或自由度、资源、压力与组织障碍五大类,并再细分为组织鼓励、主管鼓励、工作团队支持、自由度、足够资源、挑战性工作、过度工作压力与组织中对创造力的障碍八大项目。

总之,通过以上组织创新过程理论的回顾,我们可以看出,在诸学说中,阿马布勒的组织创新过程模型最具有典型性。这些学说中,主动创新与领导的作用得到了强调。

阶段 1　　　阶段 2　　　阶段 3　　　阶段 4　　　阶段 5
设定议程　　设定程序　　产生创意　　测试与实施　结果评估

```
┌────────┐    ┌──────────────┐    ┌──────────────┐    ┌──────────────┐    ┌──────┐
│组织任  │ →  │确定目标、资源供│    │个人或团队产生 │    │发展和市场测试,│    │成功  │→结束
│务说明  │    │给、建立工作环 │    │创意或试验 性产品│    │广泛评估创意价值│    │失败  │→结束
└────────┘    │境、市场调查研究│    └──────────────┘    └──────────────┘    │逐渐解决│→回阶段2
              └──────────────┘                                             └──────┘
```

┌──────────────┐
│组织创新的动机│
└──────────────┘

┌──────────────┐
│工作领域的资源│
└──────────────┘

┌──────────────┐
│组织创新管理技巧│
└──────────────┘

个人或小群体的创造历程

┌──────────────┐
│个人内在的动机│
└──────────────┘

┌──────────────┐
│任务相关的技巧│
└──────────────┘

┌──────────────┐
│创造思考的技巧│
└──────────────┘

```
┌────────┐    ┌──────────────┐    ┌──────────────┐    ┌──────┐
│外部来源│ →  │搜集资料      │    │产生一个或多个 │    │根据准则检验  │    │成功  │→结束
│内部来源│    └──────────────┘    │创意          │    │创意是否符合任务│    │失败  │→结束
└────────┘                        └──────────────┘    └──────────────┘    │逐渐解决│→回阶段2
                                                                           └──────┘
```

阶段 1　　　阶段 2　　　阶段 3　　　阶段 4　　　阶段 5
任务出现　　准备　　　　创意产生　　确认创意　　结果评估

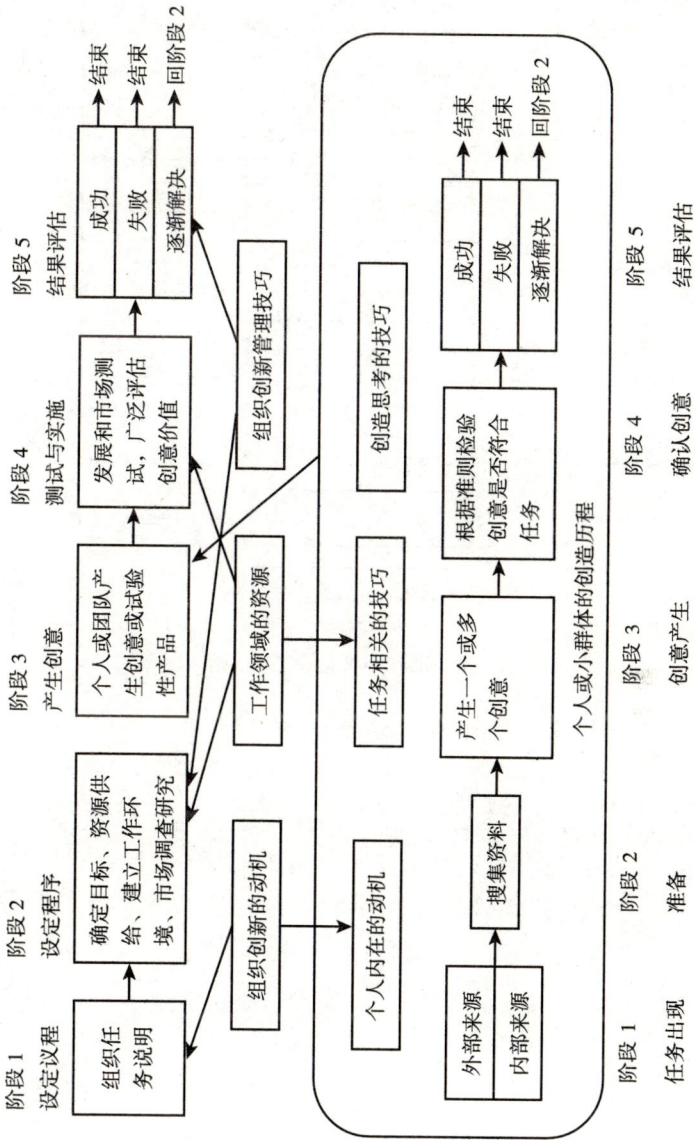

图 5－1　阿马布勒组织创新模型

123

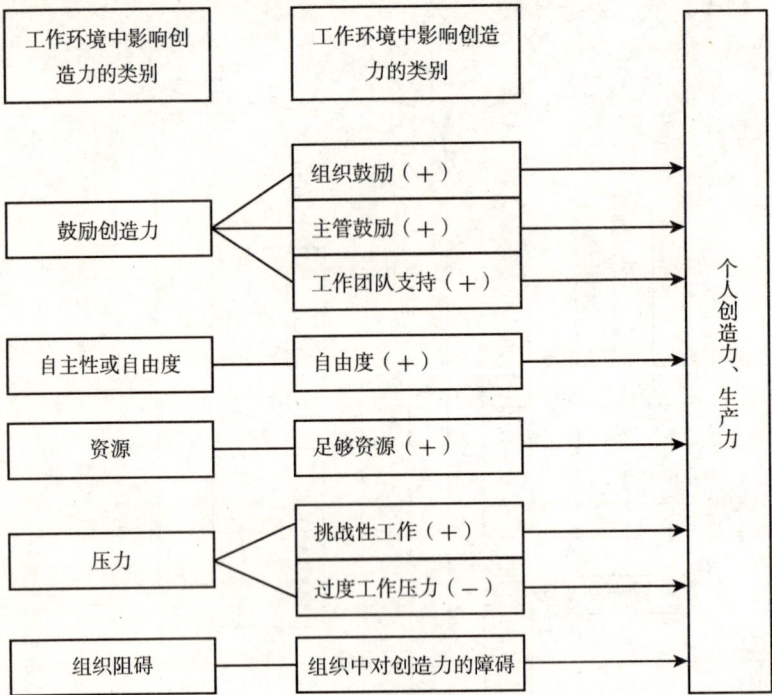

图5-2 工作环境创造力模型

5.2 研究方法

本书关于组织创新过程模式的研究采取质性研究(Qualitative Research)的方法,而质性研究中所谓的访谈指两人之间有目的的对谈,经研究者引导,搜集研究对象语言所透露出的语言信息,以便了解被研究对象如何诠释自己的观点①(泰勒和波格丹,1984)。一般将访谈分为结构性与非结构性两种,本书所采用的深度访谈法即属于非结构性(Unstructured)访谈,通过研究者所提出的一般化的问题及希望受访者回答的研究方向,引导受访者回答研究者所需的特定

————————

① Taylor, S. J. & Bogdan, R., *Introduction to Qualitative Research Methods: The Search for Meanings*, New York: John Wiley & Sons, 1984.

问题与假设,访谈过程中,研究者无须过度限制受访者的回答,尽量保持开放的访谈态度①(辛格尔特里,1994)。

本书深度访谈也按此原则进行。

对过去所发生事物的研究,若在事情发生后,以调查研究的方式,着手分析其原因的研究方法称为事后回溯研究法(Post Hoc Research),研究者分析既有的资料来探讨原因、寻找答案。事后回溯研究又称解释观察研究(Explanatory Observational Studies)或原因性比较研究(Causal Comparative Research),因为需借着各种观察,提出各种解释(或者先提出各种解释,然后从多角度找出原因),把种种原因与答案相互比较时,较合理的因素便逐一出现。事后回溯研究法虽然是用既有资料来研究,它仍然是具有系统性、实证性的探讨法,因为它对已发生的事实,提出一套系统去观察、去解释,以找寻可能的客观答案。此外,通过事后回溯法可以看出时间系列上问题的长期发展,可以比较现在与过去之间的差异,若是在研究设计中加以规划,更可以看出问题在时间序列之间的改变,因此也是一种颇为有用的研究方法。沃尔夫(Wolfe, 1994)同时也认为过程理论研究(Process Theory Research, PTR)取向的研究重点在于探讨创新过程的特性,主要的资料搜集方法应该是横断面的回溯调查及深度田野调查(In-depth Field Studies)。

自从沃尔夫(1994)对于组织创新研究的取向加以区分之后,关于组织扩散(DI)、组织创新力(OI)与过程理论(PT)研究内涵的差异,便有了更清楚的了解。过程理论研究(Process Theory Research, PTR)取向的研究重点在于探讨组织创新过程的特性,即研究创新是如何(How)及为什么(Why)会有出现、发展、成长及结束等过程,研究的模式通常是以"阶段/过程模式"(Stage/Process Model),并以"内部组织的观点"来探讨"组织创新"的过程,以了解各过程的影响因素。在探讨"阶段"模式时,探讨的重点为"组织执行创新时会经历

125

---

① Singletary, M., *Mass Communication Research: Contemporary Methods and Applications*, New York: Longman, 1994.

哪些阶段"。在探讨"过程"模式时,探讨的重点为"哪些因素可能将导致创新执行的一连串事件"。

由以上的说明以及过去的相关文献可知,组织创新过程模式的研究非常适合使用个案研究的方式来加以探讨,以下将针对六家个案公司进行事后回溯分析。

5.3 个案分析

多数受访企业均认为,前瞻与创新两项指标是影响企业发展最重要的因素,因此本书尽量选择了以快速响应为目标的企业为联系对象。在考虑了专家学者的推荐与公司配合意愿的情况下,本书选定为个案分析的企业包括华为、联想、方正、海尔、国美与三一重工六家,分属于 IT、家电、零售服务与汽车行业。以下就六家个案公司的背景与特性简要说明如下:

5.3.1 华为公司

华为公司是全球领先的下一代电信网络解决方案供应商,致力于向客户提供创新的满足其需求的产品、服务和解决方案,为客户创造长期的价值和潜在的增长价值。

华为产品和解决方案涵盖移动(HSDPA/WCDMA/EDGE/GPRS/GSM, CDMA2000 1xEV-DO/CDMA2000 1X, TD-SCDMA 和 WiMAX)、核心网(IMS, Mobile Softswitch, NGN)网络(FTTx, xDSL, 光网络, 路由器和 LAN Switch)、电信增值业务(IN, Mobile Data Service, Boss)和终端(UMTS/CDMA)等领域。

华为在印度、美国、瑞典、俄罗斯以及中国的北京、上海和南京等地设立了多个研究所,61000 多名员工中的 48% 从事研发工作。截至 2008 年底,华为已累计申请专利超过 19000 件,连续数年成为中国申请专利最多的单位。

华为在全球建立了 100 多个分支机构,营销及服务网络遍及全球,能够为客户提供快速、优质的服务。目前,华为的产品和解决方案已经应用于全球 100 多个国家,以及 31 个全球前 50 强的运营商,服务全球超过 10 亿用户。

华为致力于提供基于 ALL IP 网络的 FMC 解决方案,使最终用户在任何时间、任何地点都可以通过任何终端享受一致的通信体验,丰富人们的沟通与生活。

华为业务涵盖了移动、宽带、IP、光网络、电信增值业务和终端等领域,具备面向未来转型发展的先发优势,能够为客户提供有竞争力的通信解决方案和服务。

5.3.2　联想公司

新联想是一家极富创新性的国际化科技公司,由联想及原 IBM 个人电脑事业部所组成。

作为全球个人电脑市场的领导企业,联想从事开发、制造并销售最可靠的、安全易用的技术产品及优质专业的服务,帮助全球客户和合作伙伴取得成功。

联想的总部设在纽约的 Purchase,同时在中国北京和美国北卡罗莱纳州的罗利设立两个主要运营中心,通过联想自己的销售机构、联想业务合作伙伴以及与 IBM 的联盟,新联想的销售网络遍及全世界。联想在全球有 19000 多名员工。研发中心分布在中国的北京、深圳、厦门、成都和上海,日本的东京以及美国北卡罗莱纳州的罗利。

在全球范围内,联想为客户提供屡获殊荣的 Think Pad 笔记本电脑和 Think Centre 台式机,并配备了 Think Vantage Technologies 软件工具、Think Vision 显示器和一系列 PC 附件和选件。

在中国,联想个人电脑产品的市场份额占近三分之一。凭借其领先的技术,易用的功能、个性化的设计以及多元化的解决方案而广受中国用户欢迎。联想已连续 8 年在中国排名第一。联想还拥有针对中国市场的丰富的产品线,包括移动手持设备、服务器、外设和数码产品等。

联想在 2005 年 5 月完成对 IBM 个人电脑事业部的收购,这标志着新联想将成为全球个人电脑市场的领先者——年收入约 130 亿美元,服务于世界各地的企业客户和个人客户。联想和 IBM 结成了旨在为企业客户提供最佳体验的战略联盟。双方达成了具有重大意义的长期协议,据此,客户可以享受到 IBM 世界级的客户服务机构和全球融资机构的服务,联想还可享用 IBM 强大的全球代理和销售网络。联想的客户可以依靠整个 IBM 团队——包括销售、服务和金融团队——得到 IBM 全面的端到端 IT 解决方案。作为 5 年承诺的一部分,IBM 还将向联想提供服务保证,并向联想的客户提供租赁和融资安排。通过这一长期合作关系,客户将以最低的总体拥有成本获得最好的产品。新联想的客户将从联想与 IBM 个人电脑事业部卓越的研发能力中受益。新联想设在中国、日本和美国的全球研发中心为全球 PC 技术的进步作出了重要贡献。新联想人才济济,他们赢得了数百项技术和设计奖项(包括 2000 多项专利),而且开创了诸多个业界第一。

5.3.3 北大方正集团公司

北大方正集团公司由北京大学 1986 年投资创办。20 多年来,持续不断地技术创新,在中国 IT 产业发展进程中占据着重要的地位。方正已经拥有 5 家在上海、深圳、香港及马来西亚交易所上市的公众公司和海内外的 20 多家独资、合资企业,员工 2 万多人。

方正是中国本土最重要、最成功的软件企业之一,拥有并创造对中国 IT 产业发展和大规模应用至关重要的核心技术;同时,方正在 PC 制造领域连续 6 年稳居行业第二的地位,构筑起中国 IT 产业发展和大规模应用的制造基础。

近年来方正集团确立了 IT、医疗医药双主业的发展战略,主动寻求跨越式发展机遇,将方正做实、做强、做大,成为一个国际化的企业集团。

5.3.4 海尔集团公司

海尔集团公司是世界第四大白色家电制造商、中国最具价值品牌之一。旗下拥有 240 多家法人单位,在全球 30 多个国家建立本土化的设计中心、制造基地和贸易公司,全球员工总数超过 5 万人,重点发展科技、工业、贸易、金融四大支柱产业,已发展成全球营业额超过 1000 亿元规模的跨国企业集团。

海尔集团在首席执行官张瑞敏确立的名牌战略指导下,先后实施名牌战略、多元化战略和国际化战略。2005 年底,海尔进入第四个战略阶段——全球化品牌战略阶段,海尔品牌在世界范围的美誉度大幅提升。1993 年,海尔品牌成为首批中国驰名商标;2006 年,海尔品牌价值高达 749 亿元,自 2002 年以来,海尔品牌价值连续四年蝉联中国最有价值品牌榜首。海尔品牌旗下冰箱、空调、洗衣机、电视机、热水器、电脑、手机、家居集成等 18 个产品被评为中国名牌,其中海尔冰箱、洗衣机还被国家质检总局评为首批中国世界名牌,2005 年 8 月 30 日,海尔被英国《金融时报》评为"中国十大世界级品牌"之首。2006 年,在《亚洲华尔街日报》组织评选的"亚洲企业 200 强"中,海尔集团连续第四年荣登"中国内地企业综合领导力"排行榜榜首。海尔已跻身世界级品牌行列,其影响力正随着全球市场的扩张而快速增强。

据中国最权威市场咨询机构中怡康统计:2008 年,海尔在中国家电市场的整体份额已经达到 25.5%,依然保持份额第一。其中,海尔在白色家电市场上仍然遥遥领先,且优势更加突出;在小家电市场上海尔表现稳健,以 16% 的市场份额蝉联小家电市场冠军。在智能家居集成、网络家电、数字化、大规模集成电路、新材料等技术领域处于世界领先水平。"创新驱动"型的海尔集团致力于向全球消费者提供满足需求的解决方案,实现企业与用户之间的双赢。目前,海尔累计申请专利突破 7000 项(其中发明专利 1234 项)。在自主知识产权基础上,海尔主持或参与了 115 项国家标准的编制修定,制定行业及其他标准 397 项。海尔"防电墙"技术正式成为电热水器新国家标准,海尔空调牵头制定"家用和类似用途空调安装规范"。在国际上,海尔热水器"防电墙"技术、海尔洗衣机双动力技术等六项技术还被纳入 IEC 国际标准提案,这证明海尔的创新能力已达世界级水平。

在创新实践中,海尔探索实施的"OEC"管理模式、"市场链"管

129

理及"人单合一"发展模式均引起国际管理界高度关注,目前,已有美国哈佛大学、南加州大学、瑞士 IMD 国际管理学院、法国的欧洲管理学院、日本神户大学等商学院专门对此进行案例研究,海尔"市场链"管理还被纳入欧盟案例库。海尔"人单合一"发展模式为解决全球商业的库存和逾期应收提供创新思维,被国际管理界誉为"号准全球商业脉搏"的管理模式。

5.3.5　国美电器集团公司

国美电器集团公司作为中国最大的家电零售连锁企业,成立于1987 年 1 月 1 日,是一家以经营电器及消费电子产品零售为主的全国性连锁企业,始终坚持"薄利多销,服务当先"的经营理念,依靠准确的市场定位和不断创新的经营策略得以蓬勃发展。

在国家商务部公布的全国商业连锁前三十强排名中,国美连续多年蝉联中国家电连锁第一、中国商业连锁第二,持续领跑中国家电零售连锁业。本着"商者无域、相融共生"的企业发展理念,与全球知名家电制造企业保持紧密、友好、互助的战略合作伙伴关系,成为众多知名家电厂家在中国的最大的经销商。

国美电器集团内地一级市场网络布局已全面完成,正迅速向二三级城市拓展,目前在内地 160 多个城市拥有直营门店 560 多家,在香港和澳门的门店总数达到 12 家,员工近 10 万人。国美电器集团是中国家电零售领域率先在香港上市的企业。通过香港和澳门市场积累经验,为国美电器集团未来走向国际市场奠定基础。

国美电器集团不断追求创新经营,更侧重商品定位,强调提高经营商品的档次与技术含量,并逐步加快在各大城市建设超大型旗舰卖场的步伐。在 20 多年的发展过程中,国美电器集团始终站在中国家电业发展的最前沿,全面引领家电消费潮流,向消费者展示未来家电的发展趋势。如今"规模、经营、管理、商品、服务、价格、环境、物流"等已成为国美电器集团的核心竞争力,为消费者提供个性化、多样化的服务,国美品牌得到了中国广大消费者的青睐。

国美电器集团是中国企业 500 强之一,曾被中央电视台授予"我最喜爱的中国品牌特殊贡献奖",成为中国家电流通领域唯一获此殊荣的企业;中国红十字会授予国美电器集团"印度洋海啸救援特别贡献奖";世界品牌实验室评定国美电器集团品牌价值为301.25亿元,成为中国家电连锁第一品牌。

未来,国美电器集团将通过实施精细化管理,加速企业发展,2008年预计实现销售额1200亿元,跨入世界500强行列,成为全球顶尖的电器及消费电子产品连锁零售企业。

5.3.6 三一集团公司

三一集团公司创始于1989年,秉承"创建一流企业,造就一流人才,作出一流贡献"的企业宗旨,倡导"先做人,后做事"的核心价值观,以"品质改变世界"的信念,在工程机械行业名列三甲,在工程车辆行业异军突起,另有租赁、金融、房地产三方协同,持续稳健发展。公司在2003年实现销售额42亿,利税10亿,集团净资产达20亿。三一集团下辖三一重工、三一重机、三一汽车、三一客车、三一通讯、三一重装等七家子公司,并在海外设有分支机构。

三一重工股份有限公司是由三一集团投资并控股的核心企业,位于长沙经济技术开发区,1994年11月成立,已于2003年7月3日在上海证券交易所成功上市(股票代码为600031)。2003年三一重工全年实现主营业务收入208801万元,比上年同期增长了112.08%;实现主营业务利润84849.30万元,比上年同期增长71%,近六年年增长保持在50%以上。在中国机械工业企业核心竞争力评估中,三一重工位居机械工业百强排名第26位,工程机械行业排名第一位。三一重工的主营业务为高新实用技术工程建设机械的研发、制造、销售及服务。主导产品有拖式混凝土输送泵、混凝土输送泵车、混凝土搅拌站、全液压压路机、沥青摊铺机、沥青搅拌站、推土机、平地机、塔式起重机、吊管机等。其中混凝土输送泵车、拖式混凝土输送泵和全液压压路机的市场占有率均居中国首位。

三一重工是"国家重点高新技术企业"、"国家 CIMS 工程示范企业"、银行特级信用企业及全国诚信纳税先进企业。公司已通过 ISO

131

9000 质量体系认证、德国 TUV 认证、ISO 14001 环境管理体系认证。三一重工研究院是国家级技术开发中心,拥有博士后流动工作站,并承担了国家 863 计划项目的研究,拥有工程技术人员 600 多人。研发创新能力是三一重工的核心竞争能力。三一重工的 60 多个营销和服务机构遍布全国,其自营机制、完善的网络和独特的服务理念构成了三一重工又一项强大的核心竞争力。

针对以上各公司简要的描述,可知上述公司在时间竞争条件下具有相当的代表性,经营理念上也都具有创新的特质,这也是本书选择上述公司的理由。

本节重点旨在探讨组织创新过程的模式,通过六家具有创新特质企业的组织创新事件的事后回溯访谈,本书将修正过去学者所提出的组织创新模式,并分析其成因与结果。

5.4 组织创新发生的来源与阶段模式

由于本书所采取的是质化研究中的非结构性的深度访谈,因此访谈过程中尽量采取开放的访谈态度,然而本书对于受访者仍提供半结构式的问项,避免受访者过于偏离研究主题。此外,虽然事后回溯研究法是用既有数据来研究,但是它仍然是具有系统性、实证性的探讨法,因为它对已发生的事实,提出一套系统去观察、去解释,以期找寻可能的客观答案。此外,通过事后回溯法可以看出时间系列上问题的长期发展,最起码可以比较现在与过去之间的差异,也是一种颇为有用的研究方法。基于上述的研究准则,本书深度访谈了国内六家著名企业高级主管,以及事后回溯组织创新事件的结果。下面汇整了受访公司近年来的组织创新事件,以及本书对其管理意涵的诠释,至于管理意涵的分析则以本书所建构的组织创新层级架构的构面为分析基础。

5.4.1 华为公司的组织创新事件及管理意涵

(1)2000 年在美国硅谷和达拉斯设立研发中心;2004 年与西门

子成立合资企业,针对中国市场开发 TD-SCDMA 移动通信技术;2005年获得了在中国生产和销售手机的许可。组织创新来源:创造性解构(产业开放)。管理意涵:IT 业是个日新月异的产业,因为时代的快速改变,华为公司也必须快速开发新的产业环境,才不会因为对通讯业的反应过慢,而应变不及因而导致被环境淘汰,这属于策略创新。

(2)采用职能管理。组织创新来源:创造性解构(产业开放)。管理意涵:华为公司采用职能管理的方式,是因为 IT 业的快速改变,有些已过时的技术,会导致一些员工失业,但华为公司采用职能管理的训练方式,可使想要上进的员工们不断进行在职训练,使员工不因为信息时代的快速变迁,而产生不安全感。此类创新称为创造力工作环境。

(3)2006 年 5 月 8 日,华为推出了新企业标识。新标识体现了华为聚焦、创新、稳健、和谐的核心价值观。组织创新来源:内部价值链。管理意涵:华为公司认为培育精兵团队,才是目前解决 IT 人才缺乏的首要任务,这属于组织制度创新。

5.4.2 联想公司的组织创新事件及管理意涵

(1)1998 年第一家联想专卖店在北京落成,自此联想开始建立起其庞大的专卖店体系;2004 年联想推出为乡镇家庭用户设计的圆梦系列电脑以发展中国乡镇市场。组织创新来源:顾客。管理意涵:此项创新属于管理创新中的营销创新,贴近市场、及时响应顾客需求是时基竞争条件下的企业立足之本。

(2)2002 年,联想举办首次联想技术创新大会,推出"关联应用"技术战略,并携手众多中国著名公司成立 IGRS 工作组,以推动制定产业相关标准。组织创新来源:外溢效果。管理意涵:此项创新属于技术创新中的制程创新。"关联应用"技术的运用和产业标准的制定,实践了联想提供本土化完全解决方案的坚决承诺。

(3)2002 年,联想成立手机业务合资企业,宣布进军手机业务领域。组织创新来源:外溢效果。管理意涵:此项创新属于管理创新中

133

的策略创新。联想利用自身优势发展多元化经营。

(4)2003 年联想宣布使用新标识"Lenovo"为进军海外市场做准备。组织创新来源:内部价值链。管理意涵:此项创新属于管理创新中的组织特性创新,突出自己的"创新"理念。

(5)2004 年联想和 IBM 宣布达成协议,联想将收购 IBM 全球个人电脑(台式电脑和笔记本电脑)业务。新联想将成为全球个人电脑行业的第三大供应商。组织创新来源:外溢效果。管理意涵:此项创新是属于管理创新中的的策略创新。联想收购 IBM 全球个人电脑业务,并可利用 IBM 强大的全球代理和销售网络。

5.4.3 方正公司的组织创新事件及管理意涵

(1)2003 年 10 月,方正集团对经营班子和管理架构进行调整,在集团层面上提出了一个原则和五个统一的管理思路。一个原则:控制权上移,经营权下放。五个统一:统一财务管理、统一投资管理、统一人事管理、统一品牌管理、统一内控。组织创新来源:内部价值链。管理意涵:顺应环境变化进行结构调整,这属于组织制度创新。

(2)随着市场变化做调整,发展医药产业。组织创新来源:创造性解构(产业结构)。管理意涵:随着市场变化,经营形态也跟着做改变,这属于营销创新。

(3)为增强竞争力,2006 年方正与微软签署正版 Windows 合作协议,双方达成战略合作伙伴关系。组织创新来源:外溢效果。管理意涵:因为市场普及率已到达了世界级的高水平,使得业者间的竞争更趋白热化,必须寻求有力的合作伙伴,才能在竞争的市场中胜出,这属于策略创新。

(4)One Call Service 及 Service Meeting。组织创新来源:顾客。管理意涵:把每个客户都当成最重要的客户,与客户间维持良好的关系,如此一来公司才能永续经营,这是属于营销创新。

(5)平台与环境架设。组织创新来源:内部价值链。管理意涵:公司的制度是把员工当自己家人,讲求人性,帮员工解决工作中的最大困难,从而将他们的脑力给激发出来,这属于创造力工作环境。

5.4.4 海尔公司的组织创新事件及管理意涵

（1）1997 年 9 月，以进入彩电业为标志，海尔进入黑色家电、信息家电生产领域。组织创新来源：内部价值链。管理意涵：海尔在多元化经营与规模扩张方面，进入了一个更广阔的发展空间，这属于管理创新中的策略创新。

（2）1999 年 4 月，海尔在美国的南卡州建立了生产厂。不久欧洲海尔、中东海尔也先后揭牌。组织创新来源：创造性解构（全球化）。管理意涵：海尔顺利打入美国市场，正式走向国际舞台，这属于管理创新中的策略创新。

（3）2000 年 6 月，海尔集团率先推出了"蓝牙"技术，实现海尔网络家电的无线连接。组织创新来源：外溢效果。管理意涵：这是海尔集团与爱立信公司强强合作的结晶，属于技术创新中的产品创新。

135

（4）1999 年，海尔建了三园一校（海尔开发区工业园、海尔信息产业园、美国海尔园、海尔大学校部），向着更高的目标冲击。组织创新来源：内部价值链。管理意涵：合理划分区域，进行合理管理。此项组织创新解决了众多的厂区难以合并管理的问题，属于管理创新中的组织制度创新。

（5）2004 年，设立"心理咨询部"，服务公司内部人员。组织创新来源：内部价值链。管理意涵：运用人性化的管理方式，让员工更能舒适快乐的工作，这样提高了工作效率，因此此属于创造力工作环境创新。

5.4.5 国美公司的组织创新事件及管理意涵

（1）1990 年，国美在家电流通业内首创新的供销模式，脱离中间商，与厂家直接接触，搞包销制；2006 年 2 月，国美电器正式成立大客户拓展部，全力发展集团采购业务。组织创新来源：顾客。管理意涵：顺应时代潮流和客户需求，这在管理的意涵上属于营销创新。

（2）2004 年 2 月，国美启动"彩虹服务"，并与海尔、海信、科龙、新科等知名家电制造企业结成服务联盟，开创了中国商业活动通过电视台直播的先例。组织创新来源:顾客。管理意涵:由于国美处于供应链下游,为了降低其营运的风险性,因此向上垂直整合并以服务为导向去服务顾客和社会,这种策略上的创新可以降低成本,然而却降低了策略弹性,此一方式属于策略创新。

(3)2000 年 9 月,国美进行机构调整。北京分部组建,总部各部门成立,新机构的设置为国美在全国范围内的发展做了组织机构方面的准备,使国美管理再上新台阶。组织创新来源:内部价值链。管理意涵:目前团队式的工作方式已经成为许多企业想做转型的趋势,一个团队中包含了各种人才,可以对于顾客的问题作最有效最快速的应对进退,这种运作上的改变是属于组织特性的创新。

(4)2002 年 10 月,国美总部机构改革,实行采销分离。组织创新来源:内部价值链。管理意涵:公司内部虽然有不同类型的制程,但如果硬用某一种方式来管理整家公司,势必行不通,对于不同类型的制程都应有自己的一套管理方式,有成功的管理才能使公司运作更顺畅,采销分离式的管理方式属于组织制度的创新。

5.4.6 三一集团公司的组织创新事件及管理意涵

(1)2001 年 6 月,三一光电子有限公司、三一重工股份限公司、三一控股有限公司成立;2003 年 7 月,三一汽车制造有限公司、湖南三一客车有限公司成立;2003 年 9 月,三一重机有限公司成立;2003 年 8 月,三一沈阳工业园奠基。组织创新来源:创造性解构(产业结构)。管理意涵:因应市场竞争需要,三一进行内部创业,在长沙、北京、江苏、沈阳等地成立新公司,这样的行动在管理创新中属于策略创新。

(2)2006 年 1 月,三一商标被国家工商总局认定为中国驰名商标;2006 年 2 月,三一旋挖钻机在国内同类产品中首个获得 CE 认证,从此敲开欧洲市场大门。组织创新来源:创造性解构(全球化)管理意涵:三一产品成功打入欧洲市场,正式走向国际舞台,这属于管理创新中的策略创新。

(3)2004 年 1 月,成立人才引进办公室,由董事长直接管理,主

136

要负责企业急需的中高级人才的招聘、寻聘工作。组织创新来源:外溢效果。管理意涵:这属于策略创新,高薪聘请成熟型人才可以促进企业的巨大发展。

(4)形成了独具特色的三一集团企业文化。组织创新来源:内部价值链。管理意涵:正是领先的时代精神和价值观念所营造的三一文化,吸引着三一员工为三一事业献力献策,不但书写了三一辉煌的历史,也为三一的美好明天铺垫了坚实的基础。这属于管理层面的创造力工作环境创新。

虽然这六家个案公司访谈的事后回溯的组织创新事件,未必能代表这些公司所有的组织创新事件与内涵,然而个案公司接受访谈的对象都是参与公司重要决策的高级主管,而且在公司服务的年资均将近十年以上,因此访谈过程中所提的组织创新事件应该具有相当的代表性。

137

如果以阿父哈(Afuah,1998)对组织创新的观点来看,创新来源的架构中,说明了创新来源来自于:公司内部价值链功能;外部价值链中的供货商、顾客、互补创新者;大学、政府及私人实验室;竞争者与相关行业;其他国家或地区。此架构使得研究者对于创新的思考层面更加宽广与严谨,如果由此架构来解释组织创新过程的特性,即研究创新是如何(How)及为什么(Why)会有出现、发展、成长及结束等过程,则整个组织创新过程将会更加清楚,如果再加入创新的环境因素(公司既定活动、意外的状况与创造性的解构等概念),则对于这些公司组织创新事件过程与前因后果的脉络将更加完整与清楚。

阿父哈(Afuah,1998)所谓的"创造性重构"(Creative Destruction)是指技术的不连续性、管制与开放、全球化、不断改变的顾客需求、总体经济、社会、人口结构变化等等,都是创新的来源;而所谓的"顾客(Custometrs)、供货商(Suppliers)、互补创新者(Complementary Innovators)、融资者(Financiers)与经销商(Distributors)"都是创新来源的个体,因此创新并非永远出自于制造商之手。因此,IT 业组织创新的重要来源是创新的环境因素与顾客。

华为公司在不断成长的过程中,进行了一系列管理创新。他们同 IBM、Hay Group、PwC 和 FhG 等世界一流管理咨询公司合作,在集成产品开发(IPD)、集成供应链(ISC)、人力资源管理、财务管理和质量控制等方面进行深刻变革,引进业界最佳实践,建立了基于 IT 的管理体系。经过多年的实践,华为逐渐实现了全流程的一流运作和管理,保持了公司规模、经营效益及能力建设的均衡发展。一是流程重整:华为以市场管理、集成产品开发(IPD)、集成供应链(ISC)和客户关系管理(CRM)为主干流程,辅以财务、人力资源(HAY)等变革项目,全面展开公司业务流程变革,引入业界实用的最佳实践,并建设了支撑这种运作的完整 IT 架构。二是组织变革:他们从产品线变革开始,以公司经营管理团队及战略与客户常务委员会作为实现市场驱动的龙头组织,强化 Marketing 体系对客户需求理解、战略方向把握和业务规划的决策支撑能力。同时,我们通过投资评审委员会(IRB)、营销管理团队、产品体系管理团队、运作与交付管理团队及其支持性团队的有效运作,确保以客户需求驱动华为整体的战略及其实施。三是生产工艺体系重新设计:华为聘请德国 FhG 帮助进行生产工艺体系的设计(包括立体仓库、自动仓库和整个生产线的布局),从而减少了物料移动,缩短了生产周期,提高了生产效率和生产质量。四是建立快速响应的敏捷供应链和扁平化组织:华为持续建设柔性的供应链能力,赢得快速、高质量、低成本供货保障的比较竞争优势。他们建设了扁平化的制造组织,高效率、柔性地保障市场要货需求。认真推行集成供应链(ISC)变革,保证新流程和系统的落实。华为实施了质量工程技术,供应链能力和客户服务水平得到持续改善,发展与主要供应商的合作伙伴关系,加强采购绩效管理和推行基于业界最佳实践 TQRDCE 的供应商认证流程。五是加强财务管理:华为建立了与公司业务基本适应的财经服务与监控体系,实施统一的财务管理制度、流程、编码,实施统一监控,开始实现公司全球化的财务监控和管理。

计算机及其外围产业的 IT 企业组织创新的来源则以外溢效果较重要,其次才为创造性解构(全球化)与顾客。所谓"竞争者外溢效果"(Spillovers From Competitors)是指本公司导致其他公司的研发成果获益时,此种利益称之为外溢效果。联想和方正面对网络新经济时代的愿景,是以客户为中心,加强设计、制造、营销能力,并发展数字服务与智能财产事业。强调专注、简化与前瞻,并且配合绩效导向的企业文化,发挥统合力量。进入 21 世纪,知识就是力量的新纪元里,联想和方正两大国有 IT 企业会以更宏远的世界观,陪同大众吸收最先进的知识,学习最有竞争力的技能。因此,计算机及其外围产业组织创新的重要来源是指竞争者的外溢效果。

　　海尔集团创新的来源则是企业所处环境、内部价值链和顾客的综合考量。海尔的发展可分为四个阶段,一是名牌战略阶段(1984 ~ 1991 年),基本特征:只生产冰箱一个产品,探索并积累了企业管理的经验,为今后的发展奠定了坚实的基础,总结出一套可移植的管理模式。二是多元化战略阶段(1992 ~ 1998 年),基本特征:从一个产品向多个产品发展(1984 年只有冰箱,1998 年时已有几十种产品),从白色家电进入黑色家电领域,以"吃休克鱼"的方式进行资本运营,以无形资产盘活有形资产,在最短的时间里以最低的成本把规模做大,把企业做强。三是国际化战略阶段(1999 ~ 2005 年),基本特征:产品批量销往全球主要经济区域市场,有自己的海外经销商网络与售后服务网络,海尔品牌已经有了一定知名度、信誉度与美誉度。四是全球化品牌战略阶段(2006 年至今),基本特征:为了适应经济全球化的形势,运作全球范围的品牌。从 2006 年开始,海尔集团继名牌战略、多元化战略、国际化战略阶段之后,进入第四个发展战略创新阶段——全球化品牌战略阶段。国际化战略和全球化品牌战略的区别是:国际化战略阶段是以中国为基地,向全世界辐射;全球化品牌战略则是在每一个国家的市场创造本土化的海尔品牌。海尔实施全球化品牌战略要解决的问题是:提升产品的竞争力和企业运营的竞争力;与分供方、客户、用户都实现双赢利润;从单一文化转变到多元文化,实现持续发展。

　　国美创新的来源主要来自于内部价值链,其次为顾客。我们不妨来看看国美的发展、创新过程:1987 年 1 月 1 日,国美电器成立,当时只是北京珠市口一家 100 平方米左右的小门店;1990 年,国美在家电流通业内首创新的供销模式,脱离中间商,与厂家直接接触,搞包销制;1991 年,国美率先在《北京晚报》刊登报价广告,借助广告这一现代营销手段引导顾客消费,走出了坐店经营的传统模式;1992 年,国美在北京地区初步进行连锁经营,并将所有店铺统一命名为"国美电器";1998 年,国美认真总结了十几年的发展经验,出台了《经营管理手册》,该手册详述了各岗位的职责规范,建立了较为完善的连锁经营管理框架,为国美走出北京、走向全国打下了坚实的基础;1999 年 7 月,国美首次走出北京,在天津开设两家连锁店,遭到当地十大商家的强烈抵制,反倒使国美的知名度极大提高,被业界惊叹为"国美现象";1999 年 12 月,国美进军上海,实现了京、津、沪连锁的构架;2000 年 9 月,国美进行机构调整,北京分部组建,总部各部门成立,新机构的设置为国美在全国范围内的发展做了组织机构方面的准备,使国美管理再上新台阶;2000 年 12 月,国美对《经营管理手册》进行了修订,长达 330 页的手册将国内外先进连锁企业成功经验与自身再天津、上海开店的实践经验相结合,对于"走连锁经营之路"做了细致的规划,创造出国美特有的经营模式;2001 年,国美又将《经营管理手册》与 2000 年的手册相对接,使其更加符合现代企业发展的需要;2000 年 11 月,"国美模式"高层研讨会在京举行,国家信息产业部、国家经贸委、国务院发展研究中心等政府机构官员及国内众多知名学者为国美把脉开方,研讨国美未来发展之路;2000 年 12 月,国美在成都、重庆的连锁店同时开业;2001 年 3 月,国美继 1999 年被评为"售后服务信得过单位"后,又获中国消费者协会"诚信单位"称号;2001 年 3 月,中国连锁经营协会公布了 2000 年全国连锁企业百强排名结果,国美电器以年销售额 30.2 亿元位居第八名;2001 年 5 月,五一期间,国美在全国范围内有 13 家连锁店同期开业,标志着国美电器进入"全国连锁网络"建设得高峰期;2001 年 11 月,国美在全国各分部推出大型服务活动——国美服务工程,在这次活动中,国美推出一系列有创新意义的服务措施,"不满意就退换"、"神秘顾客在行动"、"投诉有奖"、"异地购物"等措施的推出,率先在家电零售领域打响了服务战的第一枪,也是国美决心打造中国商业优秀品牌,营建"百年国美"所走出的坚实一步;2003 年 3 月,国美推出"诚信经营年"活动,在北京消费者协会设立"消费者维权保证金","先行赔付"首站在北京开始实施;2003 年 11 月,国美在香港的第一家门店——旺角商城成功开业,标志着国美在实施国际化战略道路上迈出了关键性的一步,国美也由此成为中国家电零售领域走向海外的第一商家;2004 年 2 月,国美启动"彩虹服务",并与海尔、海信、科龙、新科等知名家电制造企业结成服务联盟,开创了中国商业活动通过电视台直播的先例;2004 年 8 月,国美电器出台今后 5 年经营和品牌建设目标,根据目标要求,国美将总部原有的七大中心组织架构调整为营运、营销、行政、财务和监察五大中心,从而进一步推动企业快速发展;2004 年 8 月,国家商务部商业改革发展司公布了 2004 年上半年全国前 30 家连锁企业的经营业绩,国美电器以销售额 148.32 亿元位居第二名,在中国家电零售企业中位居第一;2004 年 9 月,国美电器在香港首次成功募集资金 12 亿港币;2005 年 2 月,国美划分东北区、华北一区、华北二区、华东区、华南区、西南区、华中区七大区,建立国美电器大区管理制;2005 年 6 月,鹏润集团与爱多集团共同组建公司,研发自有品牌的家电产品。此次合作有助于提高国美的竞争实力,提供给消费者更多市场适应强,性价比更高的产品,此举并不代表鹏润集团或鹏润集团旗下的国美电器进军生产制造领域;2005 年 6 月,鹏润集团与大连万达集团缔结战略合作伙伴关系,双方携手共同发展商业地产;2006 年 2 月,国美电器与美国基金公司华平投资集团达成协议,华平通过认购国美电器发行的 1.25 亿美元可转换债券及 2500 万美元认股权证投资国美电器,双方建立战略合作关系;2006 年 2 月,国美电器宣布正式进军澳门市场;2006 年 2 月,国美电器正式成立大客户拓展部,全力发展集团采购业务;2006 年 2 月,国家商务部商业改革发展司公布 2005 年全国前 30 名连锁企业的经营业绩,国美电器以年销售额 498.4 亿元位列第二,蝉联中国家电零售企业第一;2006 年 5 月,国美与英特尔实现战略合作,表明国美在 IT 渠道的影响力正在增强;2006 年 7 月 25 日,国美电器有限公司与永乐(中国)电器有限公司宣布启动合并;2006 年 8 月,国美与中国工商银行联合推出牡丹国美信用卡,在会员制服务领域取得新的突破。

由此看来,国美之所以能够不断发展壮大,一个很重要的因素就是它的内部价值链,其次为顾客。

至于三一集团的组织创新来源则以内部价值链为主,较少的是创造性重构(全球化),所谓的"内部价值链"(Internal Value Chain)是指公司内部价值链中的任何机能都可能成为创新的来源,因此创新的重要来源是指公司内部的价值链与综效以及创造性重构(全球化)。近来,汽车工业的主要变化之一,就是从垂直整合走向垂直分工,其主要因素是汽车工业的每一个环节,都进步神速,也都需要持续庞大的投资。所以每一个环节都自己生产的,所谓垂直整合公司,其在资金、研究及管理上都渐感力不从心,于是垂直分工乃成为一种趋势。三一集团下辖三一客车、三一汽车、三一重装等子公司的成立,可谓是三一走向垂直分工体系的开端。由于三一集团本身不断的扩大,带动了相关产业如上游的设计、下游的组装及测试业的兴起,并朝向专业化、结盟的方式来经营。因此,汽车业组织创新的重要来源乃是内部价值链与创造性解构(全球化)。

通过以上个案访谈的结果,对于 TBC 下的企业组织创新是如何(How)及为什么(Why)会有出现、发展、成长及结束等过程有了更清楚的剖析,特别的是,不同的行业,其组织创新的来源亦有所差异,阿父哈(1998)的模式提供了一个完整的分析架构,来说明组织创新发生的可能原因。

此外,本研究也根据六家个案公司深度访谈的结果,其组织创新的阶段模式,与沃尔夫(1994)整理出来的组织创新阶段模式,并列比较分析如表 5 - 1 所示:

对于组织创新阶段的探讨,本书探讨的个案公司对于组织创新阶段的看法并不一致,产业竞争压力很大的结果,常会使得企业组织创新的阶段缩短,以便提早获得成效,一般企业对理论上所提出的模式多是持正面赞成的意见,只不过在不同的背景与环境下,企业会修正其执行的阶段。表 5 - 1 所汇整出来的组织创新阶段,是个案公司认为在组织创新的过程当中比较重要的部分。

表5-1   六家个案公司组织创新阶段模式与沃尔夫模式的比较

阶段 提出者	1	2	3	5	5	6	7	8	9	10
沃尔夫	概念	知觉	搭配	评价	说服	采用决策	执行	确认	例行化	鼓吹
华为公司	▲	▲	▲	▲		▲	▲	▲	▲	
联想公司	▲	▲	▲		▲	▲	▲	▲		▲
方正公司	▲				▲	▲	▲			
海尔公司	▲	▲	▲		▲	▲	▲	▲	▲	▲
国美公司	▲				计划	▲	▲			
三一公司	▲	▲	▲			▲	▲	▲	▲	▲

143

5.5   以过程观点构建的组织创新模式

5.5.1   组织创新影响因素分析

过程理论研究取向的研究重点在于探讨创新过程的特性,研究的模式通常是以"阶段/过程模式"(Stage/Process Model),以"内部组织的观点"来探讨"组织创新"的过程,并试图了解各过程之影响因素。探讨"过程"模式时,探讨的重点为"何种因素可能将导致创新执行的一连串事件"。本节就组织创新的过程深入探讨,以组织创新研究著名的学者阿马布勒(1988)所提出的组织创新五大阶段(见图5-1)模式为发展基础并加以修正,与阿马布勒模式最大的不同点在于本书建构的模式并不是偏重于个人因素,因为阿马布勒强调个人创造力是组织创新的主要元素,无个人创造力便无组织的创新。通过个案访谈之后,本书认为影响组织创新过程的因素范围非常广泛,归纳起来可以分成个人因素、组织因素与环境因素,每一家公司对影响因素的相对重性看法均不相同：华为、联想与方正均认为个人、组织、环境对组织创新皆有影响且必须相互配合；国美认为个人因素影响较大；三一集团认为组织因素影响较大；海尔则认为环境因素才是最重要的因素。六家个案公司组织创新重要影响因素比较分析如下：

（1）华为公司：认为环境快速的变化，个人可以很快地改变以顺应环境，而改变组织却较缓慢，而其中的利害关系则是组织会直接影响环境、个人的搭配，因此个人、组织、环境必须相互配合。

（2）联想公司：第一，认为个人和经验有关：应确认其角色的扮演，且要先确定个人在执行这个组织创新的过程当中的目标是否明确、资源是否足够。如果面临不确定因素很高时，抗压性是否足够？所以在初期时，个人一定要有很强的意志力和学习的能力去突破，从中学习经验，才能在组织中发挥特性。第二，认为组织与资源供应有关：涉及组织给予的弹性、灵活程度的定位，定位不清或弹性不够会造成问题产生，一般组织给予的资源与支持度越多，则成功率越高。第三，认为环境、速度和外界压力有关：当环境压力很大、压迫感多、要求性很强烈的时候，人在这环境中的速度会变得非常快，且环境压力越大，组织给予的权力相对会比较大，相对的也会激发出创新来。若组织为一个有机体，而人会是一个变量，环境就是后面的推力。倘若没有压力、没有变化，组织也不会有变化。因此，个人、组织、环境相互影响且必须相互配合。

（3）方正公司：首先，从加强宣传做起，变"要我创新"为"我要创新"。其次，组织内团队的愿景、念力、愿力都会对创新有着影响力。最后，是环境，个人与组织都是架构在环境上的，而环境便是提供资源与条件，如果没有这个先决条件，组织的创新可能就无法达到目标，所以这三项是相互配合的。因此，个人、组织、环境必须相互配合。

（4）海尔公司：若公司一直处于利润高于成本的情况，将不易有变革、创新的念头，但是若当环境遇到了很大的变化致使公司走下坡路时，公司就可能思索应该做大刀阔斧的改变。因此，环境因素对组织创新至关重要。

(5)国美公司:认为个人包含了多方面,如客户、主管、执行员工、远程消费者等,他们都对组织创新有深深的影响。因此个人因素对组织创新具有决定作用。

(6)三一公司:认为舒适、欢乐的组织气氛可带动员工创新的想法,因此组织因素对组织创新有重大影响。

个案企业所提到的与个人、组织、环境三因素相关的观念分述如下:

(1)影响企业组织创新的个人因素

1)华为公司

①关键人物

华为公司认为关键人物会影响组织创新的过程。个人因素的影响力是很重要的,而个人因素中的领导者、变革推动者及创意领袖,由于在公司中担任要职,会比一般员工更容易了解到企业目前需要的是什么,如果要与外界保持既有的竞争力,需要推行的政策又是什么,因此可以在这快速变动的 IT 业中出奇制胜。

②组织成员创造力

因为有人与人的相处、接触才知道对方的需求是什么,而华为公司通过员工与顾客之间的相处,可了解到其需要的是什么样的产品和服务。让员工与顾客接触,听取意见和不足,加以改进,从而为华为开发更多的潜在消费者。

2)国美公司

①关键人物

在访谈国美的过程中,受访者强调组织创新要能顺利推动,必须由最高主管来进行推动,不管是董事长还是总经理都应该带头做起,将所要推动的观念或理念推行到下层的员工中。因为这牵涉整个组织的心态改变(Mindset Change)。

②个人心态(Mindset)

改变人的心态是最困难的,因为每个人的个性、处世态度不同,而一位主管所写的计划,可根据自己的想法去进行;可是要将计划丢给较

145

大的团队去执行,使每个人都要有共同的想法,而这是最困难的地方。

3)海尔公司

①组织成员创造力

为了使员工提高工作效率,海尔特别成立了"心理咨询部",设置了"情绪发泄室",让员工能在轻松、舒适的环境下激发员工们的创造力。

②关键人物(领导者)、个人心态(Mindset)

海尔认为,一般好的公司在推动创新时,一定都是"强势领导",在做决策时高级主管一定会先有主见,而这些主见的来源可能包含了启发、外界的刺激、一件事的推论等。而当其他人有意见时,并不会改变领导者的想法,只会修正他的想法而已。

4)联想公司

联想认为,个人因素中,个人和经验是有相关的,个人在组织中应确认其角色的扮演,且要先确定个人在执行这个组织创新的过程当中,目标是否明确,资源是否足够,而面临不确定因素很高时,抗压性是否足够?所以在初期时,个人一定要有很强的意志力和学习的能力去突破,从中学习经验,才能在组织中发挥特性。

5)方正公司

方正较注重组织成员个人发展的方面,从组织成员个人的身心来做起,认为如果一个人太过于自满的话,便无法创新,组织成员无法创新的话,对公司而言便无从成长。

(2)影响企业组织创新的组织因素

1)华为公司

①组织资源

华为公司一开始即将公司的工作环境、办公设备及对待客户的制度架设完善,且公司内部全面 E 化,他们将一些程序的工作 E 化,节省很多时间成本。华为公司认为因为他们提供了员工完备的组织资源,推动公司不断的创新。

②组织文化、组织气候及组织结构设计

华为公司的组织文化为亲切、诚实、乐观、专业、主动、团队。他们非常重视其组织文化,也因此做了一本小册子记载许多小故事,为的就是将其组织文化传承下去。

华为公司很强调他们的组织气候,他们让其员工可以在欢乐的气氛中工作完。在组织结构方面,华为公司是属于较扁平且一般性的,并没有明显的位阶观念。华为公司认为活泼的组织文化、气候及其扁平的结构设计得以让员工在愉快的气氛中将问题决解,也因为工作无负担,加快了其不断创新的脚步。

2)联想公司

①组织文化

很多企业都主张建立"以人为本"的企业文化,而联想对"以人为本"的理解是:通过联想事业目标的实现来达到员工个人理想和高素质生活追求的实现。因而联想文化的核心理念是"把员工的个人追求融入到企业的长远发展之中"。有人曾这样诠释联想的文化:我们以"鲜活思维",全方位追求"创新"和"贡献";提供"新鲜"科技,让人人能够享用;用速度、弹性、零闲置的运筹体系,将新鲜计算机迅速送到客户手中;我们打造人性本善的环境,培养最具创造力的团队,发挥最大潜力,永保联想生生不息的活力,并对人类做最大的贡献。

②组织结构设计

一个组织的结构设计会影响到组织创新的发展,传统的层级组织,当组织越来越大时,就愈容易产生上层不了解下层的脱节情形,而且公司的决策必须花很多时间,还有营运成本太高等问题,所以联想提出 IO 联网组织。联想运用联网组织的管理模式,可以激励各个事业体的自主、独立与专注,同时又以简单的协议(Internet Organiza-tion Protocol ,IOP)彼此连接,有利于产生整个集团的综效与成果。各公司之间彼此连结整合,强化对外的竞争力量,对内则在共同协议的规范下,分享资源,使得每家公司可以独立而灵活的发展,做决策不必经过总公司的层层约束,因而错失了很多机会。

3)方正公司

①组织资源

方正已成功地导入企业资源规划系统(ERP),有效执行流程改

147

造,并积极推动供应链管理、产销供应网络化,提供顾客实时信息与最佳技术服务。

②组织文化

方正希望为员工们提供一个像家一般舒适的工作环境,让员工们随时随地得以调整步伐、保持最佳的工作状态。而由于方正内部有不同的制程(即制造过程),为有效管理,对于不同类型的制程有其不同的管理方式。

③组织结构设计

为了降低营运上的风险,方正采取创新的策略,向下做"垂直整合"。近年来方正集团确立了 IT、医疗医药双主业的发展战略,主动寻求跨越式发展机遇。

4)三一集团公司

①组织文化

"三一"的内涵源于"创建一流企业,造就一流人才,作出一流贡献"的公司宗旨,这是梁稳根创业团队创业时的抱负。如今,这成为三一文化最重要的组成部分和核心价值取向。"不断创新,我们未必会拥有一切;但如果停止创新,我们必定一切没有。"三一人找到了进军重工领域的突破口,那就是始终把创新看成是企业存在和发展的原动力,把高新技术打造成企业发展的核心能力。集团成立三一研究院,每年以高于行业平均水平 3 倍的投入进行科研开发,近300 名工程技术专家夜以继日地进行科技攻关和技术突破,采用先进技术与设在美国、法国和中国香港等地的三一工程师办公室实现全过程交互式并行设计、研究和开发。他们不惜重金在全国网络人才,一批工程机械行业的精英聚集到三一的麾下。他们因此建立起一套切实可行的制度:顾客投诉处理机制、一机(所售机器)一档制、服务指标检测管理制、完善的客户培训体系等等。为切实践行"一切为了客户,一切源于创新"核心理念,三一率先在全国开通"800"客户服务电话,组建了遍布全国的分公司、办事处和服务站网络,并斥巨资实施三一 CIMS 工程,建立起产品的制造、调试、试用、质检、安装、排故、维护全过程的监督管理系统。一个企业大部分东西是可以学习和模仿的,但少数个性化服务却模仿不了,正是这些服务锻造了三一集团又一核心竞争力。"如果我们已经做得很好,若不创新,明天就会落后,后天还是要被淘汰。"这就是三一集团的创新文化。

②组织气候

三一在组织气候中,认为组织与资源供应有关:涉及组织给予的弹性、灵活程度的定位,定位不清或弹性不够会造成问题发生,一般组织给予的资源与支持度越多则成功率越高。

(3)影响公司创新的环境因素

1)华为

华为公司在产业上的转变,在环境因素里所包含的范围较广泛,其中包括了顾客、科技、竞争对手等等,华为为服务顾客也为了保持自己的竞争力,对于基于时间竞争的环境反应比较敏捷,能够在较短的时间里采取应对之策,促成创新的产生。

2)海尔

①科技

科技的因素会影响组织的创新。以进入彩电业为标志,海尔进入黑色家电、信息家电生产领域。与此同时,海尔以低成本扩张的方式先后兼并了广东顺德洗衣机厂、莱阳电熨斗厂、贵州风华电冰箱厂、合肥黄山电视机厂等 18 个企业,企业在多元化经营与规模扩张方面,进入了一个更广阔的发展空间。海尔不断进行的内部创新,如成立彩电事业部、洗衣机事业部等,都是因为科技快速发展而影响到组织内部制度的改变。

②顾客

市场上网络教学盛行,海尔受到环境因素的影响,为因应消费者的市场需求,便创新组织的内部,成立技术指导部门来因应顾客的需求,规划网络教学。

③竞争者与相关行业

为了能在市场上有竞争力,组织从环境因素上做创新,因地制宜,欧洲海尔、中东海尔、美国海尔先后揭牌,有更多海外经销商加入到海尔的营销网络中。同时,海尔并购了不少相关企业,整合了零售市场与经销批发市场。

3)联想

联想一路走来,秉持着客户第一和以客为尊的热诚服务态度,联想将每个顾客当成自己家族成员,提供最新、最好的产品给顾客,此一理念促进了联想公司创新的产生。当竞争者在市场比自己先推出新产品提供给顾客,吸引顾客购买他们的产品或服务时,对于一个企业来讲无疑是一项严重的打击。因此,联想必须领先其竞争者推出新产品或服务来满足其原有的顾客或吸引潜在顾客,此一压力也促使联想必须不断地创新。

4)方正

①顾客满意度

随着科技的日新月异,再加上消费者的需求越来越多样化,企业如何提供符合消费者需要的商品或服务,已经是决定企业成功的关键之一。由于消费形态的改变,现在企业愈来愈重视顾客关系管理,宏碁集团面对网络新经济时代的愿景,是以客户为中心,加强制造营销能力,并发展数字服务与智能财产事业。

②竞争者

现在是新知识竞争时代,再加上信息产品的汰换率极高,竞争非常激烈,如何领先竞争对手建立企业的竞争优势是一大前提,同时面对未来全球竞争的局面,企业应该有经营国际化的宏观远见。

5)三一集团公司

①顾客

为了要对顾客的问题做最有效最快速的反应,因此组织以“团队式”的方式工作。

②科技

三一集团认为高科技产业,面对复杂的外部环境,必须快速作出反应。要提高自身的竞争力,要保持生存与发展,就要随时不断地创新、变革。

6）国美

①顾客

国美追求"以人为本"，视"客户满意度"为生命。本着追求卓越、精益求精的态度，认真地把每一件事、每一件任务做得最好，并随时检讨，发现不足，随时改进，追求并维持"客户全面满意"。

②竞争者

国美认为环境、速度和外界压力有关其涉及速度的问题，当环境压力很大、压迫感多、要求性很强烈的时候，人在这环境中的速度会变得非常快，且环境压力越大，组织给予的权力相对会比较大，相对的也会激发出创新来，若组织为一个有机体，而人会是一个变量，环境就是后面的推力，倘若没有压力、没有变化，组织也不会有变化。

5.5.2　以过程观点建构的组织创新模式

由于个案公司认为个人、组织、环境等三个因素对组织创新的影响均有其重要性，因此本研究修正阿马布勒（1988）所提出的组织创新模式，加入组织与环境等因素，特别是访谈过程中所提到与个人、组织、环境等三个因素的相关观念均加入模式当中，详见图 5 - 3。

图 5 - 3 是本书在访谈个案公司之后，修正阿马布勒（1988）提出的模式，所建构出来的组织创新模式，归纳出来的个人因素包括关键人物、组织成员创造力、个人心态与个人经验；组织因素包括组织资源、组织文化、组织气候与组织结构设计；环境因素则包括顾客、科技、供货商、竞争者、相关产业及政策等。而个人、组织、环境三个因素交互配合与互动，会影响组织创新的过程，至于哪一个因素对于组织创新有较大的影响力，访谈中并没有一致的结论，此部分将留待第 7 章实证研究时再详细讨论。

至于组织创新的过程，华为、海尔、联想、三一重工皆符合阿马布勒（1988）提出的模式，国美也是符合此模式的，但是它是跳着做的（跳过第二个阶段）。方正、国美则是较不符合此模式，是由阶段三先

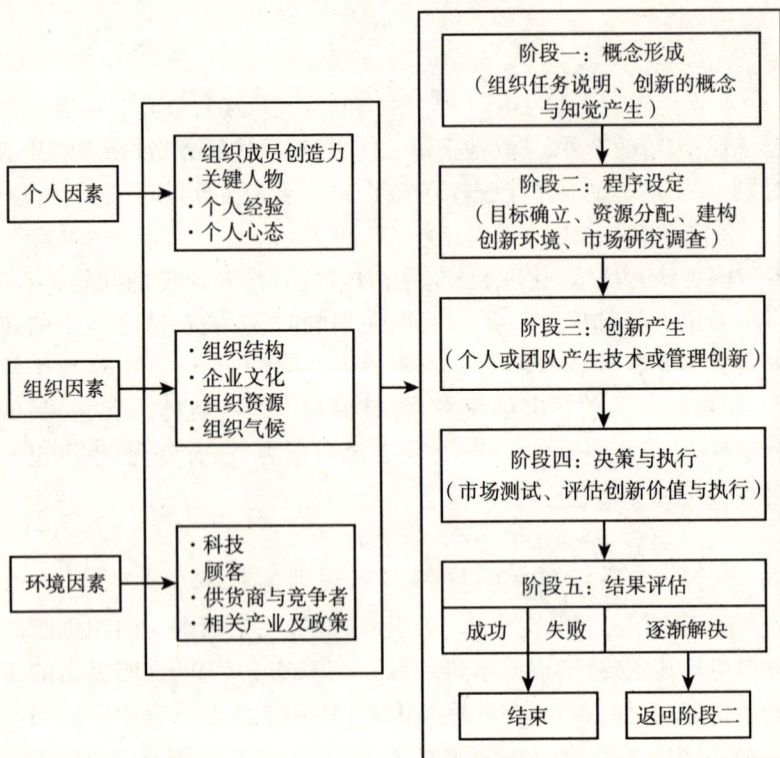

图5-3　以过程观点构建的组织创新模式

产生创意,再到阶段二、阶段四、阶段一、阶段五。本书以阿马布勒的
组织创新模型为基础,针对访谈结果修正该模式,如图5-3所示,共
分为五个阶段,分别是概念形成、设定程序、产生创新、决策与执行以
及结果评估,此模式与阿马布勒组织创新模式甚为接近,所不同的是
本研究的模式不明确强调影响组织创新过程因素与过程间的关系,
变项间明确的互动关系,可能需要通过大样本的实证研究方得以
验证。

152

5.6　本章小结

组织创新本身是一个动态的过程,如果单从组织创新的结果来进行研究就失之偏颇,无法窥得全貌。本章着眼于面向 TBC 环境的组织创新过程模式研究,过程理论研究(Process Theory Research,PTR)取向的研究重点在于探讨创新过程的特性,即研究创新是如何(How)及为什么(Why)会有出现、发展、成长及结束等过程,研究的模式通常是以阶段/过程模式(Stage/Process Model),来探讨"组织创新"的过程,并试图了解各过程的影响因素,主要的资料搜集方法是横断面的回溯调查及深度田野调查(In-depth Field Studies)。此外,长期研究组织创新的哈佛大学教授阿马布勒,以创造力三成分说(Componential Theory of Creativity)为基础,强调个人内在的动机、任务相关的技巧与创造性思考的技巧等对创新的重要性,并提出组织创新的五大阶段说(见图 5-1),特别重视个人创造力对组织创新的影响。本章探讨了个案公司的组织创新事件是否符合该模式? 若不符合应该如何修正? 本章通过国内六家知名企业的访谈结果,分析了面向 TBC 环境的组织创新的"来源"、"阶段"与"过程",实际访谈的结果与理论上建构的模式存在一些差异,本书也都针对差异的地方加以修正或解释。例如,组织创新的"来源":IT 业组织创新的重要来源是竞争者的外溢效果;家电组织创新的重要来源是内部价值链与创造性解构(全球化);零售服务业组织创新的重要来源是创新的环境因素与顾客;汽车业组织创新的重要来源于内部价值链,其次为顾客。组织创新的"阶段":产业竞争压力很大的结果,常会使得企业组织创新的阶段缩短,以便提早获得成效,一般企业对理论上所提出的模式多是持正面赞成的意见,只不过在不同的背景与环境之下,企业会修正其执行的阶段,某些阶段会被技巧性地跳过。组织创新的"过程":个人、组织、环境三个因素相互配合与互动,会影响组织创新的过程。当然阿马布勒(1988)提出的模式也获得不少企业的支持,只不过影响因素再加入组织与环境会更为严谨。修正后的组织创新过程模式将更值得企业管理同行及后续研究者参考。

此外,有许多变量间的相互影响关系,在访谈中无法得到更进一步的结论,本书不在此章进行推论,留待本研究第 7 章实证研究部分再深入探讨。

154

6　面向 TBC 环境的组织创新评价模式

本章主要目的在于建构并比较 TBC 环境下 IT 行业与零售服务业组织创新的构面及评估指标，进而分析不同产业组织创新的评价模式，以此作为 TBC 企业组织创新的依据及指导方针。此外，研究结果也可作为建构组织创新模式及创新理论的基础。研究方法上，本书通过文献分析法、人员深度访谈及小群体技术的运用，建构初步的组织创新评估指针系统，并通过多变量统计分析、因素分析及层次分析法，建立评估指针权重，最后建构出本研究的组织创新评估模式，研究结果显示 IT 行业组织创新较重要的构面为产品创新、策略创新、组织制度创新；而服务业则以外部关系创新、内部关系创新以及产品（服务）创新较为重要。

通过企业组织创新相关文献的探讨与分析，可以得知 IT 行业通过持续性的创新管理活动是获得竞争优势的关键因素，而过去评价组织创新的程度，大都是采用认知型问卷以主观指标来评估或是仅用一些简单的客观指标（如专利权、研发支出等等），并未考虑各构面与指标的相对重要权数值，因此很容易随填答者的主观认知产生偏差。鉴于此，本书将更进一步建构组织创新的评价模式。

本书所发展的组织创新评价模式，整合了"过程模式"和"评价量表"建构组织创新评价架构。除了"主观指标"之外，再加入可评价的"客观指标"建立初步的评价模式。在完成本书层级架构的建立之后，以层次分析法（Analytic Hierarchy Process, AHP）问卷通过对组织创新研究主题有所专长的专家学者进行构面与指标的成对比较，以求得层级与指标的相对权重，之后建构评价组织创新的计算公式，至此完成组织创新评价模式的建构。IT 业与服务业均采取相同的建构流程，尽管焦点群体与访谈的对象不同，然而建构流程却可以合并说明。详细的建构过程分别说明如下：

155

6.1 组织创新的衡量工具

组织创新的衡量具有多目标、不易衡量、模糊性及涉及认知行为等特性，因此建立一套完整且严谨的衡量模式，必须长期融合不同兴趣与专长的学术界与企业界专家方能完成。许多组织创新的实证研究常依研究者不同的观点与需要，而采用或发展不同内涵的量表，由于本研究的重要研究目的之一在于建构面向 TBC 环境的企业组织创新的评估体系，因此有必要针对较具参考价值的组织创新衡量量表进行回顾总结，以下将针对国内外较常被引用或较具代表性的量表与问卷说明如下：

6.1.1 KEYS 量表

在了解许多促进及阻碍组织创新的因素后，哈佛大学教授阿马布勒为进一步评鉴组织工作环境对于创造力与激励的影响，同其他教授合作了一项长达 20 年关于组织创新与创造力的研究计划，并于 1995 年发展出"评鉴创造性气氛"的 KEYS 量表（KEYS: Assessing The Climate for Creativity）。此一研究共有 12525 个样本，涵盖 21 种不同的产业，2796 家公司加入，并有 9729 个样本加入研究的行列。在 KEYS 量表中，除了依据阿马布勒教授长期与其他学者、机构合作研究的相关组织创造力的研究成果的外，同时亦整合伍德曼、索耶与格里芬（Woodman, Sawyer & Griffin, 1993）提出"影响组织创造性行为"的两类输入（Input）作用，包括：（1）团队特质（Group Characteristics），包括团队的形式、凝聚力、多元性、任务特质、解决问题的运作方式等。（2）组织特质（Organizational Characteristics），包括组织文化、资源、报偿系统、策略结构和技术焦点等。因此，在 KEYS 此一评鉴工作环境创造力的量表中，其完整的环境构面包括对创造力的鼓励、自主性与自由度、资源、压力以及组织对创造力的阻碍。在 KEYS 量表中，阿马布勒将整体影响创造力的工作环境类目划分为五大类目，进而由每一类目衍生出评估创造力的八大构面，包括：组织鼓励构面;主管鼓励构面;工作团队支持构面;自由度构面;足够资源构面;挑战性工作构面;工作压力构面;组织阻碍构面。其各环境因子的内涵如表 6 – 1 所示,量表题项与定义描述详见表 6 – 2。

KEYS 量表因为其架构完整,同时对于影响"组织创新气候"的影响构面分类明确且涵盖相当完整,并呼应许多学者研究的心得,因此,广为许多学者所采用,国内有些学者也以该量表为基础加以发展成本土量表,因此,阿马布勒的 KEYS 量表算是相当具有代表性的组织创新衡量量表。

表 6 – 1　KEYS 量表各构面内涵

工作环境中影响创造力的类别	评估创造力的构面	内涵
组织对创造力的鼓励	组织的鼓励	从高阶至低层管理者都有鼓励属下承担风险和产生创意的共同价值观;对新点子公平且支持性的评估。严厉条件、具威胁性的评估都会削弱创意,支持性、教育性的评估能增强内在对创意的激励;报偿和创意的承认——创意将因可预知的报偿而增强,例如、红利、竞争力的确定或一种能在未来从事更有趣、更好工作的认定;共同创意亦会经由参与管理、做决策而产生
	主管的鼓励	清楚的目标——对问题的明确定义;主管与属下开放的互动关系——公平、支持性的评估,不必担心削弱内在激励的负向严厉批评。主管支持团队的工作
	工作团队的支持	多元的团队成员——团队因成员背景的多元,相互激荡挑战价值观与点子,而且一起分享对方案的评价;开放的态度——在成员多元与相互开放的运作下,勇于揭露个人多样的点子,将能正面影响创造力思考
资源	充足的资源	研究指出,方案所需资源的提供会直接影响方案创意的高低;对资源充足与否的知觉亦会在精神上影响个体对于其所承担方案重要性的价值考虑
自主性或自由度	工作自主性	研究指出当个人与团队有高自主性而且认知其所有权,能掌握他们的工作和点子时,将有助于创意的增加;当个人知觉自己拥有如何完成任务的选择权时,会产生更多的创意工作

续表

工作环境中影响创造力的类别	评估创造力的构面	内涵
压力	过度的工作压力（负向）	很少研究有正相关,但仍有一些指出过度的压力会削减创意,适度的压力(例如紧急的、对问题本身作知识性的挑战等)则有帮助
	工作的正面挑战（正向）	时间的压力若被视为一种控制方法,则有害创意产生;若方案的时间压力与紧急重要性相伴而生,则对创意有正向帮助
组织中对创造力的阻碍	组织的阻碍	一些研究指出内部的争吵、保守主义、严格正式的管理结构有碍创意的发展。因为个人将这些视为控制的手段,增强外在激励、减弱内在激励,但内在本质的激励却是创意所必需的条件

资料来源:Amabile, T. M., Mary Ann Collins, Regina Conti Y. Elise Phillips, *Creativity in Context: Update to The Social Psychology of Creativity*, Boulder, Colo. Westview Press,1996,pp. 1159 – 1162。

表6 –2   KEYS量表题项与定义描述

构面名称	题数	定义描述（Description）	题项（Sample Item）
组织的鼓励	15	一个鼓励创造力的组织文化事经由对想法、报偿给予公平、建设性的评断,同时认可创意工作及发展运作新想法是一积极的流程,并分享组织未来的愿景	每个人都被鼓励以有创意的方式解决问题
主管的鼓励	11	一个具工作典范的主管必须要能设定适当的目标,支持工作团队、珍视个人贡献与信任工作团队	我的主管是一个良好的工作典范
工作团队支持	8	在多元技巧的工作团队中,每个人都能良好沟通,并以开放的态度来面对新想法,同时对他人的工作给予建设性的挑战,也帮助每一个人对工作体认到承诺感	在我的工作团队中有自由和开放的沟通
足够的资源	6	适当的资源包括资金、原料、设备和资讯	一般来说,我能得到工作上需要的资源

续表

构面名称	题数	定义描述(Description)	题项(Sample Item)
挑战性的工作	5	理解到必须在具有挑战性的任务和重要的方案上努力工作	在现在的工作上,我感受到挑战性
自由度	4	有自由去决定做什么工作、如何去做,而且觉得能控制自己的工作	我有自由去决定如何实现自己的方案
组织的阻碍	12	一个有碍创造力的组织文化可能经由内部政治性的问题、对新想法严厉的评断、破坏内部的竞争、避免承担风险或过度强势的组织文化	在组织中有很多关于政治、党派性的问题
工作压力	5	极端的时间压力。对生产力有不切实际的期待,并且无法专注于创意工作上(精神分散、心烦)	我在很少的时间内要做太多的工作
创造力	6	一个有创意的组织或单位,必须要能启发大量的创造力,同时人们也相信其生产创造性的工作	我的领域在组织中是创新的
生产力	6	一个有效能、效率与生产力的组织或单位	我的领域在组织中是有效率的

资料来源:Amabile, T. M. , Mary Ann Collins, Regina Conti Y. Elise Phillips, *Creativity in Context*: *Update to The Social Psychology of Creativity*, Boulder, Colo. Westview Press,1996,p. 1166。

6.1.2 IQI 量表(Innovation Quotient Inventory, IQI)

希金斯[①](Higgins, 1995)提出创新方程式的概念(见图 2 - 2),以麦肯锡公司提出的 7S 为构面提出诊断组织创新,并引进创新商数量表(Innovation Quotient Inventory, IQI),来衡量组织中产品创新、过程创新、营销创新及管理创新,因此衡量组织创新加总产品创新、过程创新、营销创新及管理创新的得分。表 6 - 3 举产品创新的 IQI 商

---

① Higgins, James M. , "Innovation:The Core Competence", *Planning Review*, 1995,23:pp. 32 - 36.

159

数为例来加以说明,评比的尺度由低至高为 1 ~ 10,共计 14 题,满分为 140 分,最低 14 分,得分高于 115 为创新的组织,100 ~ 115 为创新力颇佳的企业,85 ~ 100 尚可接受,57 ~ 85 有待改进,低于 57 指很少创新活动。然而该量表采取较实务观点来建构,题项涵盖的层次不足,因此,效度与信度仍有待改善。

表 6 - 3　有关产品创新的 IQI 量表

产品创新的特征	贵公司目前
策略	本公司有明确的产品创新策略;本公司相关的主管会制定产品创新的目标并加以评估
结构	通过策略联盟以获得产品创新;新产品需通过跨功能团队与供货商、顾客来达成
系统	对创意产品及创新加以奖励;本公司具备完善的管理信息系统来侦察环境并监控标竿的竞争者,以决定最佳实务及新技术,此外,也搜集市场情报,在组织内部交换信息
风格	以较特殊的方式来管理创新人才;从事产品创新时,允许员工犯错
用人	新产品开发时使用创造力的技术(如脑力激荡等方法);提供实体设施以利意见交换及创造性思考
共享价值观	本公司具有变革的价值观与组织文化;本公司鼓励立创新的组织文化
技能	新产品创造了新的机会而且能预应变革;不断创造新产品及服务

6.1.3　组织创新气氛量表

学者邱皓政(2001)发展了一套组织创意气氛量表,用于测量组织的环境对于创意行为助长或有害程度。为发展此量表,该研究用两年时间进行量表的开发工作,第一年以质化研究法,针对本土的组织与机关单位,挑选典型样本进行深度访谈,以深入了解发展性与时间性的组织影响历程,扩大创意组织气候所涵盖的范畴与内容。依组织的能力、意愿、资源等数个不同向度,整理出一般性组织成员所正向经验与负向经验,以发展测量工具。第二年以大规模的问卷,进行效度与应用性的研究,并扩及不同性质的组织与单位,进行后效分析。

第一年研究以深度访谈与自由反应问卷的施测为主,计完成 12 人次的访问,364 人的自由反应问卷施测,形成完整的分类架构,所发展出的核心向度计有"组织的价值与风格"、"工作的特性与方式"、"资源的提供"、"工作团队的运作"、"领导风格与能耐"、"学习与成长"、"工作环境与气氛"七项。第二年的研究工作为信效度分析,研究样本为 1338 名来自高科技产业、一般制造业、广告营销界、金融银行、保险从业者以及公务人员。除了施以组织创新气氛知觉量表外,收集各种背景数据、产业数据与背景数据,以进行各种检定。大样本施测的结果发现,全量表的信度良好,全量表系数 α 达 0.97,各分量表的信度介于 0.85 至 0.95,显示量表具有良好的内部一致性。此外,因素分析的结果发现稳定且符合预期的因素结构,七个因素共解释 72.59% 的变异量,显示量表的因素效度良好。各因素间具有中度的相关,符合编制者的期待。效标关联效度的数据显示量表分数与四项效标有良好的相关,以回归分析检测发现"组织理念"、"学习成长"与"团队运作"有独特的影响力,显示这三个因素对于组织创新气氛的影响有其特定的意义。所有的数据均证明该量表的适切性高,值得进一步的推广运用。

6.1.4　组织创新衡量模式

蔡明田与庄立民等[①]人(2002 年)以台湾高科技企业为研究对象,建构合适的组织创新衡量模式,该研究主要目的在建构台湾高科技企业组织创新的构面及评估指针,进而了解当前台湾高科技企业的组织创新的能力与水平,并拟作企业能力改善的依据及指导方针,此外,研究结果也可作为建构组织创新模式及创新理论的基础。研

---

① 蔡明田、胡联国、庄立民:《组织创新——概念架构与命题之建立》,第五届两岸中华文化与经营管理学术研讨会,2002 年。

究方法上,该研究通过文献分析法、人员深度访谈及小群体技术的运用,建构初步的组织创新评估指针系统,并通过多变量统计分析与因素分析及层级分析程序法,建立评估指针权重,建构出高科技企业的组织创新衡量量表。该研究结果显示一企业组织创新能力的发挥以"产品创新"、"流程创新"、"组织结构与气候创新"较为重要,组织创新衡量模式见图6-1所示。该研究模式有别于过去的衡量问卷,多

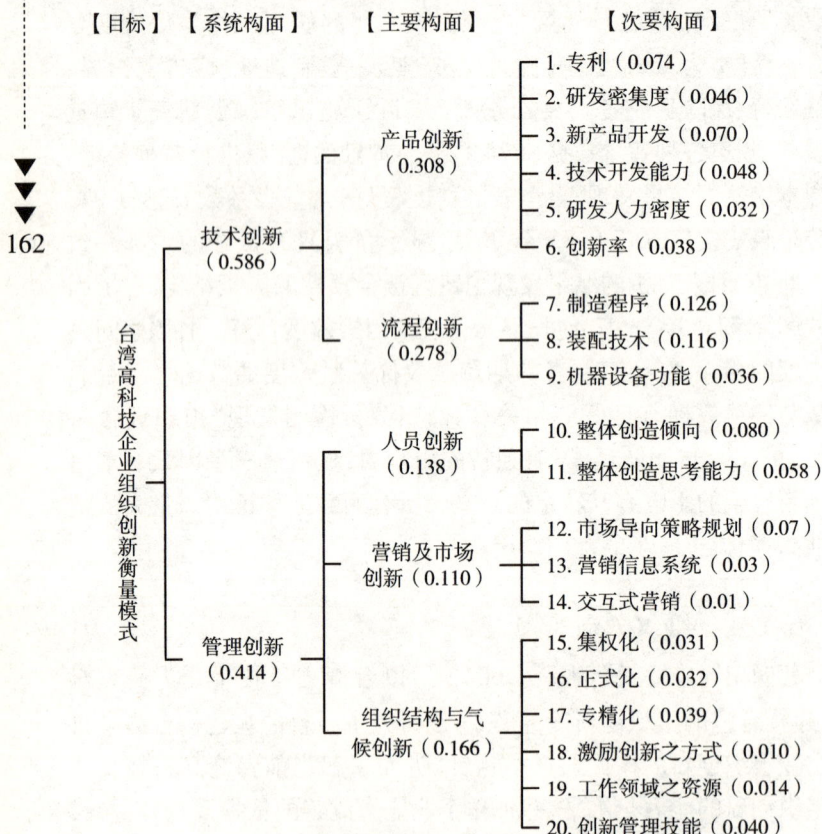

162

【目标】　【系统构面】　　【主要构面】　　　　【次要构面】

台湾高科技企业组织创新衡量模式

技术创新
(0.586)

产品创新
(0.308)
- 1. 专利(0.074)
- 2. 研发密集度(0.046)
- 3. 新产品开发(0.070)
- 4. 技术开发能力(0.048)
- 5. 研发人力密度(0.032)
- 6. 创新率(0.038)

流程创新
(0.278)
- 7. 制造程序(0.126)
- 8. 装配技术(0.116)
- 9. 机器设备功能(0.036)

管理创新
(0.414)

人员创新
(0.138)
- 10. 整体创造倾向(0.080)
- 11. 整体创造思考能力(0.058)

营销及市场创新(0.110)
- 12. 市场导向策略规划(0.07)
- 13. 营销信息系统(0.03)
- 14. 交互式营销(0.01)

组织结构与气候创新(0.166)
- 15. 集权化(0.031)
- 16. 正式化(0.032)
- 17. 专精化(0.039)
- 18. 激励创新之方式(0.010)
- 19. 工作领域之资源(0.014)
- 20. 创新管理技能(0.040)

图6-1　台湾高科技企业组织创新层级架构与指标

资料来源:蔡明田、胡联国、庄立民:《组织创新——概念架构与命题之建立》,第五届两岸中华文化与经营管理学术研讨会,哈尔滨工业大学与台湾成功大学共同主办,2002年。

为认知型问卷,只能对主观指标进行分析,有一定缺陷与限制,故该研究加入了客观指标与权重的概念,使组织创新的衡量模式更加严谨。本书也将以此概念为基础继续发展组织创新的评价模式。

6.2 本书的评价架构

经过整合文献数据所得的第一阶段层级架构与指标后,除了与五位创新管理、科技管理与组织理论专长的学者进行焦点群体的讨论之外,为了深入探讨专家、学者对于组织创新的层级架构与评价指标的看法及意见,以建立较为严谨的分析架构。本书特请国内相关领域的专家学者共 20 位(学界 10 位、业界 10 位,学界主要是以研究创新管理相关课题的教授为主、业界则是以高科技企业负责研发部门业务或行政管理业务的高阶主管为主),进行访谈或问卷的咨询,使构面与指标的严谨程度提高(IT 业与服务业各是不同的学者专家群)。

本书的有效样本以探索性因素分析方法进行题目的筛选,以主成分分析法删除解释力低的题项,原始数据经因素分析后,参考了组成该因素因子的内涵与负荷量分别予以重新命名,以利于共同因素的辨认及命名。因素分析后的架构则为本研究最终的评价架构(如图 6 - 2 所示)。

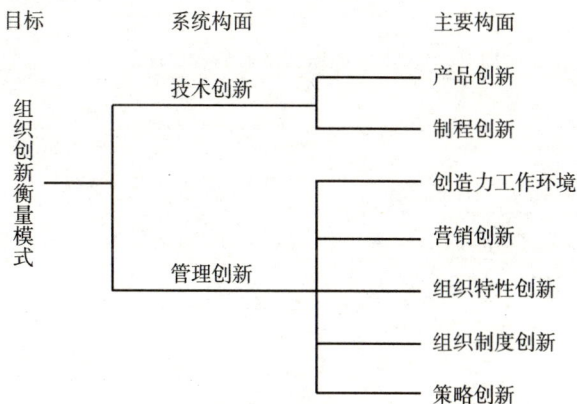

图 6-2 企业组织模式层级架构与指标

6.3 组织评价模式的建构

6.3.1 建立构面与指标的权重

以往组织创新评价指针的相对权重,大多采取"相等权重"(Equal-weight)的方式来处理,本书认为评价组织创新各指针的重要性应该不同。因此,本书再针对层级架构的构面与指标进行相对权重的评比。针对专家学者寄发 AHP 问卷,对本书所建立的组织创新的层级架构,进行各层级及指标的成对比较,以建构一完善的评价工具。IT 业与零售服务业组织创新评价模式的层级架构与各构面的指标,如图 6 - 3、图 6 - 4 所示。

164

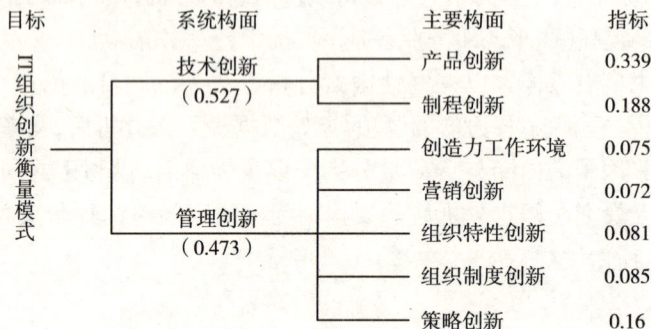

目标	系统构面	主要构面	指标
IT组织创新衡量模式	技术创新(0.527)	产品创新	0.339
		制程创新	0.188
	管理创新(0.473)	创造力工作环境	0.075
		营销创新	0.072
		组织特性创新	0.081
		组织制度创新	0.085
		策略创新	0.16

图 6 - 3 IT 业组织创新的概念性评价架构

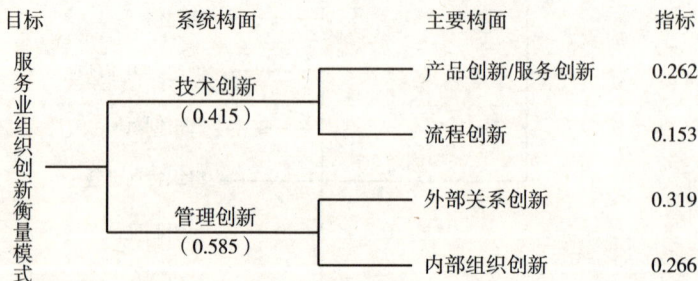

目标	系统构面	主要构面	指标
服务业组织创新衡量模式	技术创新(0.415)	产品创新/服务创新	0.262
		流程创新	0.153
	管理创新(0.585)	外部关系创新	0.319
		内部组织创新	0.266

图 6 - 4 服务业组织创新的概念性评价架构

(1)IT业组织创新评价模式

本研究在汇集专家学者的意见后,建立研究层级架构,共分为三个层级(分别为系统构面、主要构面与指标),“技术创新”与“管理创新”两大系统构面,系统构面“技术创新”分成“产品创新”与“制程创新”两大主要构面。而系统构面“管理创新”则分成“创造力工作环境”、“营销创新”、“组织特性创新”、“组织制度创新”、“策略创新”五大主要构面。七大构面之下则有70个指标(主观指标58个,客观指标12个),详见表6－4。

表6－4　组织创新评价模式的构面与指针

	主要构面	指标题项	指标性质
技术创新	产品创新	1. 本公司对顾客需求或市场潮流的掌握较同行(或同业)佳 2. 本公司新产品成功上市或新技术广泛被应用的机会很高 3. 本公司的产品或新技术在市场上创造出许多商机 4. 本公司在产品创新方面是相当有名气的 5. 本公司推出的新产品总是领导产业发展的方向 6. 本公司的新产品曾得过创新方面的奖项 7. 本公司能形成新的产品点子,来帮助开发新产品 8. 本公司能推出丰富而多样化的产品	主观指标
		9. 研发经费占总销售额的比率大约为______ 10. 科学家、工程师、程序设计师及技术人员占公司总员工人数的比率大约为______ 11. 本公司近三年开发产品的专利数约为______ 12. 本公司过去三年开发的新产品营业额占总营业额的比率大约为______	客观指标
	制程创新	1. 本公司经常引进一些可以改善制程或作业流程的新技术 2. 本公司同事经常可以想出许多改善产品制程或作业流程的新方法 3. 本公司能在短时间内调整生产的产量 4. 本公司能依照顾客临时、紧急的要求,弹性而快速生产并交货	主观指标

主要构面	指标题项	指标性质
创造力工作环境	1. 突破与创新是本公司的特色 2. 我觉得本公司欢迎不同的声音 3. 即使资源有限,本公司仍会支持有创意的方案 4. 员工经常因提出创意想法而得到奖励 5. 本公司鼓励每位员工用新颖的方式解决问题 6. 本公司经常鼓励员工尝试有创意、新颖的工作方案 7. 上司经常引导我们以"新观点"看"旧问题" 8. 上司经常会询问我们的意见 9. 上司经常带领我们脑力激荡 10. 开会时大家会表达自己的意见,并讨论想法 11. 团队成员经常互相讨论并产生新想法 12. 团队讨论会让我感觉"对事不对人" 13. 我觉得部门中有开放的沟通气氛 14. 开会时,大家会尊重别人提出的意见 15. 工作中有较多的自由发挥空间 16. 我觉得工作能让我发挥潜能,接受挑战 17. 工作让我随时保持灵活思考力 18. 我有权利决定如何实现自己的方案 19. 我可以主动运用新技术、新方法于工作上	主观指标
营销创新	1. 本公司在广告创新方面是相当有名的 2. 本公司常是市场第一个推出崭新的促销活动 3. 本公司推出营销活动总是领导产业发展的方向 4. 与其他竞争对手比较,本公司的营销活动是具有相当创新导向的 5. 本公司的广告曾得到过创新方面的奖项 6. 本公司会依据顾客反应和市场需求,不断改变服务项目和服务方式 7. 本公司目前有新的客户申诉处理方案,可以有效解决顾客抱怨和投诉 8. 本公司重视顾客关系管理(CRM)	主观指标
	9. 营销经费占总销售额的比率大约为_____ 10. 本公司营销费用总额占总销售额的比率大约为_____ 11. 本公司的销售成长率约为_____ 12. 本公司产品的市场占有率约为_____	客观指标

管理创新

166

主要构面		指标题项	指标性质
管理创新	组织特性创新	1. 本公司专业化程度很高 2. 本公司授权程度很高 3. 本公司采参与式的工作环境让成员更认同组织 4. 本公司掌握丰富的科技新知,能顺利导入创新的想法 5. 本公司在进行创新过程中获得行政支持度高 6. 本公司有良好的外部关系,可让组织获得进行创新所需要的资源 7. 本公司采用开放的沟通环境与良好的沟通渠道	主观指标
	组织制度创新	1. 本公司采用相当独特的员工征选制度,且有相当好的成果 2. 本公司设立了新的绩效评价方法,使主管能有效地了解员工达成目标的程度 3. 本公司采用新的薪资制度可有效地结合组织成员力量完成任务 4. 本公司采用的员工福利制度具有相当的独特性,且可有效地激励员工 5. 本公司会适时调整员工工作,以利企业目标的实现 6. 本公司会配合环境的需求,变更各部门的专业分工	主观指标
		7. 为了建立新的管理制度,公司所花费费用的总额约占总销售额的比率大约为_____	客观指标
	策略创新	1. 本公司能因应外部环境,以掌握市场机会 2. 本公司能掌握现有顾客及未来顾客的需求 3. 本公司能掌握竞争对手的做法,且采取适当的策略因应 4. 本公司具备充足资源(如人力资源、机器设备、资金或智力资本等),有利于组织创新的推行 5. 本公司拥有管理国际性配销通路的经验与能力 6. 本公司拥有建立及提升国际性品牌的经验或能力	主观指标
		7. 过去三年本公司组织结构大幅调整的次数约为_____ 8. 本公司资产报酬率(ROE)约为_____ 9. 本公司每股盈余(EPS)约为_____	客观指标

167

专家的意见回收汇总之后,进行各层级要素间的成对比较,将比率尺度划分从等强、稍强、颇强、极强、绝强,再加上介于二者的间的强度,共分成九个等级,其比重分别为 1 到 9。由专家学者对各层级要素间进行成对比较,再经比率尺度予以量化后,建立成对比较矩阵,求出其成对比较矩阵的特征向量,代表各要素间的优先程度或重要性,同时求算出特征值,以评定每个成对比较矩阵一致性强弱程度,作为评估的信息。至于系统的成对比较矩阵与主要构面的成对比较矩阵,详见表 6-5 与表 6-6。

表 6-5 系统构面的成对比较矩阵

	技术创新	管理创新
技术创新	1	1.112
管理创新	—	1

表 6-6 主要构面的成对比较矩阵

	产品创新	制程创新	创造力工作环境	营销创新	组织特性创新	组织制度创新	策略创新
产品创新	1	1.815	(1.089)	1.392	1.117	1.159	(1.781)
制程创新		1	(1.141)	(1.523)	1.072	1.015	(1.805)
创造力工作环境			1	(1.011)	1.005	(1.109)	(2.121)
营销创新				1	(1.349)	(1.056)	(2.083)
组织特性创新					1	(1.415)	(1.657)
组织制度创新						1	(2.279)
策略创新							1

为了验证本研究所采取的层级分析程序法意见是否符合假设,根据 Saaty 的建议,以一致性比率(Consistence Ratio, C. R.)来进行测试;若 C. R. ≤0.1,表示一致性达到可接受水平。本研究共有 20 份 AHP 有效问卷,先将所有专家学者对各层级构面及指针的成对比较

分数,求得几何平均数,形成成对比较矩阵。

结果发现,就全体 20 位专家学者(学术界与企业界专家)而言,IT 业组织创新系统构面的重要性依序为"技术创新"(0.527)、"管理创新"(0.473),主要构面的重要性依序为"产品创新"(0.339)、"制程创新"(0.188)、"策略创新"(0.16)、"组织制度创新"(0.085)、"组织特性创新"(0.081)、"创造力工作环境"(0.075)、"营销创新"(0.072),C. R. 值为 0.01,表示一致性达到可接受水平。

(2)零售服务业组织创新评价模式

以往对于服务业组织创新的相对权重,大多采取"相等权重"(Equal-weight)的方式来处理,本书认为评价服务业组织创新各构面的重要性应该不同。因此,本书再针对层级架构的构面进行相对权重的评比。针对访谈 20 位专家学者所做 AHP 问卷,对所建立的"服务业组织创新"的层级架构,进行各层级比较,以建构一完善评价工具。服务业组织创新模式的层级架构与各构面相对权重,如图 5 - 3 所示。在汇集专家学者的意见后,建立研究层级架构,共分为两个层级(系统构面和主要构面)分别为"技术创新"、"管理创新"两大系统构面,"产品创新/服务创新"、"流程创新"、"内部组织创新"、"外部关系创新"四大主要构面作为评价的依据。而四大构面以下则有 49 个指标(主观指标 42 个,客观指标 7 个)。专家的意见汇整回收之后,进行各层级要素间的成对比较。借由专家学者对各层级要素间进行成对比较,再经由比率尺度予以量化后,求出各构面相对权重。为了验证本研究所采取的层级分析程序法意见是否符合假设,根据萨蒂的建议,以一致性比率(Consistence Ratio, C. R.)来进行测试;若 C. R. ≤0.1,表示一致性达到可接受水平。

本研究共有 20 份 AHP 有效问卷,先将所有专家学者对各层级构面的成对比较分数。结果发现,就 10 位学者及 10 位高级主管而言,服务业组织创新系统构面的重要性依序为"管理创新"(0.585)、"技术创新"(0.415),主要构面的重要性依序为"外部关系创新"(0.319)、"内部组织创新"(0.266)、"产品创新/服务创新"(0.262)、"流程创新"(0.153),其中 C. R. 为 0,表示一致性达到可接受水平。

由上述结果可知,"管理创新"对于组织创新的重要性高于"技术创新",由此可知服务业的主要商品是"服务",而综合服务业的特性其主要的项目为:劳力密集;商品无形且无法储存;无法大量生产;服务人员与顾客有高度的接触;商品质量高低系于被服务者的感觉;顾客只在服务提供过程中与服务者接触,可以了解服务业并不是需要高技术的产业,因此管理创新的重要性才会高于技术创新。

在管理创新中,由于服务人员与顾客有高度的接触,顾客只在服务提供过程中与服务者接触且服务质量高低在于被服务者的感觉,可以明白顾客在服务业中占有十分重要的地位,甚至服务质量的好坏都由顾客来决定,因此,才会造成外部关系创新的重要性高于内部组织创新。在技术创新方面因服务本身的易逝性也就是服务生产的同时也被消耗,因此其流程有时非常短暂,所以产品创新/服务创新的重要性会高于流程创新。

6.3.2 建构评价组织创新的计算公式

在求算出本研究所发展的企业组织创新的构面权重及指标权重之后,将指针(IT 业 70 个、服务业 49 个)加以标准化(Normalization)求算标准值(Standardized Value,即 Z 值),标准化的主要目的在于各指针不受单位不同的影响,而 Z 值将介于 0 与 1 之间。各指标的标准值加总后得到指标总和的标准值,即得到各主要构面的标准值;各主要构面的标准值乘上其权数后加总即得到各系统构面的标准值;各系统构面的标准值乘上其权数后加总即为企业组织创新程度的得分。

本书利用 AHP 法求得各层级构面与指标的权数值的后,结合简单加权法(Simple Additive Weight,SAW)建构 IT 业组织创新评价模式,将模式中各层级变量及指针变量加以标准化后与其相对权重相乘再加以加总来表示,意即利用线性组合(Linear Combination)的方式来建构组织创新评价模式及计算得分,其计算方式如下所示:

$$A_{ij} = \sum_{l=1}^{n} Z_{ijk} \qquad (式 6.1)$$

其中,Z_{ijk} 为第 k 个指标的标准化数值;

A_{ij} 为第 ij 个主要构面的得分数值。

$$A_i = \sum_{k=1}^{m} W_{ij} \times A_{ij} \qquad (式6.2)$$

其中,A_{ij} 为第 i 个主要构面的标准化数值;

W_{ij} 为第 i 个主要构面的相对权重值;

A_i 为第 i 个系统构面的得分数值。

$$IO = \sum_{i=1}^{2} W_i \times A_i \qquad (式6.3)$$

其中,A_i 为第 i 个系统构面的标准化数值;

W_i 为第 i 个系统构面的相对权重值;

IO 为组织创新的得分数值。

6.4   组织创新评价模式的跨产业比较分析

6.4.1   IT 业组织创新评价模式的建构

此部分旨在建立 IT 行业组织创新的评价模式。经过严谨的研究方法不断考验与修正,建构了"IT 行业组织创新评估模式"。本书以"组织的创新能力"的研究取向,来建立组织创新评价模式,并以多元观点定义组织创新。本书建构的组织创新的评价模式,综合了许多文献与学者专家的意见,因此本模式多能与过去学者所提的主张相呼应并相互验证。本书参考了许多专家学者思考本土化信息电子业评价组织创新应该加入的构面,此外,同时加入了客观与主观的指标,并提供了一套严谨的计算方式,对于组织创新的评价,本书提出许多具有建设性的改善方向。

就各构面的权数而言,综合学术界与企业界专家的看法,"技术创新"对于组织创新的重要性高于"管理创新";"技术创新"系统构面中"产品创新"重要性较高;"管理创新"系统构面中"策略创新"、"组织制度创新"与"组织特性创新"重要性较高。上述系统构面中较重要者,多为因应环境与顾客需求的构面,如"产品创新"与"策略创新"两构面,"策略创新"之后随之而来的是组织的调整与创新,故"组织制度创新"与"组织特性创新"也存在相当的重要性。此结果相当符合 Chandler 的"环境—策略—组织"理论。

6.4.2 服务业组织创新评价模式的建构

本书除了建构上述 IT 业组织创新评价模式之外,还试图建立服务业组织创新的评估模式,并以吉拉勒(Djellal)、戛路耶(Gallouj,2001)的模式为基础,经过严谨的研究方法不断考验与修正,建构了"服务业组织创新评价模式",本书以"组织的创新能力"的研究取向,来建立组织创新模式,并以多元观点定义组织创新,认为除了考虑技术创新的定义,也试图将管理创新纳入定义中,近代许多学者也持相同的看法(达夫,1978;丹麦普,1987,1991;意特莱等,1984;拉塞尔,1995;罗宾森,1996)。

根据本书的实证结果,"组织创新"的两大系统构面分别是"技术创新"及"管理创新",此与支持双核心模式的学者看法一致(埃文和布莱克,1967;达夫,1978;达夫,1989;丹麦普,1991),至于系统构面"技术创新"分成"产品创新"与"流程创新",此与达夫(1978)、金伯利(1981)、丹麦普(1984)、舒曼等(1994)等学者看法一致。而系统构面"管理创新"也通过文献汇整、专家咨询与 AHP 法建构了主要构面,主要构面"内部组织创新"及"外部关系创新"与吉拉勒及戛路耶(2001)看法一致,曾经有学者认为就服务业而言,产品创新/服务创新从字眼上不易了解真正的意义,而且流程创新与管理创新重叠性高,现在大部分的学者均认同本研究服务业组织创新模式的主要构面。

就各构面权数而言,"管理创新"对于组织创新的重要性高于"技术创新",由此可知服务业的主要商品是"服务",而综合服务业的特性其主要的项目为:劳力密集;商品无形且无法储存;无法大量生产;服务人员与顾客有高度的接触;商品质量高低系于被服务者的感觉;顾客只在服务提供过程中与服务者接触,可以了解服务业并不是需要高技术的产业,因此管理创新的重要性才会高于技术创新。

在管理创新中,由于服务人员与顾客有高度的接触,顾客只在服务提供过程中与服务者接触且质量高低在于被服务者的感觉,可以明白顾客在服务业中占有十分重要的地位,甚至质量的好坏都由顾客来决定,因此,才会造成外部关系创新的重要性高于内部组织创新。在技术创新方面因服务本身的易逝性也就是服务生产的同时也被消耗,因此其流程有时非常的短暂,所以产品创新/服务创新的重要性会高于流程创新。

6.5 组织创新与顾客导向、时基绩效的关系

时间作为一种等价于金钱、生产率、质量,甚至革新的有效武器,由于它的简单性、相对无偏性,以及对组织产出的可预测性而引起了人们的广泛关注[①]。正如斯达克所言,"今天,时间正处于关键边缘,企业在生产、新产品开发及推出、销售等方面管理时间的方式意味着一种最有效的新型竞争优势"。在高频率快节奏变化的竞争环境中,企业若能以最短的时间响应市场变化并满足顾客需求,就能赢得在市场竞争中的主导地位[②]。时基绩效(Time-Based Performance),反映了企业在产品研发、生产、销售及服务等整个价值创造过程的各个环节为争取速度和压缩时间所作出的努力和取得的成就,是衡量企业竞争优势的重要指标,对组织整体绩效和竞争能力具有重要影响。

时基绩效的中心任务是提高产品和服务价值创造过程的速度,尽量减少满足顾客需求的等待时间。这就要求企业密切关注顾客需求和市场环境的变化,并将捕捉到的相关信息在企业内部即时分享以据此对变化作出正确又迅速的反应,即时为顾客提供产品和服务。由此可见,顾客导向既是现代企业的基本经营理念,

---

① Chen Chung H. , "Balancing the Two Dimensions of Time-Based Competition", *Journal of Managerial Issues*, 1999(Fall) : pp. 299 – 314.

② Stalk , G. , "Time-the Next Source of Competitive Advantage", *Harvard Business Review*, 1988 , 66(4) : pp. 41 – 51.

更是影响企业时基绩效的一个重要因素。与此同时,顾客需求日益呈现出主体化、个性化和多样化的趋势,在考验企业的速度与灵活性之际,也对组织创新提出了更多、更高的要求。企业围绕顾客和市场需求确定组织目标和组织结构的同时,还必须进行持续不断的管理和技术上的创新,实施一系列基于时间竞争的新技术、新方法,乃至新战略和组织变革,才能及时有效地提供产品和服务满足快速变化的顾客需求。因此,组织创新对企业时基绩效水平的高低存在重要影响。

问题在于,顾客导向只是一种理念或文化,它并不能直接对组织时基绩效产生影响,必须借助于某些活动(比如组织创新或生产运作)来发挥对时基绩效的驱动作用。然而,顾客导向、组织创新与时基绩效三者之间到底存在什么样的关系,这正是本书试图探讨的问题。

174

6.5.1 理论基础与研究假设

(1)顾客导向与组织创新

目前已有大量关于顾客导向的研究,且不同学者对其定义不尽相同。德士潘德等认为顾客导向是指企业为了持续获利而将顾客利益放在优先于所有者、管理者和员工利益的第一位[1]。斯莱特的观点,顾客导向是一种重视为顾客创造价值并把它当成一种至高无上的组织目标以提供组织发展规范及舆论的组织文化[2]。Rindfleish 等认为顾客导向是指优先考虑顾客利益并不断创新卓越顾客价值的一系列行为和信念[3]。纳姆等(2003)则认为,顾客导向是指企业关注

---

[1] Deshpande, R. et al., "Corporate Culture, Customer Orientation, and Innovativeness in Japanese Firms: A Quadrad Analysis", *Journal of Marketing*, 1993, 57 (1): pp. 23 – 37.

[2] Slater, S. F. & Narver, J. C., "Market Orientation and the Learning Organization?", *Journal of Marketing*, 1995, 59 (7): pp. 63 – 74.

[3] Rindfleisch, A. & Christine Moorman, "Interfirm Cooperation and Customer Orientation", *Journal of Marketing Research*, 2003, (11): pp. 421 – 436.

于和顾客建立密切联系、识别其要求并努力为顾客提供高水平服务和高质量产品的程度①。综合上述学者提出的观点和认识,顾客导向实际上是一种价值观念和经营理念,是一种深层次的组织文化。顾客导向,意味着企业的发展战略和营销战略都应以满足多重顾客的需要为出发点和落脚点,要求企业能够在有限资源的条件下尽一切努力(但不能以牺牲所提供的产品或服务的质量为代价)快速识别、服务和满足顾客的需要和愿望。

顾客导向对组织创新是促进还是抑制作用,学者们对此有不同的看法。一些学者认为顾客导向有时会束缚企业的产品开发和创新活动,指出一些企业在工业化初期由于过分关注顾客而失去在行业中的领导地位②,因为如果过于倾听顾客的声音将会使企业囿于维持现状,由此导致无法关注突现的技术和新材料的利益③。甚至有学者指出,过于关注当前市场会阻碍企业的技术商业化④。而另有一些学者则持与之相反的观点,认为顾客导向有利于组织创新,且有少数学者运用实证方法检验二者之间的关系。如加蒂尼翁、休伯特和塞雷布(1997)⑤、汉等(1998)⑥、鲁克斯和法瑞尔(2000)⑦分别对

175

---

① Nahm, A. Y., Vonderembse, M. A. & Koufteros, X. A., "The Impact of Organizational Structure on Time-Based Manufacturing and Performance", *Journal of Operations Management*, 2003(21):pp. 281 – 306.

② Christensen, C. M. and Bower, J. L., "Customer Power, Strategic Investment, and the Failure of Leading Firms", *Strategic Management Journal*, 1996(17):pp. 197 – 218.

③ Ulwick, A. W., "Turn Customer Input into Innovation", *Harvard Business Review*, 2002, Vol. 80, No. 1:pp. 91 – 97.

④ Leonard-Barton, *Wellsprings of Knowledge: Building and Sustaining the Sources of Innovation*, Boston, Massachusetts, Havard Business School Press, 1995.

⑤ Gatignon, Hubert and Jean-Marc Xuereb, "Strategic Orientation of the Firm and New Product Performance", *Journal of Marketing Research*, 1997, 34(1):pp. 77 – 90.

⑥ Han, J., K. & Srivastava, R., K., "Market Orientation & Organizational Performance: Is Innovation a Missing Link", *Journal of Marketing*, 1998, 62(4): pp. 30 – 45.

⑦ Bryan A. Lukas and O. C. Ferrell, "The Effect of Market Orientation on Product Innovation", *Journal of the Academy of Marketing Science*, 2000, Vol. 28, No. 2:pp. 239 – 247.

美国企业、银行进行调查研究，并得出较为一致的结论，即企业以顾客导向为指导所采取的行动和作出的努力可以直接或间接提高组织创新能力。萨拉温和莉欧卡斯(2004)认为顾客导向的企业面临着更加残酷的市场竞争，因而能够更加积极主动地进行组织创新①。迈克特·迈特松(2006)更是探讨了顾客导向对组织创新的作用机理，认为顾客导向与任务冲突正相关，而任务冲突与组织创新正相关②。

以顾客导向为主的企业更关注顾客的态度、行为，能充分了解顾客心目中产品的独特价值以及预测顾客需求变化。企业既要重视为现有的顾客扩展产品种类，也要追求一种更深层次的对现有和潜在顾客的潜在需求的认识和再认识，并在新市场中发现机会、创新产品。这意味着企业必须采取持续创新战略，加大研究开发投入，通过改善产品包装、式样，提高产品性能或者提高服务质量，以及开发新产品和新服务，来满足不断变化的顾客需求。为了达成满足顾客需求、更好地服务于顾客的目标，企业必须投资于能够促进创新工作的设施和装备，进行组织变革支持跨部门工作，进行系统性创新思维和决策，变革管理模式赋予基层管理较多的决策权以启发员工更多的创新意识③，运用大量的信息和沟通技术去搜集更多更及时关于市场需求的信息，在产品研发/生产/销售/服务等重要环节上进行更多的创新。基于此，本书提出以下假设：

H1：顾客导向对管理创新具有显著的直接正向影响。④

H2：顾客导向对技术创新具有显著的直接正向影响。

① H. Salavou, G. Baltas and S. Lioukas, "Organisational Innovation in SMEs the Importance of Strategic Orientation and Competitive Structure", *European Journal of Marketing*, 2004, Vol. 38, No. 9/10: pp. 1091 – 1112.

② Makoto Matsuo, "Customer Orientation, Conflict, and Innovativeness in Japanese Sales Departments", *Journal of Business Research*, 2006, 59: pp. 242 – 250.

③ Doll, W. J. & Vonderembse M. A., "The Evolution of Manufacturing Systems: Towards the Post-Industrial Enterprise", *OMEGA*, 1991, 19(5): pp. 401 – 411.

④ Demanpour(1989)将组织创新分成技术创新和管理创新：管理创新指组织利用新方法或系统运作对组织结构、管理构成、管理策略、管理程序、管理方案及人力资源等组成要素进行的创新；技术创新是关于产品、技术、工作流程与产品创意的创新。

（2）顾客导向与时基绩效

时基绩效用于衡量时基竞争环境下企业在产品研发、制造、交货及客户服务等方面作出的努力和取得的成就，其竞争要点是压缩从产品开发阶段到生产、最后到交付给顾客的整个周期的每一个环节的时间，以取得竞争优势。[①] 在提高时基绩效的实践活动中，部分企业较为关注加快产品开发和投放市场的速度，而另一些企业则重点考虑压缩制造、交货和客户响应时间。理论界，一些学者也针对时基绩效展开了研究和探索，大多数集中探讨有助于提高时基绩效的实践方法，且具体研究结果存在不一致性。考虑到企业整体价值链（研究→产品开发→制造→市场→交货）的不同阶段及产品交付周期的各个环节，维克瑞等（1999）提出了用于衡量企业时基绩效的不同内容，他们将企业整体价值分配系统分为产品开发周期、新产品推出时间、生产周期及交货速度等四个维度，提出在时基竞争环境下应该主要从这四个方面出发来考察企业的时基绩效。在较少有实证研究的前提下，他们以家具产业为例，检验了时基绩效和财务、市场绩效指标的关系[②]。随后，约基等（2004）又将时基绩效分为产品投放市场时间、产品完成时间及对客户的响应能力三个维度（见表6－7），并检验了企业整合与时基绩效及组织绩效的关系。

以顾客导向为经营理念的企业，致力于建立并维持与顾客间长期且互利的关系，密切关注顾客的需求和市场环境的变化，努力识别顾客的态度和行为，了解顾客的现实与潜在需求，并将捕捉到的相关信息在企业内部即时分享以据此作出正确又迅速的反应。企业对顾客的需求越了解，其满足顾客需求的意愿就会越强烈。为了赶在竞

---

① Droge, C. , Jayaram, J. & Vickery, S. K. , "The Effects of Internal Versus External Integration Practices on Time-Based Performance and Overall Firm Performance", *Journal of Operations Management*, 2004(22): pp. 557－573. 刘群慧、胡蓓等：《组织结构、创新气氛与时基绩效关系的实证研究》，载《研究与发展管理》2009年第21期，第47－56页。

② Vickery, S. , Droge, C. & Germain, R. , "The Relationship Between Product Customization and Organizational Structure", *Journal of Operations Management*, 1999 (17): pp. 377－391.

争对手之前满足顾客的需求以赢得竞争优势和市场地位,企业本着明确的目标顶着时间的压力争取速度,以柔性的生产及管理为基础,采用基于时间的新技术和新方法,在保证高质量与低成本的前提下,提高对市场和顾客需求的响应能力。这意味着,在顾客导向经营哲学的指导下,企业将努力加快新产品/服务的研发及现有产品和设备的改良,加快新产品的推出,压缩产品生产周期,并提高客户服务速度。因此,顾客导向既是现代企业的基本经营理念,更是影响企业时基绩效的一个重要因素。基于此,提出如下假设:

H3:顾客导向对时基绩效具有显著的直接正向影响。

表6-7 时基绩效的维度及定义

维 度		定 义
产品投放市场时间	新产品开发周期	最小化新产品开发时间的能力
	新产品推出时间	最小化改良已有产品、增加现有品种、推出新产品时间的能力
产品完成时间	采购周期	最小化采购周期的能力(从订单安排到采购项目的交付时间,包括供应商提前期、运输、收货和检验)
	制造周期	最小化制造提前期的能力(从订单发放到生产区至产品完成的时间)
	交货速度	交付速度最大化的能力(从接受订单到最后交付的时间尽可能为0)
客户响应能力	售前客户服务	在顾客购买前对顾客的购买决定过程服务的能力
	售后产品支持	产品售出后提供支持以保证客户持续满意的服务能力
	对客户的快速响应	最小化迎合顾客需求时间的能力(通过快速的订单确认处理和顾客投诉处理;最小化获得顾客信息提前期)

(3)组织创新与时基绩效

在竞争激烈、动态变化的市场环境下,组织创新的重要性更加突出。在组织创新领域的研究中,越来越多的学者将创新和组织绩效联系在一起,认为不管是在何种产业,创新均会导致更好的组织绩效,建议企业必须进行创新以赢得生存和发展的竞争优势①。组织创新是企业在适应复杂多变的竞争环境过程中,通过不断的变革与创新来提高管理能力和组织绩效的有效行为,可以使企业成为一个具有选择能力与进化机制的动态组织。组织创新,有利于企业时基绩效水平的提高。就管理创新而言,一方面通过管理模式、运作方式和人力资源管理等方面的创新与变革,促进员工个体乃至组织整体与客户进行直接交流并以灵活的方式适应环境变化;另一方面在组织结构、业务流程等方面为压缩产品研发时间和产品生产周期、提高顾客响应能力提供便利。因此,管理创新致力于创造更流畅的管理系统和组织体系,为提高时基绩效创造良好的组织环境和管理基础。就技术创新而言,通过改良及创造产品生产工艺、流程、技术和服务,为提高时基绩效打造技术层面的有利条件。企业的技术创新能力越强,就越有可能快速进行产品研发和产品生产,也越有能力快速推出新的产品或服务向顾客提供增值服务并有效应对不断变化的市场和顾客需求。因此,组织创新对企业的时基绩效具有重要影响。

H4:管理创新对时基绩效具有显著的直接正向影响。

H5:技术创新对时基绩效具有显著的直接正向影响。

(4)管理创新与技术创新

丹麦普(1989)对组织创新理论进行归纳②,提出将组织创新分为“管理创新”与“技术创新”的双核心模式观点,并得到大多数学者的认同与采纳。作为组织创新的两个重要构成内容,管理创新和技术创新存在相互影响作用,二者协同运作,共同推动组织创新绩效。管理创新着眼于组织策略、组织结构及管理程序等方面创新,是改进

---

① 林义屏:《市场导向、组织学习、组织创新与组织绩效间关系之研究:以科学园区资讯电子产业为例》,博士学位论文 2001 年 5 月。

② Damanpour, A. et al., "The Relationship Between Types of Innovation and Organizational Performance", *Journal of Management Studies*, 1989,(11):pp. 587 – 601.

性的;技术创新着眼于产品、服务和生产过程技术等的创新,为企业的组织创新提供了物质技术条件,形成了相应的技术能力保障机制,是根本性的。技术创新是一个技术与经济、环境有机结合并一体化发展的系统过程,存在很多不确定性因素。技术创新的开展需要一个诱导机制,且其实施过程也需要监督与协调机制,而这些都离不开组织管理创新。通过管理创新,推动企业建立先进的管理模式和科学的决策程序,对技术创新的研究开发直至商业化的一系列复杂过程的各个环节进行科学合理的计划、组织、领导、协调与控制等,降低技术创新中的不确定性,加快技术创新的进程。因此,管理创新是推动技术创新成功的关键因素。

H6:管理创新对技术创新具有直接正向影响。

在上述理论研究基础上,结合个案访谈以及小组讨论,考虑顾客导向、组织创新与时基绩效的关系,建立研究模型(见图6-5)。模型包含了顾客导向、组织创新的两个构面(管理创新、技术创新)以及时基绩效。我们将讨论模型中各因素的相互关系,研究顾客导向、组织创新对企业时基绩效产生影响的路径与机制。

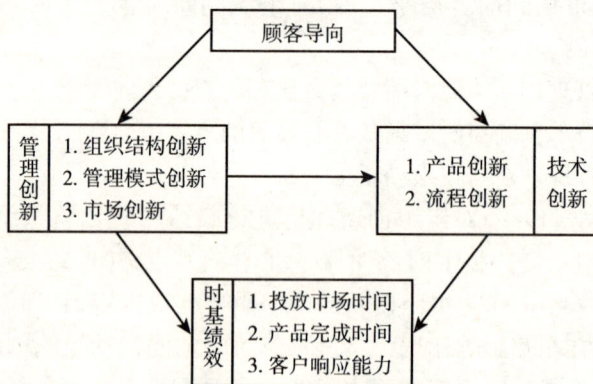

图6-5 本节的研究模型

6.5.2 研究设计

(1)研究样本

本书以我国汽车行业整车生产企业及零部件供应企业作为研究

对象。20 世纪 90 年代中期以来,国际汽车市场竞争格局发生重大变化,我国汽车行业面临越来越激励的竞争。在全国上规模的汽车整车及零部件企业中,经营规模、技术实力及跨国经营经验都处于世界领先水平的外资企业占有相当大的比重,他们以其雄厚的资本、高技术产品和运作经验在我国汽车市场竞争中占据绝对的制高点。近几年的残酷竞争,促使众多汽车行业企业在研发、设计、制造、销售及服务等重要环节上不断推陈出新以寻求生存的空间。汽车行业产品生命周期日益缩短、客户需求个性化增强的特征凸显,速度和时间成为与产品质量、成本同等重要的关注焦点,时基绩效毋庸置疑地成为衡量企业竞争能力的重要标准。本书以我国汽车行业为背景,研究在时基竞争环境下顾客导向、组织创新对企业时基绩效的影响,有助于明确这些变量之间相互作用的机制和路径,可以为我国汽车行业企业参与国际竞争、提高时基绩效提供参考。

181

设计问卷时,我们对两家大型汽车企业进行现场调查,并和 6 名中高层管理人员及汽车行业专家进行了深度访谈以确定问卷设计的可行性。正式调研之前,经过了预调研,由 30 名 MBA 学生对问卷进行预填,并根据反馈的意见对存在的问题进行多次讨论和反复修改,形成最终的问卷定稿。由于研究的需要,问卷所涉及的很多问题需要填写人从企业整体或是事业单元的层面回答才能搜集到较为可信的信息,因此,调研的对象选定为企业中高层管理人员,包括高层管理者、职能部门或事业单元负责人,以及分公司和子公司负责人。本次问卷调研共历时 6 个月,总计发放 300 份问卷,收回有效问卷 167 份,回收率为 55.67%。

167 份有效问卷涉及的企业主要分布于湖北、江苏、浙江、天津、广东、北京、重庆、四川、安徽、河南、广西等十几个省(市/区)。其中,汽车整车生产企业为 35 家(占 20.9%),零部件生产商为 132 家(占79.1%)。从企业设立的年限来看,样本企业包括成立不到 3 年的新企业,也包括长达 20 年以上的老企业,其中以 10 年左右的企业居多。从企业员工人数来看,800 人以上企业 54 家,约占 32.4%;300~800 人企业 73 家,占 56.3%;300 人以下企业占 23.9%。从企业性质来看,国有企业51家(占30.5%),民营企业家45家(占26.9%),三资企业70家(占42.6%)。问题填写人有17.9%为企业高管,56.9%为部门经理或部门负责人,25.2%为团队或项目负责人。从样本特征来看,本书样本覆盖范围较为广泛,具有较好的代表性。

(2)变量测量

为确保测量工具的效度和信度,尽量采用国内外现有研究开发使用的量表,并根据研究目的和行业特点进行适当调整(见表6—8)。

①顾客导向。不同学者研究顾客导向时给出不同的定义,同时也提出了与其定义一致的具体度量标准,如斯达克[1]、德士潘德[2]和丹麦普[3]等都建立了顾客导向的测量量表。考虑到本书工作的目的,选择丹麦普提出的顾客导向测量量表中的6个题项对顾客导向进行测度,该量表采用Likert 7级打分法。

②组织创新。本研究从管理创新和技术创新两个维度对组织创新进行研究。参考丹麦普及李明闯(2006)[4]提出的组织创新量表,并根据汽车行业访谈对象对组织创新的看法进行适当调整设计组织创新量表。该量表由15个问题项组成,采用Likert7级打分法进行测量。技术创新包含产品/服务、流程创新,分别采用3个题项进行测度;管理创新则是组织结构与管理方式创新,指组织在规划、组织、用人、领导、控制及服务方面的创新,其中又分为组织结构创新、市场创新与管理模式创新三个构面,各采用3个题项进行测量。

182

[1] Stalk, G., "Time-the Next Source of Competitive Advantage", *Harvard Business Review*, 1988, 66(4): pp. 41–51.

[2] Deshpande, R. et al., "Corporate Culture, Customer Orientation, and Innovativeness in Japanese Firms: A Quadrad Analysis", *Journal of Marketing*, 1993, 57(1): pp. 23–37.

[3] Damanpour, A. et al., "The Relationship Between Types of Innovation and Organizational Performance", *Journal of Management Studies*, 1989, (11): pp. 587–601.

[4] Li-Min Chuang., "An Empirical Study of the Construction of Measuring Model for Organizational Innovation in Taiwanese High-tech Enterprises", *Journal of American Academy of Business*, Cambridge, Hollywood, 2005, 6(1): p. 299.

③时基绩效。约基等(2004)提出的时基绩效三维度既考虑了研发、生产与交货,同时也涵盖了售前、售后及订单处理等价值链创造的所有环节,具有全面性和可操作性,兼顾了定性和定量指标。本书借鉴约基等人的研究工作,将时基绩效分为产品投放市场时间、产品完成时间和客户响应能力三个维度进行测量。其中,产品投放市场时间采用新产品开发周期、新产品推出时间 2 个题项度量,产品完成时间采用采购周期、制造周期和交付速度 3 个题项进行度量,客户响应能力采用售前客户服务、售后产品支持、订单处理以及对客户的响应速度 4 个题项进行度量。

(3)变量的因子分析与信度分析

利用 SPSS 11.5 对本研究所涉及的各变量进行信度检验,剔除变量中分项对总项的相关系数相关系数小于 0.35 的指标,并对变量进行确定性因子分析,结果见表 6 - 8。由表 6 - 8 可以看出,除了组织结构创新的柯能毕曲 α 系数系数为 0.69,其他各变量的系数均大于 0.7,因子载荷系数和可解释方差百分比的数值均很高,符合要求,表明本书整体具有较高的信度。

对顾客导向的六个题项进行 EFA 分析(特征根大于 1)的结果显示,它们具有单维度特点,KMO 值为 0.927(大于 0.7),各题项的载荷系数分别为 0.86、0.87、0.88、0.87、0.87 和 0.85(均大于 0.5),顾客导向的信度和效度检验结果比较好。

运用 AMOS 7.0 软件对管理创新、组织创新和时基绩效进行二阶验证性因子分析(CFA),以确认构建效度。管理创新的 CFA 分析结果为:$GFI = 0.924$,$CFI = 0.985$,$TLI = 0.980$,$RMR = 0.021$,$RMSEA = 0.053$,$x^2(45) = 82.126$,$P = 0.008$。管理创新的效度检验结果比较好。技术创新的 CFA 分析结果为:$GFI = 0.961$,$CFI = 0.990$,$TLI = 0.981$,$RMR = 0.014$,$RMSEA = 0.046$,$x^2(8) = 18.9$,$P = 0.015$。技术创新的效度检验结果比较好。时基绩效的 CFA 分析结果为:$GFI = 0.943$,$CFI = 0.965$,$TLI = 0.943$,$RMR = 0.031$,$RMSEA = 0.065$,$x^2(17) = 42.267$,$P = 0.029$,说明时基绩效的效度检验结果很好。

表6-8 变量的信度和效度检验结果

变量及量表			柯能毕曲α系数	因子载荷	能解释的方差百分比
组织创新	管理创新	组织结构		0.82	
		公司配合环境的需求变更各部门的职权分工	0.69	0.82	63.13%
		公司根据环境及客户需求的变化调整人员配置		0.85	
		公司依据顾客的需求改变服务流程及服务方式		0.83	
		市场 确定创新性市场战略		0.85	
		企业善于以特别的产品/服务来开拓新市场	0.70	0.88	63.50%
		善于利用价格工具来应付竞争和开拓市场		0.86	
		管理模式 引进新的管理知识和创新管理技术		0.91	
		以开明的领导方式带领部属发挥团队能力	0.88	0.90	79.99%
		采用新的管理方式达到激励部属及提高士气的目的		0.89	
	技术创新	产品 公司有相当高的利润是来自新开发的产品或服务		0.85	
		公司经常开发一些能被市场接受的新产品或服务	0.93	0.82	87.36%
		员工经常采用一些新产品组件或服务项目以提高公司绩效		0.81	
		流程 员工经常想出许多改善产品制程或作业流程的不同方法		0.87	
		公司经常引进一些可以改善制程或作业流程的新技术	0.91	0.85	84.84%
		公司会添购新工具或设备,对生产效率的提高很有帮助		0.87	

184

续表

变量及量表			柯能毕曲 α 系数	因子载荷	能解释的方差百分比
时基绩效	产品开发/改良	能快速开发新产品(新服务)	0.77	0.90	81.288%
		能快速改良已有产品/增加现有产品品种/引进新产品		0.90	
	产品完成	发出采购订单后能很快收到所采购货物	0.80	0.88	71.708%
		生产订单发放到生产厂区后能很快生产出产品		0.83	
		接受客户订单后能马上交货/或提供服务		0.83	
	客户响应	售前客户服务能力	0.83	0.90	74.299%
		售后客户服务能力		0.85	
		快速获得顾客信息、进行订单确认和处理顾客投诉		0.84	
顾客导向		公司在顾客服务方面有规范的测量标准	0.93	0.86	74.48%
		公司的产品和服务开发基于良好的市场及顾客信息		0.87	
		公司非常了解顾客如何评价我们的产品及服务		0.88	
		公司比其他竞争对手更关注顾客,顾客利益永远是第一位		0.87	
		员工相信企业存在的主要目的是为客户服务		0.87	
		公司的产品和服务是最好的业务		0.85	

6.5.3　模型的验证分析

综合上述分析可以看出,本书样本中各变量的信度、效度均达到可接受的水平,所以用单一衡量指标取代多重指标是可行的。因此,在对管理创新、技术创新和时基绩效的衡量模式上,以第一级各因素衡量项得分的均值作为该因素的值,再以第一级各因素作为第二级变量的多重衡量指标。如管理创新为潜在变量时,其观测变量为组织创新、市场创新和管理模式创新三个因素,这样可以有效缩减衡量指标的数目。之后,我们运用结构方程分析这些变量间整体的相互影响关系,统计软件使用 AMOS 7.0。理论模型如图 6-6 所示,潜在变量以椭圆形表示,观测变量以矩形表示。

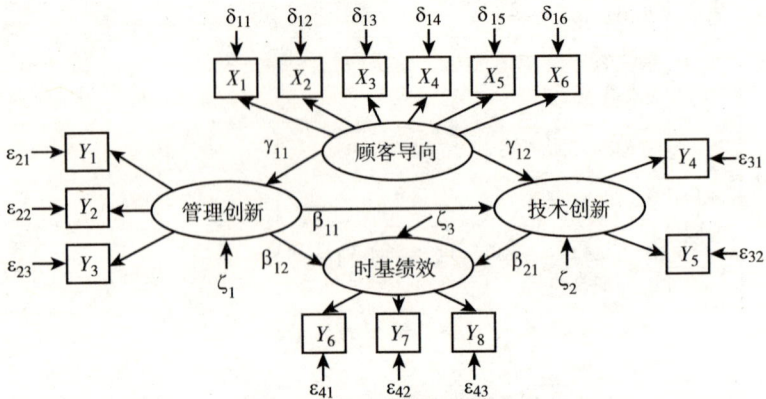

图 6-6　整体理论模型

　　我们从基本拟合标准以及整体模型拟合度来对本书模型适用性进行验证①。基本拟合标准结果见表 6-9,各个潜在因素的衡量指标(因素负荷量,衡量误差),都位于 0.4~0.95 之间的标准状态,且达到了显著性水平,说明本研究模型符合基本拟合标准。对管理创新、技术创新、时基绩效进行信度分析,组合信度都大于 0.65,因素分析的累积解释量都大于 0.5,所提出的整体理论模型具有较好的信度和内部一致性。

---

① Bagozzi, R. P. & Yi Y., "On the Evaluation of Structural Equation Models", *Academy of Marketing Science*, 1988, 6: pp. 76 – 94.

表6-9 整体理论模式的检验结果

变量	估计参数		组成信度	因素分析累计解释量
	因素负荷量	衡量误差		
管理创新			0.662	60.867
组织结构创新	0.600***	0.269		
市场创新	0.890**	0.192		
管理模式创新	0.570***	0.501		
技术创新			0.957	95.964
产品创新	0.961***	0.058		
过程创新	0.952***	0.074		
时基绩效			0.957	90.440
产品投放时间	0.944***	0.066		
产品完成时间	0.948***	0.175		
客户响应能力	0.876***	0.065		

注: *** 表示 $p < 0.001$，** 表示 $p < 0.01$，* 表示 $p < 0.05$。

整体模型拟合度指标是用来检验整体模式与观察数据的拟合程度，一般将适合度衡量标准分为三种类型：绝对拟合指数，相对拟合指数，简约拟合指数。如表6-10所示，模型的绝对拟合指数 RMR 和 RMSEA 均达可接受的范围，AGFI 略小于0.9的标准，基本可以接受；相对拟合指数 CFI、IFI、NFI、RFI 和 TLI 都非常好，大于0.9接近1；简约拟合指数 PNFI 和 PCFI 大于0.7，基本上可以接受。从整体上看，本研究的理论模型拟合度非常理想，可以用以检验提出的理论假设。

表6-10 模型拟合指数

衡量指标	拟合指标	模型估计	解 释
绝对拟合指数	x^2（概度比率卡方考验值）	106.6 （$df = 72$）	
	GFI（良性拟合指标）	0.918	很好，大于0.90
	AGFI（调整的良性拟合指标）	0.880	基本可以接受，大于0.80
	RMR（残差均方根）	0.022	非常好，小于0.05
	RMSEA（近似误差均方根）	0.054	很好，小于0.08

187

衡量指标	拟合指标	模型估计	解　释
相对拟合指数	CFI（比较拟合指标）	0.987	非常好，大于0.90接近于1
	IFI（增值拟合指标）	0.987	非常好，大于0.90接近于1
	NFI（规范拟合指标）	0.960	非常好，大于0.90接近于1
	RFI（相对拟合指标）	0.949	非常好，大于0.90接近于1
	TLI（Tucker-Lewis指标）	0.983	非常好，大于0.90接近于1
简约拟合指数	AIC（阿凯克信息标准）（理论模型）	172.552	理论模式AIC值小于饱和模式和独立模式的AIC值
	AIC（阿凯克信息标准）（饱和模式）	210.000	
	AIC（阿凯克信息标准）（独立模式）	2693.678	
	PNFI（简约规范拟合指标）	0.760	很好，大于0.5
	PCFI（简约比较拟合指标）	0.781	很好，大于0.5
	x^2/df（卡方值与自由度的比值）	1.481	$1 < x^2/df < 3$

　　理论模型的路径系数和假设检验结果见表6-11。从表6-11中的结构统计模型指数可以看出，H1、H2、H4和H5的P值都小于0.001，可见这些假设获得了支持。H3（时基绩效←管理创新）的P值大于0.05，未获得支持。说明管理创新并不能直接促进时基绩效水平的提高。因为管理创新主要着眼于组织结构变革、管理方案及管理策略创新，它能够改进企业的组织环境和文化氛围，提高技术创新的管理水平，为技术创新作用于时基绩效提供良好的运行环境，因此，必须通过某些中间变量如技术创新的作用间接提升时基绩效。

　　针对H3（时基绩效←管理创新）未能通过验证的情况，考虑到管理创新对时基绩效的影响可能更多地通过作用于技术创新间接实现，因此本书将此路径删除，对初始模型进行调整并修正，修正后整体理论模型及变量间的关系如图6-7所示。

表 6 - 11　理论模型的路径系数与假设检验结果

假设	变量间关系	标准路径系数	显著性水平	检验结果
H1	管理创新←顾客导向	0.202***	0.000	支持
H2	技术创新←顾客导向	1.168***	0.000	支持
H3	时基绩效←管理创新	0.033	0.545	不支持
H4	时基绩效←技术创新	0.929***	0.000	支持
H5	技术创新←管理创新	0.155**	0.009	支持

注:*** 表示 p<0.001,** 表示 p<0.01,* 表示 p<0.05。

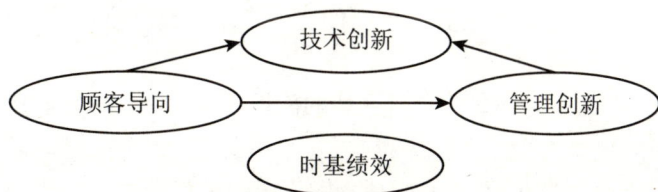

图 6 - 7　修正后的理论模型

6.5.4　结论与建议

本书通过文献研究、调查和访谈来构建研究模型,并选择我国汽车行业企业作为调查对象,研究顾客导向、组织创新和时基绩效的关系。结构方程模型分析结果表明:

(1)顾客导向对管理创新、技术创新具有显著的直接正向影响,但对时基绩效没有直接的正向影响

说明组织创新需要相应的文化理念支撑,顾客导向的组织文化和经营理念将引导组织创新活动围绕顾客进行,并推动管理创新和技术创新水平不断提升,从而更好地服务于组织快速响应不断变化的顾客需求的经营目的。另外,顾客导向不会直接提升组织时基绩效水平,而必须通过作用于组织创新来促进时基绩效的提高。这与丹麦普(Demanpour,1989)指出的以顾客导向为主要内容的市场导向的是一种组织文化,这种文化能更有效率和效能地创造必要的行为为顾客创造卓越的价值,以及其他学者提出的顾客导向是管理模式、

189

组织结构、产品创新活动和绩效的重要前提的观点是相似的。

（2）管理创新对技术创新有显著的直接正向影响，不能直接提升企业时基绩效

管理创新利用新方法或通过创新性系统运作为企业灵活适应、敏捷行动创造了组织结构、管理构成及管理策略等方面的重要条件，对于提高企业时基绩效至关重要。但是管理创新并不能直接推动时基绩效的提升，必须通过技术创新或其他中间要素的能力将管理创新的努力进行转化进而提高时基绩效。在实践中企业必须充分重视这些变量相互之间的影响机制，在强调技术创新的重要性的同时，亦要注重通过管理创新与技术创新的协同作用来提升企业的时基绩效水平。

（3）在顾客导向作为前置变量的前提下，技术创新是推进时基绩效提高的重要力量

对于企业实践而言，必须树立顾客导向的经营观念和组织文化，将满足顾客需求和为顾客创造卓越价值放在重要位置，围绕顾客需求和响应能力进行技术创新，才能切实有效地提高时基绩效水平。

上述主要研究结论深刻揭示了顾客导向、组织创新对时基绩效的影响机制和路径，扩展了现有认识，丰富了现有的理论研究。从以上结论中我们可以得到一些重要启示。

第一，要积极培育和倡导顾客导向的组织文化和经营理念，并贯穿整个经营活动的始终。顾客导向是企业进行有效的组织创新、提高时基绩效的一个重要前提，为组织内部个体、部门活动和项目提供了共同的目标。为了实施顾客导向，企业的发展战略、营销战略和创新战略都应以满足多重顾客的需要为出发点和落脚点，围绕顾客进行经营活动的组织，关注不断变化的顾客需求并在有限资源的条件下尽一切努力快速识别、服务和满足顾客的需要和愿望。

第二，把握组织创新中技术创新和管理创新两个维度的关系，发挥其协同作用，推动时基绩效水平的提升。本书证实，管理创新和技术创新对时基绩效都具有积极影响，虽然管理创新是通过技术创新间接作用于时基绩效，但二者缺一不可，技术创新水平的提升与管理创新的作

用息息相关。只有更好地从事管理创新活动,才能大力推动技术创新水平的提升,并更有效地作用于时基绩效。因此,在通过组织创新活动提高时基绩效水平的同时,应注重管理创新和技术创新两个构面的均衡发展,并通过它们相互之间的关系积极提升企业时基绩效。

虽然本书获得了一些有价值的发现,但仍存在一些不足。例如,本书的样本数据来自于中国汽车行业,具有一定的产业局限性,后续研究可以选择其他产业进一步验证该模型的适用性。此外,在探讨三者关系的过程中,囿于文章篇幅没有考虑不同类型企业间的比较,后续研究将针对不同企业性质和企业规模进行更深入的探讨。

6.6   本章小结

本章旨在探讨"面向 TBC 环境的组织创新评价模式",研究取向上涵盖了组织创新的"过程理论研究取向"与"组织创新能力研究取向",研究方法上则包含了质化与量化的研究方法,在内涵上本研究除了以过程理论观点探讨动态的组织创新过程之外,更建构了组织创新的客观、主观指标、权数、计算公式及组织创新的评价模式。

由于国内外探讨组织创新构面与内涵的文献其结论并不一致,而组织创新对零时间企业而言,又是迫切需要的研究主题,因此本书针对快速响应企业探讨组织创新的构面及评估指针,除了说明了组织创新的内涵外,还可作为组织创新评估模式及应用研究的基础,所以本书对于建构组织创新评价模式及创新理论的补充,都有一定贡献。在实务上,本书关于企业组织创新评估指针的建构,有助于企业评价自身的组织创新,此外,也可作为企业改善组织创新能力的指导方针与依据。

本章还以我国汽车行业 167 家企业为调查对象,对顾客导向、组织创新和时基绩效之间的关系进行了实证研究。研究结果表明,顾客导向对管理创新和技术创新具有显著的直接效应;技术创新对时基绩效具有显著的直接效应;管理创新通过作用于技术创新对时基绩效产生显著影响。

7　实证研究

本章就组织创新与相关变项间的相关性进行实证研究,内容包括:组织创新与相关变项实证研究的设计;各研究变项的叙述性统计分析;个人变项、组织变项和环境变项与组织创新的相关性分析;不同企业特性与产业的组织创新差异分析;组织创新与组织绩效相关性分析;研究假设检定结果分析。以下就其内容详细说明:

7.1　研究设计

本节旨在探讨 TBC 下组织创新与其相关变项之间的关系,本书根据研究主题、文献探讨并归纳过去研究的缺失与不足,首先提出本书研究的架构并说明各研究变项的操作型定义;其次推导出研究假设以供验证,同时发展本研究所需的研究量表与工具;最后说明研究对象的选择、数据搜集方式与数据分析方法。现就上述内容详细说明如下:

7.1.1　研究架构

根据前述研究背景、研究目的与相关文献探讨,本书建立了以下的研究架构,如图 7-1 所示。现将各变量的操作型定义与变量间的关系说明如下:

(1)产业类别

研究类型包括 IT 行业、家电行业、零售服务业以及汽车工业四类。

(2)组织创新的影响因素

关于组织创新的影响因素,许多文献显示,个人变项、组织变项与环境变项均具有影响力,其中以"组织变项"具有最高的影响力。

然而本书进行过程观点研究时发现，六家个案公司对于组织创新的影响因素有不同的看法，哪一个对组织创新有较大的影响力，并无一致结论。在完成了组织创新的评价模式之后，将进一步验证影响组织创新的因素中哪一个较为重要。本书将组织创新的影响因素分为三类：

①个人变项：探讨企业员工个人的创造性人格特质。

②组织变项：探讨企业的组织特性（员工人数、成立年数、组织生命周期、资本额、资本属性）与组织结构（集权化、正式化与复杂化）。

③环境变项：主要在探讨企业面对的环境，分为"环境的不确定性"、"变动的规模"、"变动的频率"以及"复杂性"。

193

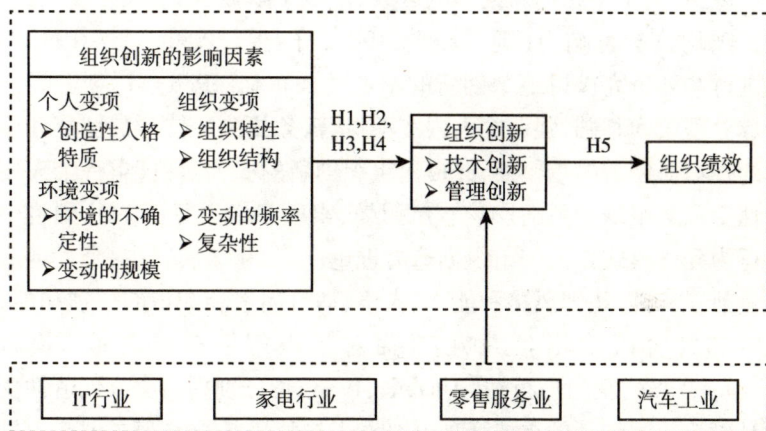

图7－1　组织创新与相关变项实证研究的研究架构

（3）组织创新

实证研究部分，组织创新的评价以本书建构的组织创新量表为主，本书建构的组织创新量表包含七个构面，分别是"产品创新"、"制程创新"、"创造力工作环境"、"营销创新"、"组织特性创新"、"组织制度创新"、"策略创新"。

（4）组织绩效

本书的组织绩效衡量的指针包括财务与非财务指标，包括资产报酬率(ROE)、每股盈余(EPS)、公司销售成长率、公司市场占有率等指标。

7.1.2 研究命题与假设

(1)组织创新与相关变项关系的研究命题

以下根据相关的实证研究结果,针对个人变项、组织变项与环境变项与组织创新的关系以及组织创新程度与组织绩效关联性等课题提出相关的研究命题并说明如下:

命题1:组织成员越具备高个人创造力的特质,组织创新的程度越高。

说明:关于组织创新的影响因素,许多文献显示,个人、组织与环境变项均具有影响力(阿马布勒,1988;丹麦普,1984,1987,1991)。曾进行系列研究探讨组织创新的学者阿马布勒(1988),以创造力三种成分理论为基础,强调个人内在动机、任务相关的技巧与创造性思考的技巧对创新的重要性,并提出组织创新的五大阶段,重视个人创造性变项对组织创新的影响。伍德曼、索耶与格里芬(1993)则将个人行为互动模式扩大为组织创造力理论模型,在该模式中,个人创造力是前置条件、认知风格和能力、人格、动机因素和知识的一项功能,同时和社会因素相互影响,进而对组织创新有所贡献。坎特(Kanter,1988)及阿马布勒(Amabile,1988)均分别指出个人创造性变项是影响组织创新的重要变项,此外,人格特质是影响个人创造力发展的重要因素,个人变项影响组织创新的结果也在实证研究中得到验证。据此,本书推出命题1。

命题2:不同的组织特性、组织结构,其组织创新的程度有所差异。

说明:关于组织创新的影响因素,许多文献显示,个人、组织与环境变项均具有影响力,然而其中以"组织变项"具有最高的影响力。根据过去的文献显示较为相关的组织变项包括组织特性、组织文化、组织气候与组织结构设计(Amabile,1988;Damanpour,1984,1987,1991)。组织特性变项主要是指产业类别、组织生命周期与组织规模

（Damanpour，1991）。组织文化常定义为"参与者共同接受的价值观、标准、信念及采用的方式"。而组织气候则"一种气氛、态度及行为倾向"。组织的文化可能会为创新带来阻碍，也可能加速创新的过程，取决于组织文化是否具有活力，是否鼓励良好的人际互动及创新。主张组织气候的学者，以阿马布勒（Amabile，1988）为代表，认为与组织创新相关联的三大要素分别是：激励创新的方式、工作领域中的资源与创新的管理技巧，而组织成员身处的工作环境的激励创新程度愈高、可运用的资源越多、创新的管理技能越好，则组织创新程度会越高。丹麦普（Damanpour，1991）以 Meta-analysis 探讨"组织结构"与"组织创新"间的关系，结果发现："集权化"与组织创新呈现显著负相关，"正式化"与组织创新不存在关联性，"专精化"则与组织创新呈现显著正相关。据此，本书推出命题2。

命题3：不同的环境特性（不确定性、变动规模、变动频率、复杂性），其组织创新的程度有所差异。

说明：关于组织创新的影响因素，许多文献显示，个人、组织与环境变项均具有影响力，而环境因素对于组织创新而言也是一个重要的干扰因素。例如，丹麦普（Damanpour，1996）采取多元组织创新定义，并在其研究中发现，当环境不确定性高，对"组织复杂程度与组织创新的关系"，以及"组织规模与组织创新的关系"会产生正向影响，表示当所面临的环境不确定性高，组织复杂程度、组织规模分别与组织创新的关系，会有较高的正向相关。据此，本书推出命题3。

命题4：组织创新可分为技术创新与管理创新两大构面，衡量组织创新各构面与指标的重要性不同，技术创新对于组织创新的影响能力高于管理创新，然而两构面却相辅相成。

说明：双核心模式将"组织创新"分为"技术创新"及"管理创新"是学者们较一致的看法（埃文和布莱克，1967；达夫，1978）。根据双核心模式，机械式结构是适合于"管理创新"，而有机式结构则是有助于"技术创新"（达夫，1989）。探讨"管理创新"及"技术创新"的影响因素或绩效表现可以是一个值得探讨的课题。丹麦普与埃文（1984）以公立图书馆为研究对象，探讨"管理创新"与"技术创新"的配合度对于组织绩效的影响,结果发现:一般而言,技术创新的实行状况较管理创新为佳,而实施技术及管理创新的组织绩效较高。本书根据双核心模式的看法,将"组织创新"分成"技术创新"和"管理创新"两大构面。至于系统构面"技术创新"分成"产品创新"与"制程创新"则在产品观点的基础的上,通过文献汇整、专家咨询与 AHP 法建构了主要构面、次要构面与指标,与达夫(1978)、金伯利(1981)、丹麦普(1984)、舒曼(Schumann,1994)①等学者看法一致。而系统构面"管理创新"也通过文献汇整、专家咨询与 AHP 法建构了主要构面、次要构面与指标。主要构面"人员创新"与阿马布勒(1988)等学者看法较一致,"营销及市场创新"与希金斯(1995)等学者看法较为一致,"组织结构与气候创新"与达夫(1978)、金伯利(1981)、丹麦普(1984,1987,1991,1996)、托什曼和赖利(Tushman & O'Reilly,1996)②等学者看法一致。该研究建构的组织创新的评价模式,综合了许多文献与学者专家的意见,因此多能与过去学者所提的主张相呼应且相互验证。因此本书推论技术创新对于组织绩效的影响能力高于管理创新,然而值得注意的是两构面相辅相成,不可偏废。据此,本书推出命题4。

命题5:组织创新程度越高,越有助于组织绩效与竞争力的提升。

说明:综合本书分析的文献,组织创新的研究涵括各种不同的研究取向,其研究模式与方法均有所差异,因此若要对"组织创新"的概念形成一致的看法并不容易。然而归纳组织创新实证研究(见本书第2章)结果均发现:面临竞争环境激烈的企业,组织创新的程度事关组织绩效的良否。亚民(Yamin)、古那色卡轮(Gunasekaran)与马

① Schumann, P. A., Prestwood, D. C., Tong, A. H. and Vanston, J. H., *Innovate: Straight Path to Quality Customer Delight & Competitive Advantage*, McGraw-Hill, New York,1994.

② Tushman, Michael L. & O'Reilly, C. A., *Winning Through Innovation: A Practical Guide to Leading Organizational Change and Renewal*, Boston, Mass. : Harvard Business School Press,1997.

问多(Mavondo)等人[1]探讨创新指标与绩效间的关系,结果发现组织创新(管理创新、技术创新与产品创新)与绩效显著相关。组织创新能力的培养是面向 TBC 环境的现代企业刻不容缓的议题。据此,本书推论出命题5。

命题6:不同的产业类别与企业特性,其组织创新的程度有所差异。

说明:就产业类别而言,根据丹麦普(Damanpour,1991)的后设分析(Meta-analysis)结果显示:在集权化方面,制造业与服务业在"组织创新"的表现上不存在显著差异。在正式化及专精化方面,制造业的"组织创新"显然优于服务业,因此不同的产业类别其组织创新程度可能有所差异。据此,本书推出命题6。

(2)组织创新与相关变项关系的研究假设

根据本书目的、文献探讨结果及上述命题的推论,本研究将验证以下几点假设:

H1:组织成员越具备高个人创造力的特质,组织创新的程度越高。

H1-1:组织成员越具备高个人创造力的特质,"产品创新"的程度越高。

H1-2:组织成员越具备高个人创造力的特质,"制程创新"的程度越高。

H1-3:组织成员越具备高个人创造力的特质,"创造力工作环境"的程度越高。

H1-4:组织成员越具备高个人创造力的特质,"营销创新"的程度越高。

H1-5:组织成员越具备高个人创造力的特质,"组织特性创新"的程度越高。

H1-6:组织成员越具备高个人创造力的特质,"组织制度创新"

---

① Yamin, Shahid and Gunasekaran, A. and Mavondo, Felix T. , "Innovation Index and its Implications on Organizational Performance: A Study of Australian Manufacturing Companies", *International Journal of Technology Management*, Geneva, 1999,17(5): pp. 495 – 503.

的程度越高。

H1-7:组织成员越具备高个人创造力的特质,"策略创新"的程度越高。

H1-8:组织成员越具备高个人创造力的特质,"技术创新"的程度越高。

H1-9:组织成员越具备高个人创造力的特质,"管理创新"的程度越高。

H1-10:组织成员越具备高个人创造力的特质,"组织创新"的程度越高。

H2:不同的组织结构与组织特性,其组织创新的程度有所差异。

H2-1:组织"集权化"程度越高,则"产品创新"的程度越高。

H2-2:组织"集权化"程度越高,则"制程创新"的程度越高。

H2-3:组织"集权化"程度越高,则"创造力工作环境"的程度越高。

H2-4:组织"集权化"程度越高,则"营销创新"的程度越高。

H2-5:组织"集权化"程度越高,则"组织特性创新"的程度越高。

H2-6:组织"集权化"程度越高,则"组织制度创新"的程度越高。

H2-7:组织"集权化"程度越高,则"策略创新"的程度越高。

H2-8:组织"集权化"程度越高,则"技术创新"的程度越高。

H2-9:组织"集权化"程度越高,则"管理创新"的程度越高。

H2-10:组织"集权化"程度越高,则"组织创新"的程度越高。

H2-11:组织"正式化"程度越高,则"产品创新"的程度越高。

H2-12:组织"正式化"程度越高,则"制程创新"的程度越高。

H2-13:组织"正式化"程度越高,则"创造力工作环境"的程度越高。

H2-14:组织"正式化"程度越高,则"营销创新"的程度越高。

H2-15:组织"正式化"程度越高,则"组织特性创新"的程度越高。

H2-16:组织"正式化"程度越高,则"组织制度创新"的程度越高。

H2-17:组织"正式化"程度越高,则"策略创新"的程度越高。

H2-18:组织"正式化"程度越高,则"技术创新"的程度越高。

H2－19：组织"正式化"程度越高,则"管理创新"的程度越高。

H2－20：组织"正式化"程度越高,则"组织创新"的程度越高。

H2－21：组织"复杂化"程度越高,则"产品创新"的程度越低。

H2－22：组织"复杂化"程度越高,则"制程创新"的程度越低。

H2－23：组织"复杂化"程度越高,则"创造力工作环境"的程度越低。

H2－24：组织"复杂化"程度越高,则"营销创新"的程度越低。

H2－25：组织"复杂化"程度越高,则"组织特性创新"的程度越低。

H2－26：组织"复杂化"程度越高,则"组织制度创新"的程度越低。

H2－27：组织"复杂化"程度越高,则"策略创新"的程度越低。

H2－28：组织"复杂化"程度越高,则"技术创新"的程度越低。

H2－29：组织"复杂化"程度越高,则"管理创新"的程度越低。

H2－30：组织"复杂化"程度越高,则"组织创新"的程度越低。

H2－31：组织"集权化"、"正式化"与"复杂化"皆对"组织创新"有显著影响。

H2－32：不同的"企业特性"(员工人数、成立年数、组织生命周期、资本额、资本属性),其"产品创新"的程度有显著差异。

H2－33：不同的"企业特性"(员工人数、成立年数、组织生命周期、资本额、资本属性),其"制程创新"的程度有显著差异。

H2－34：不同的"企业特性"(员工人数、成立年数、组织生命周期、资本额、资本属性),其"创造力工作环境"的程度有显著差异。

H2－35：不同的"企业特性"(员工人数、成立年数、组织生命周期、资本额、资本属性),其"营销创新"的程度有显著差异。

H2－36：不同的"企业特性"(员工人数、成立年数、组织生命周期、资本额、资本属性),其"组织特性创新"的程度有显著差异。

H2－37：不同的"企业特性"(员工人数、成立年数、组织生命周期、资本额、资本属性),其"组织制度创新"的程度有显著差异。

H2－38：不同的"企业特性"(员工人数、成立年数、组织生命周期、资本额、资本属性),其"策略创新"的程度有显著差异。

H2－39：不同的"企业特性"（员工人数、成立年数、组织生命周期、资本额、资本属性），其"技术创新"的程度有显著差异。

H2－40：不同的"企业特性"（员工人数、成立年数、组织生命周期、资本额、资本属性），其"管理创新"的程度有显著差异。

H2－41：不同的"企业特性"（员工人数、成立年数、组织生命周期、资本额、资本属性），其"组织创新"的程度有显著差异。

H3：不同的环境特性（不确定性、变动规模、变动频率、复杂性），其组织创新的程度有所差异。

H3－1：不同的"环境特性"（不确定性、变动规模、变动频率、复杂性），与"产品创新"的程度呈显著相关。

H3－2：不同的"环境特性"（不确定性、变动规模、变动频率、复杂性），与"制程创新"的程度呈显著相关。

H3－3：不同的"环境特性"（不确定性、变动规模、变动频率、复杂性），与"创造力工作环境"的程度呈显著相关。

H3－4：不同的"环境特性"（不确定性、变动规模、变动频率、复杂性），与"营销创新"的程度呈显著相关。

H3－5：不同的"环境特性"（不确定性、变动规模、变动频率、复杂性），与"组织特性创新"的程度呈显著相关。

H3－6：不同的"环境特性"（不确定性、变动规模、变动频率、复杂性），与"组织制度创新"的程度呈显著相关。

H3－7：不同的"环境特性"（不确定性、变动规模、变动频率、复杂性），与"策略创新"的程度呈显著相关。

H3－8：不同的"环境特性"（不确定性、变动规模、变动频率、复杂性），与"技术创新"的程度呈显著相关。

H3－9：不同的"环境特性"（不确定性、变动规模、变动频率、复杂性），与"管理创新"的程度呈显著相关。

H3－10：不同的"环境特性"（不确定性、变动规模、变动频率、复杂性），与"组织创新"的程度呈显著相关。

H3－11：不同的"环境特性"（不确定性、变动规模、变动频率、复杂性），皆对"组织创新"有显著的影响。

H4：组织创新的影响因素(个人变项、组织变项、环境变项)，对组织创新皆有显著影响，其中以环境变项及组织变项具有较大的影响力。

H5：组织创新程度越高，其组织绩效越高。

H6：不同的产业类别，其组织创新的程度有所差异。

H6-1：不同的"产业类别"(IT行业、家电行业、零售服务业、汽车工业)，其"产品创新"的程度有显著差异。

H6-2：不同的"产业类别"(IT行业、家电行业、零售服务业、汽车工业)，其"制程创新"的程度有显著差异。

H6-3：不同的"产业类别"(IT行业、家电行业、零售服务业、汽车工业)，其"创造力工作环境"的程度有显著差异。

H6-4：不同的"产业类别"(IT行业、家电行业、零售服务业、汽车工业)，其"营销创新"的程度有显著差异。

H6-5：不同的"产业类别"(IT行业、家电行业、零售服务业、汽车工业，其"组织特性创新"的程度有显著差异。

H6-6：不同的"产业类别"(IT行业、家电行业、零售服务业、汽车工业)，其"组织制度创新"的程度有显著差异。

H6-7：不同的"产业类别"(IT行业、家电行业、零售服务业、汽车工业)，其"策略创新"的程度有显著差异。

H6-8：不同的"产业类别"(IT行业、家电行业、零售服务业、汽车工业)，其"技术创新"的程度有显著差异。

H6-9：不同的"产业类别"(IT行业、家电行业、零售服务业、汽车工业)，其"管理创新"的程度有显著差异。

H6-10：不同的"产业类别"(IT行业、家电行业、零售服务业、汽车工业)，其"组织创新"的程度有显著差异。

7.1.3　研究工具的发展与设计

根据图7-1的研究架构图，本书实证部分在探讨"组织创新的影响因素"(个人变项、组织变项与环境变项)、"组织创新"与"组织绩效"变项之间的关系。鉴于组织创新的内涵有再厘清的必要，加上

201

一般研究组织创新常引用的评价问卷仍有再补充完善的空间,因此本书基于研究者过去发展量表与建构评价模式的经验与基础,进行"组织创新"评价模式的建构,发展并建构本土化的评量量表与模式,其过程已在第6章详细说明,这里不再赘述,以下关于组织创新量表的说明仅专注于信度的分析。至于其他变量引用的评价工具,则详述如下:

(1)创造性人格特质量表

本量表根据高夫在1979年发展的创造性人格量表(CPS)修订而来。量表包括30个形容词,其中18个与创造力正相关(题项编号为:2,4,6,10,12,13,14,15,16,18,19,21,22,23,24,25,27,30),其余12个负相关。作答者每勾选正相关一题得1分,每勾选负相关一题得 -1 分,答完30题后加总,分数越高,表示创造性人格特质越佳。研究结果显示,分数为负数的样本较多。为使分析简便,本书将创造力加总得分为0分以下者(包含0分),列为"低创造力人格特质"(N $=112$);1分至5分者,列为"中创造力人格特质"(N $=118$);6分以上者,列为"高创造力人格特质"(N $=46$)。该量表的信度为柯能毕曲 α 系数 $=0.812$,量表信度尚佳。

(2)组织特性

组织特性包含衡量的题项为员工人数、成立年数、组织生命周期、资本额、资本属性。

(3)组织结构

根据过去的文献显示较为相关的组织变项包括组织特性、组织文化、组织气候与组织结构设计(阿马布勒,1988;丹麦普,1984,1987,1991)。由于本书在建构组织创新评价量表时,已经将组织文化与组织气候等概念加入,故本研究此部分的实证研究有关组织变项的部分便不加入"组织文化"与"组织气候"等变量,仅探讨"组织特性"与"组织结构"等变项。丹麦普(1991)曾以元分析探讨"组织结构"与"组织创新"间的关系,结果发现:"集权化"与组织创新呈现显著负相关,"正式化"与组织创新不存在关联性,"专精化"则与组织创新呈现显著正相关。本书关于组织结构的评价与分类引用丹麦普(1991)的量表,以 Likert 七点尺度评价员工对其所处组织的认知,分为"非常不同意"、"不同意"、"有点不同意"、"普通"、"有点同意"、"同意"、"非常同意"等七项。分别给予 1,2,3,4,5,6,7 分。"集权化"共 8 题,只有第 7 题为正向题,其余皆为反向题;"正式化"共 7 题,皆为正向题;"复杂化"只有 1 题,亦为正向题。三个构面的信度分析如表 7 - 1 所示,各构面的信度均高于 0.7 的标准,均具有很高的信度,由于"复杂化"只有 1 题,故不进行信度的分析。至于效度的部分,本量表已经有许多的国内外学者使用或修正过,因此应该具备相当的内容效度。

表 7 - 1　组织结构三构面信度分析

变项	构面	题项	平均数	标准差	分项对总项的相关系数	柯能毕曲 α 系数
组织结构	集权化 (4.1803)	1	4.6710	1.4564	0.7046	0.8637
		2	4.3986	1.5117	0.7285	
		3	4.0899	1.4901	0.7613	
		4	4.5681	1.4260	0.8932	
		5	3.8377	1.5659	0.6943	
		6	4.6014	1.4324	0.6321	
		7	4.7072	1.3683	0.4511	
		8	3.7681	1.2260	0.4297	
	正式化 (4.7754)	9	4.9855	1.4671	0.6234	0.8362
		10	4.8609	1.1482	0.5522	
		11	4.7826	1.3762	0.6630	
		12	4.8333	1.4017	0.7896	
		13	4.8551	1.2413	0.9087	
		14	4.3913	1.4420	0.6857	
		15	4.3188	1.4698	0.6946	
	复杂化	16	4.18	—	—	—

（4）环境特性

环境因素对于组织创新与其影响因素间是一项很重要的干扰因素。丹麦普（1996）采取多元组织创新定义，并在研究中发现，当环境不确定性高时，对"组织复杂程度与组织创新的关系"，以及"组织规模与组织创新的关系"会产生正向影响，表示当所面临的环境不确定性高时，组织复杂程度、组织规模分别与组织创新的关系，会有较高的正向相关。

本量表的内容参照戈麦斯·梅希亚·伊特尔等（1995）的定义略为修改，以 Likert 七分尺度评价时基竞争企业对其所处环境的认知。分为"非常不同意"、"不同意"、"有点不同意"、"没意见"、"有点同意"、"同意"、"非常同意"七项，分别给予 1,2,3,4,5,6,7 分。戈麦斯·梅希亚·伊特尔等（1995）指出影响组织创新的四个环境构面是不确定的程度、变动的频率、变动的规模及复杂度，以下分别进行说明。

①环境的不确定性

公司对顾客需求的预测及对竞争者动态的了解的精准度与容易度（题目 1,2,3,4）。4 题皆以反向计分。

②变动的频率

公司所处产业的新技术开发的经常性及新产品上市的速度（题目 5,6）。

③变动的规模

企业所处的产业中，新产品的上市对淘汰旧产品的影响程度及新产品生命周期的时间长度（题目 7,8）。其中新产品上市对旧产品的影响（题目 7）为反向题。

④复杂性

企业所处的产业中，竞争者的数量、新竞争者、新竞争者进入产业的容易度与上下游厂商的依存关系对公司绩效的影响程度及顾客的满意度是否对公司销售量影响的重要程度（题目 9,10,11,12）。

详细的信度分析见表 7-2，至于效度的部分，本量表也具备相当的内容效度。

表 7 - 2　环境特性四构面的信度分析

变项	构面	题项	平均数	标准差	分项对总项 的相关系数	柯能毕曲 α 系数
环境 特性	不确定性 （3.0507）	1	4.4290	1.1711	0.7910	0.9045
		2	4.0580	1.1637	0.8165	
		3	4.1522	1.1955	0.7882	
		4	3.9638	1.2580	0.7203	
	变动规模 （4.2391）	5	4.7464	1.4801	0.6824	0.8132
		6	4.6812	1.3562	0.6818	
	变动频率 （4.7183）	7	4.3768	1.4357	0.7001	0.8452
		8	4.1014	1.4209	0.7506	
	复杂性 （4.8080）	9	4.6812	1.4498	0.5878	0.8134
		10	4.0145	1.4707	0.7154	
		11	4.9014	1.2039	0.8139	
		12	4.8348	1.1712	0.7845	

（5）组织创新量表

本研究采取 Likert 七分尺度衡量员工对其所处组织的认知，分为"非常不同意"、"不同意"、"有点不同意"、"没意见"、"有点同意"、"同意"和"非常同意"七项，分别给予 1，2，3，4，5，6，7 分。包含七个构面，分别是"产品创新"、"制程创新"、"创造力工作环境"、"营销创新"、"组织特性创新"、"组织制度创新"、"策略创新"。其中"产品创新"与"制程创新"属于"技术创新"；而"创造力工作环境"、"营销创新"、"组织特性创新"、"组织制度创新"、"策略创新"，则属于"管理创新"。详细的信度分析如表 7 - 3 所示,从表中可看出本量表七个评量构面所属的子构面的柯能毕曲 α 系数分别为 0.8453、0.8270、0.7964、0.8565、0.8268、0.9114、0.8506、0.9260、0.8048、0.9079、0.8928、0.8367、0.8426、0.8790,均已超过南奈利(Nunnally,1978)①所建议的 0.7 以上,而分项对总项的相关系数介于 0.4954 与 0.8760 之间,且大部分系数均大于 0.7,由上述可知,本量表内部一致性水平相当高,表示本量表各评量构面具有内部一致性高的程度。本书建构量表的信效度再度获得验证。

表7-3 组织创新量表信度分析

研究主题	研究构面	因素	题项	平均数	标准差	分项对总项的相关系数	柯能毕曲 α 系数
组织创新 (4.886)	产品创新 (4.885)	产品创新获利性 (4.7812)	2	5.2870	1.2928	0.7092	0.8453
			3	5.1101	1.1805	0.7186	
			4	4.8101	1.3681	0.7157	
			5	4.7942	1.4481	0.7495	
			6	4.5043	1.6549	0.5152	
		产品创新多样性 (5.0580)	1	5.2725	1.2061	0.5971	0.8270
			7	4.9507	1.3418	0.6444	
			8	5.0507	1.3740	0.6695	
	制程创新 (5.1866)	制程创新程度 (5.1866)	1	4.8145	1.3068	0.6175	0.7964
			2	5.1159	1.2207	0.5799	
			3	5.0725	1.3380	0.6785	
			4	5.3435	1.2563	0.5567	

---

① Nunnally, Jim C., *Psychometric Theory*, 2*nd* Edition, New York: McGraw-Hill, 1978.

研究主题	研究构面	因素	题项	平均数	标准差	分项对总项的相关系数	柯能毕曲α系数
组织创新 (4.886)	创造力工作环境 (5.0507)	重视创新的价值观 (5.0495)	1	5.0580	1.3657	0.6489	0.8565
			2	5.2783	1.4218	0.6976	
			3	5.0145	1.3615	0.7587	
			4	5.4420	1.4182	0.7070	
			5	5.0739	1.1956	0.7952	
			6	5.4304	1.2011	0.7415	
		主管的支持 (4.9372)	7	4.9580	1.3711	0.6541	0.8268
			8	5.2420	1.3869	0.7848	
			9	4.9116	1.4972	0.7757	
		工作团队的支持 (5.1353)	10	5.1667	1.2820	0.7864	0.9114
			11	5.1594	1.3027	0.7981	
			12	5.0942	1.3876	0.7771	
			13	5.0870	1.3748	0.7614	
			14	5.1232	1.2698	0.8470	
			15	5.1812	1.2800	0.8275	
		工作挑战性 (5.0109)	16	4.9667	1.2877	0.6949	0.8506
			17	5.3957	1.2431	0.7469	
			18	4.9391	1.4714	0.6649	
			19	5.3420	1.3604	0.6670	
	营销创新 (4.4321)	营销程序创新 (3.9275)	1	4.9435	1.5325	0.8706	0.9260
			2	4.7899	1.4771	0.8760	
			3	4.0072	1.5307	0.8693	
			4	4.1449	1.5593	0.8554	
			5	4.6522	1.5598	0.7927	

研究主题	研究构面	因素	题项	平均数	标准差	分项对总项的相关系数	柯能毕曲α系数
组织创新 (4.886)		顾客关系营销导向 (5.2729)	6	5.3696	2.8312	0.5901	0.8048
			7	5.5014	1.2457	0.5662	
			8	5.1478	1.3272	0.6463	
	组织特性创新 (4.9607)	组织特性创新程度 (4.9607)	1	5.3406	1.1557	0.7006	0.9079
			2	5.4116	1.4067	0.8007	
			3	5.1130	1.3695	0.8140	
			4	4.9116	1.3911	0.8402	
			5	4.8130	1.3534	0.7278	
			6	4.9565	1.1830	0.7746	
			7	5.0783	1.4115	0.7504	
	组织制度创新 (4.5882)	管理制度创新程度 (4.4928)	1	5.2754	1.4437	0.7706	0.8928
			2	5.7174	1.4090	0.7552	
			3	4.5928	1.5343	0.8080	
			4	4.8855	1.5342	0.7967	
		组织制度弹性程度 (4.7790)	5	4.3812	1.4648	0.7047	0.8367
			6	4.9768	1.4820	0.7047	
	策略创新 (4.9783)	组织变革与资源宽裕程度 (5.0870)	1	5.4725	1.2300	0.6015	0.8426
			2	5.2232	1.1989	0.5909	
			3	4.9565	1.3118	0.7954	
			4	5.7957	3.6204	0.7442	
		组织国际化程度 (4.7609)	5	5.3696	1.4389	0.8176	0.8790
			6	4.7522	1.5122	0.8176	

（6）组织绩效

本书的组织绩效衡量的指针包括财务与非财务指标,包括资产报酬率(ROE)、每股盈余(EPS)、公司销售成长率、公司市场占有率等指标。其中前两者为客观指标,后两者为主观认知指标。

7.1.4 研究对象的选择与数据搜集

本书以快速响应的 TBC 企业为研究对象,由于本书此部分采用问卷方式进行假设统计分析检验,因此选择产业的厂商数不宜太少,故应选择母体厂商家数较多并且较容易取得具公信力财务指标的产业为实证对象,由于厂商未必愿意提供财务数据,因此本书必须由次级数据来源处取得具公信力的财务资料来加以辅助,以便于本书进行问卷统计分析。

本书共发出 500 份问卷。第一阶段问卷发出 350 份,回收有效问卷共 187 份(有效回收率 53.42%),第二阶段则再度寄发第一阶段没有回收的厂商,共发出 150 份,并请访员进行电话催收,回收有效问卷 120 份(有效回收率 75%),因此本书此部分的有效回收样本共计 307 份,回收率为 61.4%(307/500),而问卷的有效率为 89.9%(276/307)。有效样本的样本结构如表 7-4 所示。

表 7-4 样本结构

基本特性	分类	样本数目(n = 276)	百分比(%)	累积百分比(%)
员工人数	200 人以下	80	29.0	29.0
	201~500 人	72	26.1	55.1
	501~1000 人	30	10.9	66.0
	1001~2000 人	42	15.2	81.2
	2001~3000 人	34	12.3	93.5
	3001 人以上	18	6.5	100.0
成立年数	5 年以下	88	31.9	31.9
	5~10 年	60	21.7	53.6
	10 年以上	128	46.4	100.0

基本特性	分类	样本数目(n=276)	百分比(%)	累积百分比(%)
组织生命周期	萌芽	16	5.8	5.8
	成长	144	52.2	58.0
	成熟	94	34.1	92.0
	衰退	14	5.1	97.1
	再生	8	2.9	100.0
资本额	1亿以下	58	21.0	21.0
	1亿~6亿	110	39.9	60.9
	6亿以上	108	39.1	100.0
资本属性	本国资本	216	78.3	78.3
	中外合资	54	19.6	97.9
	外国资本	6	2.1	100.0
产业类别	家电业	68	24.6	24.6
	零售服务业	56	20.3	44.9
	汽车工业	66	23.9	68.8
	IT行业	86	31.2	100.0

本书过程中,由问卷调查所得的资料,将以"量"(Quantitative)的方式处理;而由专家意见咨询以及深度访谈所得的数据,将以"质"(Qualitative)的方式处理;量化的数据输入计算机,用 SPSS 软件进行统计分析,质化的数据将以汇整、归纳、比较及分析的方法而得到结论。根据以上所述的研究流程及研究架构,本研究拟通过大样本的检测以验证本书的架构及假设。

7.2 统计分析

表7-1、7-2、7-3、7-4对于相关变项的构面与题项的平均数与标准差均有详细的说明,以下分别就各研究变项实证后的实际状

况分述如下：

7.2.1 个人变项

此部分在探讨企业员工的创造性人格特质,研究结果显示,分数为负数的样本甚多,为使分析简便,本书将创造力加总得分为 0 分以下者(包含 0 分),列为"低创造力人格特质"(N = 112),以 1 分计;1分至 5 分者,列为"中创造力人格特质"(N = 118),以 2 分计;6 分以上者,列为"高创造力人格特质"(N = 46),以 3 分计。由以上的数据可知,研究样本中以"中创造力人格特质"最多,"低创造力人格特质"次之,"高创造力人格特质"最少。

7.2.2 组织变项

(1)组织特性(见表 7 - 4)

组织特性包含衡量的题项为员工人数、成立年数、组织生命周期、资本额、资本属性、所属产业。

由表 7 - 4 可知,研究样本中"员工人数",200 以下的中小型企业有 80 家,所占比例为 29%,200 人以上的中大型企业共计 196 家,所占比例为 71%,因此,本书的研究样本仍以大型企业为主,中小企业次之。

研究样本中"成立年数",5 年以下的企业共 88 家,所占比例为31.9%;5 年以上的企业共 188 家,所占比例为 68.1%,其中 10 年以上的企业共 128 家,所占比例为 46.4%。因此,本书的研究样本仍以成立年数较久的企业为主。

研究样本中"组织生命周期",成长期共 144 家,所占比例为52.2%,成熟期共 94 家,所占比例为 34.1%。因此,本书的研究样本仍以成长期与成熟期的企业为主。

研究样本中"资本额",资本额在 1 亿以下有 58 家,所占比例为21%;资本额在 1 亿至 6 亿的企业共计 110 家,所占比例为 39.9%;资本额在 6 亿以上的企业有 108 家,所占比例为 39.1%。因此,本书的研究样本仍以资本额较高的企业为主。

　　研究样本中"资本属性",资本属性以本国资本最多,共216家,所占比例为78.3%。因此,本书的研究样本仍以本国资本的企业为主。

　　研究样本中"产业类别",家电业共68家,所占比例24.6%;服务业共56家,所占比例20.3%;汽车工业共66家,所占比例23.9%;IT行业业86家,所占比例为31.2%。因此,本书的研究样本四个行业的样本均有,且分散平均。

　　综合上述,关于研究样本结构的描述,本实证研究的样本,多数为规模大、成立年数久、资本额大、本国资本、所属产业平均、居于成长与成熟期的企业,因此应该具有相当的代表性。

　　(2)组织结构(见表7-1)

212　　本书关于组织结构的衡量与分类引用丹麦普(Damanpour,1991)的量表,将组织结构分为集权化、正式化与复杂化。三个构面的分析如表7-1所示,其中"正式化"构面的平均数为4.7754,高于"集权化"构面的平均数4.1803与"复杂化"构面的平均数4.18,三构面的得分值均高于Likert量表的中间值4。因此,研究结果显示研究样本中组织结构以"正式化"较为明显。

7.2.3　环境变项(见表7-2)

　　关于环境特性的分析,本书参照戈麦斯·梅希亚等(1995)的定义略为修改。戈麦斯·梅希亚·伊特尔等(1995)指出影响组织创新的四个环境构面:(1)不确定的程度;(2)变动的频率;(3)变动的规模;(4)复杂度,以下分别说明实证研究的结果:

　　①不确定性。"不确定性"构面的得分为3.0507,低于Likert量表的中间值4,研究结果显示样本认为环境的不确定性并不是那么高。

　　②变动规模 。"变动规模"构面的得分为4.2391,高于Likert量表的中间值4,研究结果显示样本认为环境的变动规模颇高。

　　③变动频率。"变动频率"构面的得分为4.7183,高于Likert量表的中间值4,研究结果显示样本认为环境的变动频率颇高。

④复杂性。"复杂性"构面的得分为 4.8080,高于 Likert 量表的中间值4,研究结果显示样本认为环境的复杂性颇高。

综合上述研究结果,"复杂性"最高,"变动频率"次之,"变动规模"第三,"不确定性"最不受认同。

7.2.4 组织创新(见表7-3)

本书采取 Likert 七分尺度衡量员工对其所处组织的认知。包含七个构面,分别是"产品创新"、"制程创新"、"创造力工作环境"、"营销创新"、"组织特性创新"、"组织制度创新"、"策略创新"。其中"产品创新"与"制程创新"属于"技术创新";而"创造力工作环境"、"营销创新"、"组织特性创新"、"组织制度创新"、"策略创新"则属于"管理创新"。实证结果显示:"产品创新"构面的平均数为4.8850,"制程创新"构面的平均数为5.1866,"创造力工作环境"构面的平均数为 5.0507,"营销创新"构面的平均数为 4.4321,"组织特性创新"构面的平均数为 4.9607,"组织制度创新"构面的平均数为4.5882,"策略创新"构面的平均数为 4.9783,"技术创新"构面的平均数为4.9855,"管理创新"构面的平均数为 4.8596,"组织创新"构面的平均数为 4.886。研究结果显示,以上所描述的数据均高于 Likert 量表的中间值4,其中"制程创新"、"创造力工作环境"、"策略创新"平均数较高;而"营销创新"、"组织制度创新"、"产品创新"的平均数较低,"技术创新"构面的平均数高于"管理创新"构面的平均数,大体而言,组织创新的程度都还在平均水平之上。

7.3 相关性分析

7.3.1 个人、组织、环境变项与组织创新的相关性分析

此部分就个人变项、组织变项及环境变项与组织创新的相关性进行分析,以下分别就各变项对组织创新的影响,以及三个变项同时对组织创新产生影响时 的实证结果,分析汇总如下:

（1）个人变项与组织创新的相关性分析

本书以皮尔逊相关分析来说明个人变项（创造性人格特质）与组织创新的间的关系，如表7－5所示，研究结果显示创造性人格特质与组织创新及组织创新各构面均呈显现正向的显著相关，与创造性人格特质相关性较高者为"产品创新"与"营销创新"；而"技术创新"与创造性人格特质的相关系数比起与"管理创新"的相关系数较高。假设H1－1～H1－10均获得支持。因此，组织成员越具备高个人创造力的特质，则组织创新的程度越高。此研究结果与阿马布勒（Amabile，1988）等人的研究结果相同。

表7－5　创造性人格特质与组织创新及各构面间相关系数分析（N=276）

构面＼构面	产品创新	制程创新	创造力工作环境	营销创新	组织特性创新	组织制度创新	策略创新	组织创新	管理创新	技术创新
创造性人格特质	0.711***	0.719***	0.757***	0.705***	0.783***	0.691***	0.783***	0.843***	0.755***	0.861***

注：*** 表示 p < 0.001。

（2）组织变项与组织创新的相关性分析

本书以皮尔逊相关分析与复回归分析来说明组织变项（集权化、正式化与复杂化）与组织创新之间的关系，如表7－6、7－7所示。

表7－6　组织结构、环境特性与组织创新及各构面间相关系数分析（N=276）

构面＼构面	产品创新	制程创新	创造力工作环境	营销创新	组织特性创新	组织制度创新	策略创新	组织创新	管理创新	技术创新
不确定性	-0.462***	-0.580***	-0.657***	-0.563***	-0.707***	-0.749***	-0.647***	-0.745***	-0.752***	-0.565***
变动频率	0.504***	0.566***	0.569***	0.586***	0.655***	0.738***	0.565***	0.703***	0.695***	0.592***

构面 构面	产品创新	制程创新	创造力工作环境	营销创新	组织特性创新	组织制度创新	策略创新	组织创新	管理创新	技术创新
变动规模	0.256**	0.246**	0.268**	0.370***	0.352***	0.438***	0.339***	0.378**	0.382***	0.285**
复杂性	0.120	0.333***	0.355***	0.639***	0.424***	0.413***	0.359***	0.403**	0.430***	0.213*
集权化	0.127	0.086	0.297***	0.175*	0.218*	0.177*	0.155	0.240**	0.256**	0.128
正式化	0.280**	0.509***	0.419***	0.455***	0.485***	0.532***	0.495***	0.524***	0.529***	0.400***
复杂化	-0.048	-0.035	-0.111	0.023	-0.100	0.024	-0.51	-0.064	-0.064	-0.049

注：* 表示 $p < 0.05$ ；** 表示 $p < 0.01$ ；*** 表示 $p < 0.001$ 。

表 7-6 显示"正式化"与组织创新及组织创新各构面均呈显现正向的显著相关，与"正式化"相关性较高者为"组织制度创新"与"制程创新"，而"管理创新"与正式化的相关系数比起与"技术创新"的相关系数较高。

表 7-6 显示"集权化"与组织创新及组织创新各构面部分呈显现正向的显著相关，其中较显著的构面为"创造力工作环境"、"组织特性创新"；而集权化仅与"管理创新"呈现显著正相关，与"技术创新"的相关性不显著。

表 7-6 显示"复杂化"与组织创新及组织创新各构面部分呈显现负向相关但不显著。综合上述的研究结果，假设 H2-1～H2-30 仅部分获得支持。因此，概略来说，"集权化"与"正式化"程度越高，则组织创新的程度越高；"复杂化"对组织创新程度并无显著影响。

表7-7 组织结构对组织创新的回归分析

因变项:组织创新		
自变项	参考系数	t 值
常数项	107.354	4.129 ***
集权化	1.297	2.822 **
正式化	5.197	8.417 ***
复杂化	-8.540	-2.998 **
F	27.632 ***	
R²	0.426	
Adj R²	0.398	
DW	1.97	

注:** 表示 p < 0.01;*** 表示 p < 0.001。

为了进一步了解"组织结构"对"组织创新"的影响,本书以"集权化"、"正式化"、"复杂化"三个变项对组织创新的影响进行复回归分析。而为求回归模式的有效性,本书进一步以 Durbin-Watson(DW)统计量考验两相邻自变项的残差的自我相关(Auto-correlation)程度。当自变项间有自我相关存在时,会使得因变项的估计标准误变大,降低估计预测的效率,可应用 DW 统计量加以检定。当 DW 统计量接近 2 时,表示残差项间愈没有自我相关的关系存在;当 DW 统计量接近 4 时,则残差项间有负的自我相关;而 DW 越接近 0 时,表示残差项间有正的自我相关。回归分析的结果如表7-7所示,DW 值均很接近2,表示残差项间没有自我相关的现象。

研究结果显示,就组织创新而言,"集权化"与"正式化"有正向的显著影响,"复杂化"有负向的显著影响。表示企业"集权化"、"正式化"越高或"复杂度"愈低,企业组织创新的程度也就相对提高,此结果与表7-6所得的结论相似。此外,本书模式自变项对因变项的影响变异量为38.8%。通过表7-7的回归分析可知,假设H2-31

获得支持,即组织"集权化"、"正式化"与"复杂化"均对"组织创新"有显著影响。

丹麦普(Damanpour,1991)曾以元分析探讨"组织结构"与"组织创新"间的关系,结果发现:"集权化"与组织创新呈现显著负相关,"正式化"与组织创新不存在关联性,"专精化"则与组织创新呈现显著正相关。此结论与本研究结果不一致,焦点是集权化与组织创新的关系。

此外,集中化与组织创新呈现显著正向关系,可能意指集权化程度越高,越有利于政策的制定与决策的顺利实施。

(3)环境变项与组织创新的相关性分析

本书以 Pearson 相关分析与复回归分析来说明环境变项(不确定性、变动频率、变动规模与复杂性)与组织创新之间的关系,如表7-6、7-8 所示。

217

表7-6 显示"不确定性"与组织创新及组织创新各构面均呈显现负向的显著相关,与"不确定性"相关性较高者为"组织制度创新"、"组织特性创新"与"创造力工作环境";而"管理创新"与不确定性的相关系数比起与"技术创新"的相关系数较高,却是负向相关。由上述可知,当环境的不确定性愈高时,组织创新的程度越是降低,创新的氛围也会有所影响,特别是管理制度上的创新越趋保守。

表7-6 显示"变动频率"与组织创新及组织创新各构面呈显现正向的显著相关,其中较显著的构面为"组织制度创新"、"组织特性创新"与"营销创新";而"管理创新"与变动频率的相关系数比起与"技术创新"的相关系数要高。

表7-6 显示"变动规模"与组织创新及组织创新各构面呈显现正向的显著相关,其中较显著的构面为"组织制度创新"、"营销创新"与"组织特性创新";而"管理创新"与变动规模的相关系数比起与"技术创新"的相关系数要高。

表7-6 显示"复杂性"与组织创新及组织创新各构面呈显现正向的显著相关(仅"产品创新"一构面无显著相关),其中较显著的构

面为"营销创新"与"组织特性创新"、"组织制度创新";而"管理创新"与复杂性的相关系数比起与"技术创新"的相关系数要高。

综合上述的研究结果,假设 H3 – 1 ~ H3 – 10 大部分获得支持。因此,概略来说,"不确定性"程度愈高,则组织创新的程度愈低;"变动频率"、"变动规模"与"复杂性"的程度越高,则组织创新程度越高。

为了进一步了解"环境特性"对"组织创新"的影响,本书以"不确定性"、"变动频率"、"变动规模"、"复杂性"四个变项,对组织创新的影响进行复回归分析。而为求回归模式的有效性,本书也进一步以 Durbin-Watson(DW)统计量考验两相邻自变项的残差的自我相关(Autocorrelation)程度。回归分析的结果如表 7 – 8 所示,DW 值均很接近 2,表示残差项间没有自我相关的现象。

218

研究结果显示,就组织创新而言,"变动频率"、"变动规模"与"复杂性"有正向的显著影响,"不确定性"有负向的显著影响,表示企业"变动频率"、"变动规模"或"复杂性"越高或"不确定性"越低,企业组织创新的程度也就相对提高,此结果与表 7 – 6 所得的结论相似。此外,本书模式自变项对因变项的影响变异量为 63.6%。通过表 7 – 8 的回归分析可知,假设 H3 – 11 获得支持,即组织"变动频率"、"变动规模"或"复杂性"或"不确定性"皆对"组织创新"有显著的影响。

由表 7 – 6 与表 7 – 8 的分析结果得知,本书的结果与过去沃尔顿(Walton,1987)[1]、科恩与利文索尔(Cohen & Levinthal,1990)[2]、戴维斯与路易丝(Davis & Louise,1991)[3]、丹麦普(1996)、摩恩、麦金利

---

[1] Walton, R. E., *Innovating to Compete*, Jossey-Bass, San Francisco,1987.

[2] Cohen, W. M. and Levinthal, D. A., "Absorptive Capacity: A new Perspective on Learning and Innovation", *Administrative Science Quarterly*, 1990,35:pp. 128 – 152.

[3] Davis Louise, "Work Environments and Organizational Innovativeness: An Exploratory Study of the Formal Relationships in Three Organizations", Doctoral Dissertation University of California, Los Angeles, 1991.

与巴克(Mone,McKinley & Barker,1998)①等人的研究结果一致。

表7-8　环境特性对组织创新的回归分析

因变项:组织创新		
自变项	参考系数	t 值
常数项	289. 259	8. 158 ***
不确定性	-5. 989	-6. 668 ***
变动频率	8. 146	4. 923 ***
变动规模	0. 689	3. 573 **
复杂性	0. 382	1. 999 **
F		63. 339 ***
R^2		0. 725
Adj R^2		0. 703
DW		2. 18

注:** 表示 p <0.01;*** 表示 p <0.001。

（4）个人变项、组织变项与环境变项对组织创新影响的分析

以上三个部分,对于个人变项、组织变项与环境变项个别对组织创新的关系与影响有了详细的说明,个人、组织、环境三个因素相互配合与互动,会影响组织创新的过程与结果,至于哪种因素对于组织创新有较大的影响力,本书的访谈结果或者过去的相关文献并没有一致的结论,因而留下本章此部分的伏笔有待验证,以下就此概念进行验证并说明如下。

为探讨个人变项、组织变项与环境变项对组织创新的影响,以及三个变量间的互动关系与变量对组织创新的影响力哪个较大,本书以逐步回归分析(Stepwise Multiple Regression)依据自变项对因变项

① Mone, M. A. , McKinley, W. and Barker, V. L. , "Organizational Decline and Innovation: A Contingency Framework", *Academy of Management*, 1998, 23: pp. 115 - 132.

影响力的大小,逐步检视每一个预测变项的影响,以及自变项独特的先后因果影响关系。本书采用逐步分析法,先依顺向进入法,逐步纳入最具预测效力的预测变项,但每纳入一个预测变项后,即利用反向淘汰法检验在方程式中所有预测变项,若有任何未达显著的预测变项则予以淘汰,此原则持续进行直到所有保留在方程式的预测变项都是达到显著水平、而淘汰的预测变项均为不显著的变项为止。表7-9为逐步回归的结果,研究结果发现,逐步回归共选取五个显著的预测变项,分别为:不确定性、变动频率、集权化、正式化、复杂化,均为"组织变项"与"环境变项",影响变异量达 69.7%,其中"不确定性"与"复杂化"两构面均与组织创新呈现显著的负相关。首先被选并加入模式中的重要预测变项"不确定性"(模式1)与"变动频率"(模式2),都是属于"环境变项",此意味着影响组织创新的因素中,环境变项可能有较大的影响力。其次被选并加入模式中的重要预测变项依序为"集权化"(模式3)、"正式化"(模式4)、"复杂化"(模式5),而"集权化"、"正式化"、"复杂化"都是属于"组织变项",因此,影响组织创新的因素中,组织变项也是重要的影响变项,而且组织变项可能具有相较于环境变项次之的影响力。相较于"环境变项"与"组织变项","个人变项"的创造性人格特质对组织创新的影响并不显著。

表7-9 个人变项、组织变项与环境变项对组织创新影响的逐步回归分析

模式	变量	选入变量	未标准化系数		标准化系数	t	P 值	Adj R^2	Adj R^2 改变量
			B 的估计值	标准误	Beta 分配				
1	(常数) 不确定性	不确定性	399.839	9.452		42.300	0.000 ***	0.581	0.551
			-9.544	0.733	-0.745	-13.01	30.000 ***		

续表

模式	变量	选入变量	未标准化系数		标准化系数	t	P 值	Adj R²	Adj R² 改变量
			B 的估计值	标准误	Beta 分配				
2	(常数)不确定性、变动频率	变动频率	288.328	22.208		12.983	0.000 ***	0.629	0.78
			−6.384	0.884	−0.498	−7.223	0.000 ***		
			7.737	1.421	0.376	5.445	0.000 ***		
3	(常数)不确定性、变动频率、集权化	集权化	242.524	26.283		9.227	0.000 ***	0.651	0.022
			−5.863	0.875	−0.457	−6.702	0.000 ***		
			8.214	1.388	0.399	5.917	0.000 ***		
			1.045	0.343	0.157	3.046	0.003 **		
4	(常数)不确定性、变动频率、集权化、正式化	正式化	186.105	31.924		5.830	0.000 ***	0.670	0.019
			−4.964	0.904	−0.387	−5.493	0.000 ***		
			7.574	1.367	0.368	5.539	0.000 ***		
			1.178	0.337	0.177	3.500	0.001 **		
			1.407	0.477	0.172	2.950	0.004 **		

续表

模式	变量	选入变量	未标准化系数		标准化系数	t	P 值	Adj R²	Adj R² 改变量
			B 的估计值	标准误	Beta 分配				
5	(常数)不确定性、变动频率、集权化、正式化、复杂化	复杂化	198.724	31.843		6.241	0.000 ***	0.681	0.011
			− 4.842	0.890	− 0.378	− 5.440	0.000 ***		
			7.255	1.351	0.352	5.370	0.000 ***		
			0.947	0.345	0.142	2.741	0.007 **		
			1.888	0.511	0.231	3.692	0.000 ***		
			− 4.649	1.971	− 0.131	− 2.359	0.020 *		

注：* 表示 $P < 0.05$；** 表示 $P < 0.01$；*** 表示 $P < 0.001$。

模式 1：预测变量：(常数)，不确定性；

模式 2：预测变量：(常数)，不确定性，变动频率；

模式 3：预测变量：(常数)，不确定性，变动频率，集权化；

模式 4：预测变量：(常数)，不确定性，变动频率，集权化，正式化；

模式 5：预测变量：(常数)，不确定性，变动频率，集权化，正式化，复杂化。

因变项：组织创新。

基于以上的研究结果，为了再深入一层验证组织创新的影响因素，究竟何者对于组织创新具有较大的影响力，以下将再采用层级回归分析法(Hierarchical Multiple Regression)来进行分析，层级回归分析法多运用在当研究者有一明确的理论依据，得以将预测变项进行事先的分割与排序，而并非如上述逐步回归以统计量大小作为预测变项取舍的依据。本书以层级回归来加以检验，由层级回归的结果可知，分别有三群的变项(个人变项、组织变项及环境变项)——投入回归式中，投入回归式的顺序乃是依上述逐步回归影响变项的重要性(先投入环境变项,再投入组织变项,最后投入个人变项),结果如表 7 - 10 所示,结果显示第一群变项(环境变项,模式 1)对组织创新的影响变异效果达 63.6%,第二群变项(环境变项、组织变项,模式 2)投入的后可发现影响变异效果显著的增加($\Delta R^2 = 6.1\%$),第三群变项(环境变项、组织变项与个人变项,模式 3)投入的后可发现影响变异效果并没有显著的增加($\Delta R^2 = 1.4\%$)。由以上结果可知,环境变项对组织创新的影响能力最大,组织变项次之,而个人变项对于组织创新的影响能力则不显著。

表 7 - 10　层级回归的结果:个人变项、组织变项、环境变项与组织创新的关系

自变项	模式 1 (标准化 β 值)	模式 2 (标准化 β 值)	模式 3 (标准化 β 值)
1. 环境变项			
环境的不确定性	- 0.486 ***	- 0.365 ***	- 0.364 ***
变动的频率	0.362 ***	0.348 ***	0.347 ***
变动的规模	0.027	0.077	0.077
复杂性	- 0.023	- 0.045	- 0.045
2. 组织变项			
集权化		0.160 **	0.161 **
正式化		0.234 **	0.234 **
复杂化		- 0.131 *	- 0.130 *
3. 个人变项			
创造力人格特质			0.006
Adj R^2	62.7% ***	68.0% ***	69.7% ***
ΔAdj R^2		5.4% ***	1.8%

注:* 表示 $P < 0.05$;** 表示 $P < 0.01$;*** 表示 $P < 0.001$。

就表 7 - 10 标准化 β 值而言,模式 1 显示"环境的不确定性"、"变动的频率"对于组织创新呈现显著负向与正向关系

$(\beta = -0.486, p < 0.001; \beta = 0.362, p < 0.001)$，而"变动的规模"对于组织创新虽呈现正相关但不显著$(\beta = 0.027)$，"复杂性"对于组织创新则呈现负相关但不显著$(\beta = -0.023)$。

模式 2 显示"环境的不确定性"、"变动的频率"对于组织创新呈现显著负向与正向关系$(\beta = -0.365, p < 0.001; \beta = 0.348, p < 0.001)$，而"变动的规模"对于组织创新虽呈现正相关但不显著$(\beta = 0.077)$，"复杂性"对于组织创新则呈现负相关但不显著$(\beta = -0.045)$。"集权化"、"正式化"对于组织创新呈现显著正向关系$(\beta = 0.160, p < 0.01; \beta = 0.234, p < 0.01)$，而"复杂化"对于组织创新则呈现显著的负相关$(\beta = -0.131, p < 0.05)$。

模式 3 显示"环境的不确定性"、"变动的频率"对于组织创新呈现显著负向与正向关系$(\beta = -0.364, p < 0.001; \beta = 0.347, p < 0.001)$，而"变动的规模"对于组织创新虽呈现正相关但不显著$(\beta = 0.077)$，"复杂性"对于组织创新则呈现负相关但不显著$(\beta = -0.045)$。"集权化"、"正式化"对于组织创新呈现显著正向关系$(\beta = 0.161, p < 0.01; \beta = 0.234, p < 0.01)$，而"复杂化"对于组织创新则呈现显著的负相关$(\beta = -0.130, p < 0.05)$。至于"创造力人格特质"与组织创新呈现正相关但不显著$(\beta = 0.006)$。

基于表 7-9 与表 7-10 的研究结果与上述的分析，组织创新的影响因素中以"环境变项"与"组织变项"较为重要，本研究假设 4 获得支持。关于组织创新的影响因素许多文献显示：个人变项、组织变项与环境变项均具有影响力(Amabile, 1988; Damanpour, 1984, 1987, 1991)。曾进行系列研究探讨组织创新的学者阿马布勒(Amabile, 1988)非常重视个人创造性变项对组织创新的影响，此外，关于组织创新的影响因素，许多文献显示，个人变项、组织变项与环境变项均具有影响力，然而其中以"组织变项"具有最高的影响力。也有许多学者认为环境因素对于组织创新而言是一个重要的干扰因素。本书的结果较支持"环境变项"与"组织变项"对组织创新有较大的影响力，而个人创造性则与组织创新相关性较小，此与阿马布勒(Amabile, 1988)的观点迥异。此研究结果与本书访谈 6 家个案的结果相似(见本书第5章)。6家个案公司中仅有一家强调个人因素,其他5家公司的访谈结论则与本书实证结果相符。

由上述的研究结果,本书认为,在面对快速变化的TBC环境时,个人可以很快改变以顺应环境,而改变组织却较缓慢,而其中的利害关系则是组织会直接影响环境、个人的搭配。若公司一直处于利润高于成本的情况,将不易有变革、创新的念头;如果环境遇到了很大的变化致使公司走下坡路时,公司就可能考虑到应该做大刀阔斧的改变。环境、速度和外界压力有关,当环境压力很大、压迫感多、要求性很强烈的时候,人在这环境中的速度会变得非常快,且环境力大、组织给予的权力相对会比较大,相对的也会激发出创新来。若组织为一个有机体,而人会是一个变量,环境就是后面的推力,倘若没有压力、没有变化,组织也不会有变化。因此组织创新常常是因适应环境的快速变化,变化速度与幅度愈大,常迫使企业必须以创新的做法来面对,然而不确定性大的情况之下,企业对于创新会持比较保守的态度。组织需因适应环境的快速变化进行调整,适当的集权化与正式化会助长组织创新的程度,而高度复杂化的组织其组织创新程度则有可能会较差。个人创造力对组织创新的影响在本书的结果中并不显著,其原因可能是本书与阿马布勒(Amabile,1988)的研究取向不同,而且与其他变项一起考虑,有可能导致此变项的相对影响力降低。

表7-5的研究结果显示,创造力与组织创新仍是显著的正向关系,管理者对此变项也不应偏废,应该审视环境,调整组织,提升创造力,则整体的组织创新方能在"个人、组织、环境相互配合"的前提的下,提高组织创新的能力。

7.3.2 面向TBC环境的组织创新与组织绩效相关性分析

归纳组织创新实证研究结果发现:面临TBC环境的企业,组织创新的程度是否事关组织绩效的良否。亚敏、库纳塞卡杨与马温德(1999)等人探讨创新指标与绩效间的关系,结果发现组织创新(管理创新、技术创新与产品创新)与绩效显著相关。组织创新能力的培养是现代企业刻不容缓的议题。据此,本书借助发展出来的组织创新评价模式(见第 6 章)来计算研究样本的组织创新程度与排名,如表 7 – 11 所示。由于本研究发展出来评价组织创新的模式包含了主观指针与客观指标,并通过标准化 Z 转换的过程乘上权数后加总而得,因此结果较为严谨,详细的指标与权数见第五、六章,这里不再赘述。至于组织绩效方面,本研究的组织绩效评价的指针包括财务与非财务指标,包括资产报酬率(ROE)、每股盈余(EPS)、公司销售成长率、公司市场占有率等四个指针,组织绩效的计算也通过标准化 Z 转换的过程,将四个指标的值加总而得,的后也依数值大小将其排序,如表 7 – 11 所示。通过 Spearsman 相关系数分析的计算公式:

$$\text{Spearsman 相关系数} = 1 - 6\,\frac{\sum d_i^2}{n(n^2 - 1)}; n = 276, \text{本研究得到相关系}$$

数为 0. 396 ** (p-value =0. 007),因此,本书关于组织创新与组织绩效相关性的分析,得到的结论为组织创新与组织绩效呈现显著正相关,即组织创新程度越高则组织绩效可能越高,假设 5 获得支持。此研究结果与过去学者的研究结果一致。

基于以上分析可知,多数学者与本书均认为组织创新与组织绩效呈现正向相关,然而其间的因果关系,本书并未加以验证,甚至有些学者认为绩效高才有能力进行组织创新,此看法在本研究个案公司的深度访谈也有主管提出,本书针对其相关性作出分析。

表 7 –11　组织创新与组织绩效 Spearsman 相关系数分析

公司编号	组织创新排名	组织绩效排名	d_i	d_i^2
1	159	237	13	169
2	222	203	− 65	4225
3	157	236	25	625
4	223	204	− 48	2304
5	122	124	2	4
6	161	158	− 31	961

公司编号	组织创新排名	组织绩效排名	di	di^2
7	148	228	−42	1764
8	9	92	83	6889
9	73	8	−65	4225
10	19	15	−4	16
11	207	250	3	9
12	232	179	2	4
13	62	46	−16	256
14	225	199	27	729
15	220	262	−26	676
16	37	35	−2	4
17	28	128	100	10000
18	109	129	20	400
19	158	235	7	49
20	233	219	−6	36
21	206	180	−15	225
22	125	112	−13	169
23	5	33	28	784
24	93	48	−45	2025
25	238	271	62	3844
26	230	171	24	576
27	11	50	39	1521
28	10	51	41	1681
29	17	52	35	1225
30	34	43	9	81
31	30	1	−29	841
32	61	19	−42	1764

公司编号	组织创新排名	组织绩效排名	di	di^2
33	89	39	−50	2500
34	90	94	4	16
35	49	20	−29	841
36	138	120	−18	324
37	1	2	1	1
38	106	79	−27	729
39	111	21	−90	8100
40	33	95	62	3844
41	24	96	72	5184
42	130	97	−33	1089
43	197	207	56	3136
44	112	98	−14	196
45	50	6	−44	1936
46	71	81	10	100
47	96	16	−80	6400
48	70	53	−17	289
49	12	7	−5	25
50	29	54	25	625
51	18	55	37	1369
52	51	22	−29	841
53	68	23	−45	2025
54	113	82	−31	961
55	87	87	0	0
56	186	167	12	144
57	118	121	3	9
58	40	132	92	8464

续表

公司编号	组织创新排名	组织绩效排名	di	di^2
59	80	99	19	361
60	132	122	−10	100
61	91	56	−35	1225
62	79	57	−22	484
63	63	58	−5	25
64	14	100	86	7396
65	52	59	7	49
66	42	41	−1	1
67	83	101	18	324
68	47	60	13	169
69	100	113	13	169
70	103	102	−1	1
71	110	123	13	169
72	107	103	−4	16
73	274	163	17	289
74	4	24	20	400
75	95	25	−70	4900
76	85	61	−24	576
77	7	62	55	3025
78	75	26	−49	2401
79	74	9	−65	4225
80	31	63	32	1024
81	94	64	−30	900
82	32	10	−22	484
83	69	114	45	2025
84	20	27	7	49

公司编号	组织创新排名	组织绩效排名	di	di^2
85	195	157	25	625
86	88	115	27	729
87	127	116	−11	121
88	99	65	−34	1156
89	2	11	9	81
90	46	104	58	3364
91	48	66	18	324
92	3	3	0	0
93	114	133	19	361
94	77	67	−10	100
95	27	68	41	1681
96	108	28	−80	6400
97	98	69	−29	841
98	36	70	34	1156
99	6	117	111	12321
100	59	118	59	3481
101	22	71	49	2401
102	43	134	91	8281
103	56	42	−14	196
104	72	84	12	144
105	76	85	9	81
106	123	125	2	4
107	53	72	19	361
108	66	34	−32	1024
109	35	29	−6	36
110	120	73	−47	2209

续表

公司编号	组织创新排名	组织绩效排名	di	di^2
111	116	105	-11	121
112	45	30	-15	225
113	126	12	-114	12996
114	38	13	-25	625
115	21	14	-7	49
116	65	106	41	1681
117	131	89	-42	1764
118	39	74	35	1225
119	121	107	-14	196
120	102	90	-12	144
121	81	38	-43	1849
122	57	75	18	324
123	60	31	-29	841
124	86	4	-82	6724
125	13	76	63	3969
126	58	32	-26	676
127	8	5	-3	9
128	44	77	33	1089
129	135	108	-27	729
130	104	78	-26	676
131	41	86	45	2025
132	133	126	-7	49
133	124	135	11	121
134	78	136	58	3364
135	82	91	9	81
136	136	119	-17	289

231

续表

公司编号	组织创新排名	组织绩效排名	di	di^2
137	26	88	62	3844
138	97	137	40	1600
139	208	178	5	25
140	171	220	−24	576
141	209	177	21	441
142	134	111	−23	529
143	25	127	102	10404
144	172	249	47	2209
145	64	131	67	4489
146	101	47	−54	2916
147	147	273	20	400
148	234	176	−36	1296
149	173	218	23	529
150	145	139	−19	361
151	235	181	31	961
152	146	175	12	144
153	266	221	5	25
154	175	140	−36	1296
155	144	272	−20	400
156	210	182	8	64
157	141	222	34	1156
158	174	174	−27	729
159	265	251	25	625
160	143	183	42	1764
161	236	252	34	1156
162	176	223	−14	196

公司编号	组织创新排名	组织绩效排名	di	di^2
163	170	141	14	196
164	140	248	2	4
165	267	217	− 32	1024
166	231	173	21	441
167	205	184	− 11	121
168	177	224	54	2916
169	268	142	− 46	2116
170	139	172	17	289
171	237	253	38	1444
172	211	145	52	2704
173	178	247	45	2025
174	264	185	12	144
175	142	143	− 35	1225
176	269	225	− 37	1369
177	179	216	47	2209
178	15	49	34	1156
179	128	36	− 92	8464
180	180	254	− 18	324
181	263	215	− 27	729
182	212	144	24	576
183	169	226	45	2025
184	239	186	35	1225
185	181	274	− 26	676
186	270	170	14	196
187	182	270	17	289
188	153	227	5	25

233

公司编号	组织创新排名	组织绩效排名	di	di^2
189	154	146	-8	64
190	204	246	-3	9
191	262	187	37	1369
192	155	255	-27	729
193	229	214	35	1225
194	213	147	59	3481
195	183	269	-47	2209
196	240	188	27	729
197	203	275	25	625
198	156	148	-36	1296
199	261	276	31	961
200	152	189	56	3136
201	184	169	41	1681
202	67	17	-50	2500
203	271	213	37	1369
204	214	245	-25	625
205	151	168	29	841
206	241	256	20	400
207	202	190	-35	1225
208	243	229	-47	2209
209	185	267	-15	225
210	242	149	30	900
211	150	268	14	196
212	244	191	-6	36
213	105	37	-68	4624
214	260	244	-31	961

续表

公司编号	组织创新排名	组织绩效排名	di	di^2
215	149	257	1	1
216	245	192	-42	1764
217	228	212	20	400
218	201	150	58	3364
219	187	230	40	1600
220	259	193	-27	729
221	168	166	61	3721
222	272	211	-13	169
223	246	194	28	784
224	216	258	5	25
225	273	165	59	3481
226	167	243	9	81
227	258	195	7	49
228	215	210	-8	64
229	188	266	54	2916
230	247	151	24	576
231	217	265	23	529
232	200	231	6	36
233	257	152	-14	196
234	227	196	8	64
235	199	242	-3	9
236	248	14	5	25
237	276	209	11	121
238	189	259	13	169
239	55	83	28	784
240	164	232	20	400

公司编号	组织创新排名	组织绩效排名	di	di^2
241	249	197	−21	441
242	198	260	35	1225
243	256	153	−31	961
244	218	241	30	900
245	163	208	−49	2401
246	226	198	46	2116
247	250	264	45	2025
248	190	162	−25	625
249	275	261	19	361
250	165	154	15	225
251	251	233	7	49
252	219	161	35	1225
253	191	263	31	961
254	92	93	1	1
255	16	18	2	4
256	166	155	12	144
257	129	80	−49	2401
258	254	234	−54	2916
259	192	200	36	1296
260	252	160	−37	1369
261	196	240	51	2601
262	255	201	−57	3249
263	160	238	9	81
264	221	206	45	2025
265	193	239	38	1444
266	162	156	−36	1296

公司编号	组织创新排名	组织绩效排名	di	di^2
267	253	205	9	81
268	84	130	46	2116
269	224	202	5	25
270	194	159	-21	441
271	117	44	-73	5329
272	54	40	-14	196
273	119	138	19	361
274	137	45	-92	8464
275	115	109	-6	36
276	23	110	87	7569

注：Sperasman 相关系数 $= 1 - 6\dfrac{\sum d_i^2}{n(n^2-1)}$；$n = 276$。

7.4　不同企业特性与产业的组织创新差异分析

　　此部分就不同企业特性(员工人数、成立年数、组织生命周期、资本额、资本属性)与产业(IT 行业、家电行业、零售服务业、汽车工业)在组织创新及组织创新各构面("产品创新"、"制程创新"、"创造力工作环境"、"营销创新"、"组织特性创新"、"组织制度创新"、"策略创新")的差异进行分析。结果分别如表 7 – 12 ~ 表 7 – 17 所示,研究结果发现:"不同的员工人数"、"不同的资本属性"在组织创新及其各构面上并无显著差异;"不同的成立年数"在创造力环境、组织特性、管理创新与组织创新上有显著差异,表现较佳者为 10 年以上的企业;"不同组织生命周期"在制程创新、创造力环境、营销创新、组织特性创新、组织制度创新、管理创新与组织创新上有显著差异,其中以"衰退期"的组织创新程度最差,此与摩恩、麦金利与巴克(1998)等人的研究结论一致;"不同资本额"在制程创新的表现上有所差异,资本额愈高,制程创新程度较高;"不同产业"在制程创新的表现上有所差异,但是组织创新上则无差异,此与丹麦普(Damanpour,1991)的研究结论不一致。由于本书样本数不多,因此,在进行变异数分析时,有些群体过小,分析上可能会有部分的误差,此为本部分研究的限制。

表7-12　不同员工人数在各构面差异的比较分析

比较构面		200人以下 (n=80)	201~500人 (n=72)	501~1000人 (n=30)	1001~2000人 (n=18)	2001~3000人 (n=42)	3001人以上 (n=34)	F值	P值
技术创新	产品创新	39.5750	38.8611	35.0667	38.9524	41.2353	40.6667	1.004	0.418
	制程创新	20.5000	20.4722	19.0000	21.4286	21.7647	22.3333	1.249	0.290
	创造力	96.8750	95.0556	89.1333	97.5714	100.1176	95.3333	0.617	0.687
管理创新	营销创新	36.3250	35.3611	32.8667	34.0476	36.8824	36.8889	0.518	0.762
	组织特性	35.1000	33.8889	31.2667	35.5238	37.5294	35.0000	1.195	0.315
	组织制度	27.6000	26.0278	26.2000	28.3333	30.1765	28.5556	0.930	0.464
	策略创新	28.2750	29.3611	29.2667	32.2381	32.3529	29.7778	1.187	0.319
组织创新		284.2500	279.0278	262.8000	288.0952	300.0588	288.5556	0.875	0.500
管理创新		224.1750	219.6944	208.7333	227.7143	237.0588	225.5556	0.734	0.599
技术创新		60.0750	59.3333	54.0667	60.3810	63.0000	63.0000	1.291	0.272

表7-13 不同成立年数在各构面差异的比较分析

比较构面		5年以下 (n=88)	6~10年 (n=60)	10年以上 (n=128)	F值	P值	Scheffe 检定
技术 创新	产品创新	39.2955	36.7667	40.0156	1.558	0.214	
	制程创新	20.5682	20.0000	21.2188	0.993	0.373	
管理 创新	创造力	94.9773	88.1000	100.3281	4.604	0.012	10年 以上> 6~10年
	营销创新	36.9091	33.2333	35.5000	1.418	0.246	
	组织特性	35.5227	32.0333	35.4375	2.348	0.099	
	组织制度	28.8409	26.2333	27.2344	1.231	0.295	
	策略创新	29.3636	28.4333	30.8906	1.219	0.299	
组织创新		285.4773	264.8000	290.6250	2.499	0.086	10年 以上> 6~10年
管理创新		225.6136	208.0333	229.3906	2.473	0.088	10年 以上> 6~10年
技术创新		59.8636	56.7667	61.2344	1.692	0.188	

注:阴影部分代表显著。

表7-14 不同组织生命周期发展阶段在各构面差异的比较分析

比较 构面		萌芽期	成长期 (n=16)	成熟期 (n=144)	衰退期 (n=94)	再生期 (n=14)	F值 (n=8)	P值	Scheffe 检定
技术创新	产品 创新	37.2500	39.0972	40.1064	38.4286	31.5000	1.096	0.361	
	制程 创新	21.2500	20.7361	21.2128	16.7143	21.5000	2.026	0.094	—
管理创新	创造 力	88.3750	99.2639	96.0000	77.2857	84.0000	3.179	0.016	成长 >衰退
	营销 创新	34.3750	37.1806	34.9362	28.1429	25.5000	3.123	0.017	—
	组织 特性	36.1250	36.0278	33.9574	27.5714	30.0000	2.664	0.035	—

续表

比较 构面		萌芽期	成长期 (n=16)	成熟期 (n=144)	衰退期 (n=94)	再生期 (n=14)	F值 (n=8)	P值	Scheffe 检定
	组织 制度	27.7500	28.6944	27.5957	18.4286	21.2500	4.267	0.003	成长>衰 退 成熟 >衰退
	策略 创新	28.1250	30.2917	30.7021	25.0000	24.5000	1.550	0.192	
组织 创新		273.2500	291.2917	284.5106	231.5714	238.2500	3.008	0.021	成长 >衰退
管理 创新		214.7500	231.4583	223.1915	176.4286	185.2500	3.603	0.008	成长 >衰退
技术 创新		58.5000	59.8333	61.3191	55.1429	53.0000	0.941	0.443	

注:阴影部分代表显著。

表7-15　不同资本额在各构面差异的比较分析

比较构面		1亿以下 (n=58)	2亿~6亿 (n=110)	7亿 (n=108)	F值	P值	Scheffe 检定
技术创新	产品创新	39.0690	38.9636	39.2037	0.011	0.989	
	制程创新	19.7241	20.0000	22.0556	4.980	0.008	7亿>2亿 ~6亿 7亿>1亿 以下
	创造力	94.7931	93.4727	99.1296	1.300	0.276	
管理创新	营销创新	33.9655	36.0364	35.6667	0.495	0.611	
	组织特性	35.2414	33.0364	36.1667	2.339	0.100	
	组织制度	25.6552	27.5273	28.5370	1.471	0.233	
	策略创新	27.5517	29.8909	31.0926	2.088	0.128	
组织创新		276.0000	278.9273	291.8519	1.153	0.319	
管理创新		217.2069	219.9636	230.5926	1.151	0.319	
技术创新		58.7931	58.9636	61.2593	0.748	0.475	

注:阴影部分代表显著。

表 7 - 16　不同资本属性在各构面差异的比较分析

比较构面		本国资本（n = 216）	中外合资（n = 54）	外国资本（n = 6）	F 值	P 值
技术创新	产品创新	38.6667	40.2593	43.3333	0.797	0.462
	制程创新	20.7407	20.5185	23.0000	0.571	0.604
管理创新	创造力	95.4722	97.8148	97.0000	0.169	0.845
	营销创新	35.1204	36.7407	36.0000	0.333	0.717
	组织特性	34.5278	35.3704	36.0000	0.166	0.847
	组织制度	27.1944	28.2963	32.6667	0.999	0.371
	策略创新	29.8056	30.0000	31.0000	0.41	0.960
组织创新		281.5278	289.0000	299.0000	0.34	0.712
管理创新		222.1204	228.2222	232.6667	0.264	0.768
技术创新		59.4074	60.7778	66.3333	0.697	0.500

241

表 7 - 17　不同产业类别在各构面差异的比较分析

比较构面		家电业（n = 68）	IT 业（n = 86）	服务业（n = 56）	汽车业（n = 66）	F 值	P 值	Scheffe 检定
技术创新	产品创新	40.1471	39.6786	37.5455	39.0233	0.591	0.622	
	制程创新	21.0588	21.5000	19.1818	21.2093	2.296	0.081	—
管理创新	创造力	96.3529	92.7500	98.5758	95.7442	0.482	0.695	
	营销创新	35.9412	35.1071	33.8485	36.5349	0.566	0.638	
	组织特性	34.7941	35.0000	33.8182	35.1860	0.209	0.890	
	组织制度	27.2647	29.0714	27.0909	27.0698	0.519	0.670	
	策略创新	31.2941	30.2143	28.2121	29.7907	0.944	0.421	
组织创新		286.8529	283.3214	278.2727	284.5581	0.153	0.928	
管理创新		225.6471	222.1429	221.5455	224.3256	0.060	0.981	
技术创新		61.2059	61.1786	56.7273	60.2326	1.211	0.308	

注：阴影部分代表显著。

7.5 研究结论与假设验证结果

根据以上第一至第四节的实证分析结果,本节就本书所建立的研究假设说明其实证的结果,并归纳成表 7 - 18 加以说明:

表 7 - 18 研究假设检定结果与说明

研究假设	结果	依据
H1:组织成员越具备高个人创造力的特质,组织创新的程度越高	支持	表 7 - 5
H1 - 1:组织成员越具备高个人创造力的特质,"产品创新"的程度越高	支持	表 7 - 5
H1 - 2:组织成员越具备高个人创造力的特质,"制程创新"的程度越高	支持	表 7 - 5
H1 - 3:组织成员越具备高个人创造力的特质,"创造力工作环境"的程度越高	支持	表 7 - 5
H1 - 4:组织成员越具备高个人创造力的特质,"营销创新"的程度越高	支持	表 7 - 5
H1 - 5:组织成员越具备高个人创造力的特质,"组织特性创新"的程度越高	支持	表 7 - 5
H1 - 6:组织成员越具备高个人创造力的特质,"组织制度创新"的程度越高	支持	表 7 - 5
H1 - 7:组织成员越具备高个人创造力的特质,"策略创新"的程度越高	支持	表 7 - 5
H1 - 8:组织成员越具备高个人创造力的特质,"技术创新"的程度越高	支持	表 7 - 5
H1 - 9:组织成员越具备高个人创造力的特质,"管理创新"的程度越高	支持	表 7 - 5
H1 - 10:组织成员越具备高个人创造力的特质,"组织创新"的程度越高	支持	表 7 - 5
H2:不同的组织结构与组织特性,其组织创新的程度有所差异	部分支持	表 7 - 6,表 7 - 7

研究假设	结果	依据
H2-1:组织"集权化"程度越高,则"产品创新"的程度越高	不支持	表7-6
H2-2:组织"集权化"程度越高,则"制程创新"的程度越高	不支持	表7-6
H2-3:组织"集权化"程度越高,则"创造力工作环境"的程度越高	支持	表7-6
H2-4:组织"集权化"程度越高,则"营销创新"的程度越高	支持	表7-6
H2-5:组织"集权化"程度越高,则"组织特性创新"的程度越高	支持	表7-6
H2-6:组织"集权化"程度越高,则"组织制度创新"的程度越高	支持	表7-6
H2-7:组织"集权化"程度越高,则"策略创新"的程度越高	不支持	表7-6
H2-8:组织"集权化"程度越高,则"技术创新"的程度越高	不支持	表7-6
H2-9:组织"集权化"程度越高,则"管理创新"的程度越高	支持	表7-6
H2-10:组织"集权化"程度越高,则"组织创新"的程度越高	不支持	表7-6
H2-11:组织"正式化"程度越高,则"产品创新"的程度越高	支持	表7-6
H2-12:组织"正式化"程度越高,则"制程创新"的程度越高	支持	表7-6
H2-13:组织"正式化"程度越高,则"创造力工作环境"的程度越高	支持	表7-6
H2-14:组织"正式化"程度越高,则"营销创新"的程度越高	支持	表7-6
H2-15:组织"正式化"程度越高,则"组织特性创新"的程度越高	支持	表7-6
H2-16:组织"正式化"程度越高,则"组织制度创新"的程度越高	支持	表7-6
H2-17:组织"正式化"程度越高,则"策略创新"的程度越高	支持	表7-6
H2-18:组织"正式化"程度越高,则"技术创新"的程度越高	支持	表7-6
H2-19:组织"正式化"程度越高,则"管理创新"的程度越高	支持	表7-6
H2-20:组织"正式化"程度越高,则"组织创新"的程度越高	支持	表7-6
H2-21:组织"复杂化"程度越高,则"产品创新"的程度越低	不支持	表7-6
H2-22:组织"复杂化"程度越高,则"制程创新"的程度越低	不支持	表7-6

研究假设	结果	依据
H2-23:组织"复杂化"程度越高,则"创造力工作环境"的程度越高	不支持	表7-6
H2-24:组织"复杂化"程度越高,则"营销创新"的程度越低	不支持	表7-6
H2-25:组织"复杂化"程度越高,则"组织特性创新"的程度越低	不支持	表7-6
H2-26:组织"复杂化"程度越高,则"组织制度创新"的程度越低	不支持	表7-6
H2-27:组织"复杂化"程度越高,则"策略创新"的程度越低	不支持	表7-6
H2-28:组织"复杂化"程度越高,则"技术创新"的程度越低	不支持	表7-6
H2-29:组织"复杂化"程度越高,则"管理创新"的程度越低	不支持	表7-6
H2-30:组织"复杂化"程度越高,则"组织创新"的程度越低	不支持	表7-6
H2-31:组织"集权化"、"正式化"与"复杂化"皆对"组织创新"有显著的影响	支持	表7-7
H2-32:不同的"企业特性"(员工人数、成立年数、组织生命周期、资本额、资本属性),其"产品创新"的程度有显著差异	不支持	表7-11~表7-16
H2-33:不同的"企业特性"(员工人数、成立年数、组织生命周期、资本额、资本属性),其"制程创新"的程度有显著差异	部分支持	表7-11~表7-16
H2-34:不同的"企业特性"(员工人数、成立年数、组织生命周期、资本额、资本属性),其"创造力工作环境"的程度有显著差异	部分支持	表7-11~表7-16
H2-35:不同的"企业特性"(员工人数、成立年数、组织生命周期、资本额、资本属性),其"营销创新"的程度有显著差异	部分支持	表7-11~表7-16
H2-36:不同的"企业特性"(员工人数、成立年数、组织生命周期、资本额、资本属性),其"组织特性创新"的程度有显著差异	部分支持	表7-11~表7-16
H2-37:不同的"企业特性"(员工人数、成立年数、组织生命周期、资本额、资本属性),其"组织制度创新"的程度有显著差异	部分支持	表7-11~表7-16
H2-38:不同的"企业特性"(员工人数、成立年数、组织生命周期、资本额、资本属性),其"策略创新"的程度有显著差异	不支持	表7-11~表7-16

研究假设	结果	依据
H2-39:不同的"企业特性"(员工人数、成立年数、组织生命周期、资本额、资本属性),其"技术创新"的程度有显著差异	不支持	表7-11~表7-16
H2-40:不同的"企业特性"(员工人数、成立年数、组织生命周期、资本额、资本属性),其"管理创新"的程度有显著差异	部分支持	表7-11~表7-16
H2-41:不同的"企业特性"(员工人数、成立年数、组织生命周期、资本额、资本属性),其"组织创新"的程度有显著差异	部分支持	表7-11~表7-16
H3:不同的"环境特性"(不确定性、变动规模、变动频率、复杂性),其"组织创新"的程度有所差异	大部分支持	表7-6
H3-1:不同的"环境特性"(不确定性、变动规模、变动频率、复杂性),与"产品创新"的程度呈显著相关	部分支持	表7-6
H3-2:不同的"环境特性"(不确定性、变动规模、变动频率、复杂性),与"制程创新"的程度呈显著相关	支持	表7-6
H3-3:不同的"环境特性"(不确定性、变动规模、变动频率、复杂性),与"创造力工作环境"的程度呈显著相关	支持	表7-6
H3-4:不同的"环境特性"(不确定性、变动规模、变动频率、复杂性),与"营销创新"的程度呈显著相关	支持	表7-6
H3-5:不同的"环境特性"(不确定性、变动规模、变动频率、复杂性),与"组织特性创新"的程度呈显著相关	支持	表7-6
H3-6:不同的"环境特性"(不确定性、变动规模、变动频率、复杂性),与"组织制度创新"的程度呈显著相关	支持	表7-6
H3-7:不同的"环境特性"(不确定性、变动规模、变动频率、复杂性),与"策略创新"的程度呈显著相关	支持	表7-6
H3-8:不同的"环境特性"(不确定性、变动规模、变动频率、复杂性),与"技术创新"的程度呈显著相关	支持	表7-6
H3-9:不同的"环境特性"(不确定性、变动规模、变动频率、复杂性),与"管理创新"的程度呈显著相关	支持	表7-6
H3-10:不同的"环境特性"(不确定性、变动规模、变动频率、复杂性),与"组织创新"的程度呈显著相关	支持	表7-6
H3-11:不同的"环境特性"(不确定性、变动规模、变动频率、复杂性),皆对"组织创新"有显著的影响	支持	表7-8

研究假设	结果	依据
H4:组织创新的影响因素(个人变项、组织变项、环境变项),对组织创新皆有显著影响,其中以环境变项及组织变项具有较大的影响力	支持	表7-9,表7-10
H5 :组织创新程度越高,其组织绩效越高	支持	表7-17
H6 :不同的产业类别,其组织创新的程度有所差异	小部分支持	表7-16
H6-1:不同的"产业类别"(IT行业、家电行业、零售服务业、汽车工业),其"产品创新"的程度有显著差异	不支持	表7-16
H6-2:不同的"产业类别"(IT行业、家电行业、零售服务业、汽车工业),其"制程创新"的程度有显著差异	支持	表7-16
H6-3:不同的"产业类别"(IT行业、家电行业、零售服务业、汽车工业),其"创造力工作环境"的程度有显著差异	不支持	表7-16
H6-4:不同的"产业类别"(IT行业、家电行业、零售服务业、汽车工业),其"营销创新"的程度有显著差异	不支持	表7-16
H6-5:不同的"产业类别"(IT行业、家电行业、零售服务业、汽车工业),其"组织特性创新"的程度有显著差异	不支持	表7-16
H6-6:不同的"产业类别"(IT行业、家电行业、零售服务业、汽车工业),其"组织制度创新"的程度有显著差异	不支持	表7-16
H6-7:不同的"产业类别"(IT行业、家电行业、零售服务业、汽车工业),其"策略创新"的程度有显著差异	不支持	表7-16
H6-8:不同的"产业类别"(IT行业、家电行业、零售服务业、汽车工业),其"技术创新"的程度有显著差异	不支持	表7-16
H6-9:不同的"产业类别"(IT行业、家电行业、零售服务业、汽车工业),其"管理创新"的程度有显著差异	不支持	表7-16
H6-10:不同的"产业类别"(IT行业、家电行业、零售服务业、汽车工业),其"组织创新"的程度有显著差异	不支持	表7-16

7.6 本章小结

本章就面向 TBC 环境的组织创新与相关变项间的相关性进行

探讨,包括组织创新的前置变项(组织创新的影响因素:个人变项、组织变项与环境变项)与结果变项(组织绩效),研究结果显示,78 个假设中有 27 个不支持,51 个支持或部分支持,因此本书相关变量实证的假设大部分获得支持。本书的结论与过去相关的实证文献多能相呼应,此外,本书的相关推论与命题以及 6 家个案公司访谈时未能得到答案悬而未决的议题,在本章实证研究之后,多能得到完整的答案与结果。本书建构的组织创新评价模式,在评价上提供了一种较为完整、严谨的模式,而模式的效度与信度也再次获得验证。

8 总结与展望

8.1 全书总结

本书以典型的快速响应企业为研究样本,以组织创新理论为指导,分析了企业组织创新的基本规律,研究了零时间竞争的组织创新结构模式、过程模式、评价模式及激励模式,并进行了相应的实证研究。

组织创新的层面非常广泛,小从一个个体"创造力"的激发,大到一个组织的再造,都可以是创新。因此,大至企业整体组织结构的调整或策略的改变,小至某一产品或制程的改善,都能算是组织创新的概念,所以组织创新的概念是可简可繁的。由于组织创新的定义或分类尚未一致化,本研究希望先从组织创新的定义上着手,清楚界定组织创新所应涵盖的范围、评价指针与评价模式。关于组织创新的影响因素,许多文献显示,个人变项、组织变项与环境变项均具有影响力。因此,本书进一步探讨了相关变量与组织创新变项间的关系。在实证研究方面,本书以 TBC 企业为研究样本,通过严谨的统计分析方法,获得了较为具体的结论,包括组织创新与相关变量间的关系以及组织创新的效率,以作为企业界在实务运用上的参考以及后续研究者的研究探讨方向。

本书在研究方法上整合了质化与量化的方法,包括质性研究法(如深度访谈、焦点群体法与事后回溯法)、层次分析法(AHP)及多变量统计分析等等;研究取向上则整合了"过程理论研究"与"组织的创新性"两种取向。探讨的重点包括组织创新结构模式的演化与发展、组织创新激励模式的构建、组织创新过程模式的建立、组织创新评价模式的建立、组织创新与影响因素及组织绩效间的互动关系、时基竞争下的 IT 行业与服务业组织创新效率的评估与比较。

根据前面各章的研究,可将本书的主要结论、理论进展和现实意义总结如下:

8.1.1 本书的主要结论

(1)TBC 环境要求企业组织结构模式必须创新

构建快速反应能力是当今企业在面向 TBC 环境时获取持续竞争优势的重要途径,同时也对企业的组织模式和运行机制产生深远的影响。单元组织结构具有反应迅速、流程优化、运作灵活、边界动态以及自我创新的特点,是企业组织创新的发展趋势。本书基于 TBC 环境动态性和复杂性对组织模式提出的要求,分析了基于时间竞争的内涵和特点,阐述了基于合拢管理思想的单元组织结构及其运作模式,并着重提出了 TBC 环境下的组织结构创新模式及面向敏捷供应链管理的企业物流组织创新模式。

(2)建立了 TBC 环境下的面向零时间企业的组织创新激励模式

本书面向零时间企业,在简要阐释零时间企业内涵的基础上,剖析了零时间企业激励的特点与原则,指出了即时激励的重要作用,提出了即时激励的基本内容和"三位一体"的即时激励实现模式。同时,本书还从正反两方面指出了员工流失的利弊,对员工流动的成因进行了分析,并提出了降低员工流失率的激励对策。TBC 下的今天,最重要的管理能力已经不是"资本管理能力",而是"知本的管理能力",因此企业能否管理好自身的核心员工队伍,将是企业未来竞争成败的关键。

(3)本书修正了阿马布勒(Amabile,1988)提出的组织创新过程模式,重构了面向 TBC 环境的组织创新过程模式

曾进行系列研究探讨组织创新的美国著名学者阿马布勒(Amabile,1988)非常重视个人创造性变项对组织创新的影响,认为个人创造力是组织创新的主要元素,无个人创造力便无组织的创新。此外,关于组织创新的影响因素,许多文献显示,个人变项、组织变项与环境变项均具有解释力,其中以"组织变项"具有最高的解释力,也有

249

不少学者认为环境因素对于组织创新而言也是一个重要的干扰因素。本书所建构出来的组织创新模式，归纳出来的个人因素包括关键人物、组织成员创造力、个人心态与个人经验；组织因素包括组织资源、组织文化、组织气候与组织结构设计；环境因素则包括顾客、科技、供货商及竞争者、相关产业及政策等。而个人、组织、环境3个因素相互配合与互动，会影响组织创新的过程。本书以阿马布勒模式为基础，针对访谈结果修正该模式，共分为5个阶段，分别是概念形成、设定程序、产生创新、决策与执行以及结果评估。研究结果较支持"环境变项"与"组织变项"对组织创新有较大的解释力，而个人创造性则与组织创新相关性较小，此与阿马布勒（Amabile，1988）的观点迥异。此研究结果与本书访谈6家个案的结果相似（见本书第五章）。6家个案公司中仅有一家强调个人因素，其他5家公司的访谈结论则与本研究实证结果相符。

（4）阐述了组织创新发生的来源与组织创新的阶段模式

本书基于阿父哈（Afuah，1998）的概念来说明组织创新的来源，服务业事件发生的原因主要是内部价值链和顾客，而较少的是外溢效果与创造性解构。IT业三家公司（华为、联想、方正）组织创新的来源则以外溢效果较重要，其次才为创造性解构（全球化）与顾客，所谓"竞争者外溢效果"（Spillovers from Competitors）是指本公司从其他公司的研发成果中获取的利益效果。至于汽车企业的组织创新来源则以内部价值链为主，较少的是创造性解构（全球化）。家电企业组织创新的来源主要来自于创造性解构和内部价值链，其次为顾客。

个案公司对于组织创新阶段的看法并不一致，TBC环境造成的竞争压力，常会使得企业组织创新的阶段缩短，以便提早获得成效，一般企业对理论上所提出的模式多是持赞成态度，只不过在不同的TBC环境下，企业会修正其创新的阶段。

（5）整合"过程理论"与"组织的创新能力"两种研究取向，构建了面向TBC环境的组织创新评价模式，并以多元观点定义组织创新

过去评价组织创新的程度大都采用认知型问卷以主观指标来评估或仅用一些简单的客观指标，而本书参考了许多专家学者认为

TBC 企业组织模式应该加入的构面,同时还加入了客观与主观的指标,并提供了一套严谨的计算方式。对于组织创新的评价,本书提出了许多具有建设性的改善方向。

就各构面的权数而言,综合学术界与企业界专家的看法,"技术创新"对于组织创新的重要性高于"管理创新";"技术创新"系统构面中以"产品创新"重要性较高;"管理创新"系统构面中以"策略创新"、"组织制度创新"与"组织特性创新"重要性较高。上述系统构面中比较重要的,多为因应环境与顾客需求的构面,如"产品创新"与"策略创新"两构面,"策略创新"之后随之而来的是组织的调整与创新,故"组织制度创新"与"组织特性创新"也存在相当的重要性。此结果相当符合钱德勒的"环境—策略—组织"理论。

(6)深入分析了个人、组织、环境变项与组织创新的相关性

①个人变项与组织创新的相关性分析:研究结果显示,创造性人格特质与组织创新及组织创新各构面均呈现正向的显著相关,与创造性人格特质相关性较高的是"产品创新"与"营销创新";而"技术创新"与创造性人格特质的相关系数比起与"管理创新"的相关系数较高。因此,组织成员越具备高个人创造力的特质,则组织创新的程度越高。此研究结果与阿马布勒(Amabile,1988)等人的研究结果相同。

②组织变项与组织创新的相关性分析:通过相关分析的研究结果显示,"集权化"与"正式化"程度越高,则组织创新的程度越高;"复杂化"对组织创新程度并无显著影响。而回归分析的结果显示,就组织创新而言,"集权化"与"正式化"有正向的显著影响,"复杂化"有负向的显著影响。表示企业"集权化"、"正式化"越高或"复杂度"越低,企业组织创新的程度也就相对提高,此结果与相关分析所得的结论相似。本研究的结果与过去阿马布勒(1996)、丹麦普(1996)、图斯兰与欧莱礼(1996)、摩恩、麦金莱与巴克(1998)等人的研究结果一致。然而,本书关于"集中化"与"组织创新"间的关系与学者们的文献并不一致,原因可能是企业虽致力于创意与组织创新,然而却仍需要标准的作业程序或指导方针,因此,此正式化并不是指

官僚(Bureaucratization),而是指结构化程度。

此外,集中化与组织创新呈现显著正向关系,可能意指集权化程度较高,较有利于政策的制定与决策过程的顺利。

③环境变项与组织创新的相关性分析:本书以相关分析与复回归分析来说明环境变项(不确定性、变动频率、变动规模与复杂性)与组织创新之间的关系,研究结果表明:"不确定性"程度越高,则组织创新的程度越低;"变动频率"、"变动规模"与"复杂性"的程度越高,则组织创新程度也越高。为了进一步了解"环境特性"对"组织创新"的影响,本书以"不确定性"、"变动频率"、"变动规模"、"复杂性"四个变项,对组织创新的影响进行复回归分析。研究结果显示,就组织创新而言,"变动频率"、"变动规模"与"复杂性"有正向的显著影响,"不确定性"有负向的显著影响。企业"变动频率"、"变动规模"或"复杂性"越高或"不确定性"越低,企业组织创新的程度也就相对提高,此结果与相关分析所得的结论相似。

本书的结果与过去沃尔顿(1987)、科恩与莱温特(1990)、达夫维与路易丝(1991)、丹麦普(1996)、摩恩、麦金莱与巴克(1998)等人的研究结果一致。

④个人、组织、环境变项对组织创新影响的分析:以上三个部分,对于个人、组织、环境变项个别对组织创新的关系与影响有了详细的说明,个人、组织、环境三个因素相互配合与互动,会影响组织创新的过程与结果,至于哪一个对于组织创新有较大的影响力,本书的访谈结果或者过去的相关文献并没有一致的结论。为探讨个人、组织、环境变项对组织创新的影响,以及三个变量间的互动关系与变量对组织创新的影响力哪个较大,本书首先以逐步回归分析(Stepwise Multiple Regression)依据自变项对因变项影响力的大小,逐步检视每一个预测变项的影响,以及自变项独特的先后因果影响关系。研究结果发现,首先被选并加入模式中的重要预测变项"不确定性"与"变动频率",都是属于"环境变项",此意味着影响组织创新的因素中,环境变项可能有较大的影响力。其次被选并加入模式中的重要预测变项依次为"集权化"、"正式化"、"复杂化",而"集权化"、"正式化"、

"复杂化"都是属于"组织变项",因此,影响组织创新的因素中,组织变项也是重要的影响变项,而且组织变项的影响力要逊于环境变项。相对"环境变项"和"组织变项","个人变项"的创造性人格特质对组织创新的影响并不显著。

为了再深入一层验证组织创新的影响因素,究竟哪一个对于组织创新具有较大的影响力,本书再采用层级回归分析法(Hierarchical Multiple Regression)来进行分析,由层级回归的结果可知,分别有三群的变项(个人、组织及环境变项)——投入回归式中,投入回归式的顺序是依上述逐步回归影响变项的重要性。由以上结果可知,环境变项对组织创新的影响能力最大,组织变项次之,而个人变项对于组织创新的影响能力则不显著。

(7)阐述了组织创新与组织绩效的相关性

归纳组织创新实证研究结果均发现:面临 TBC 环境,企业组织创新的程度事关组织绩效的良否。组织创新能力的培养是 TBC 环境下的现代企业刻不容缓的议题。本书关于组织创新与组织绩效相关性的分析,得到的结论为组织创新与组织绩效呈现显著正相关,即组织创新程度越高,则组织绩效可能越高。

基于以上的分析可知,多数学者与本书均认为组织创新与组织绩效呈现正向相关,然而其间的因果关系,本书并未加以验证,甚至有些学者认为绩效高才有能力进行组织创新,此看法在本书个案公司的深度访谈中也有主管提出,但本书仅针对其相关性提出影响,其因果关系是否存在,本书未作出结论。

(8)深入分析了不同企业特性与产业的组织创新差异

此部分就不同企业特性(员工人数、成立年数、组织生命周期、资本额、资本属性)与产业(IT 产业、家电产业、服务业以及汽车)在组织创新及组织创新各构面的差异进行分析。研究结果发现:"不同的员工人数"、"不同的资本属性"在组织创新及其各构面上并无显著差异;"不同的成立年数"在创造力环境、组织特性、管理创新与组织创新上有显著差异,表现较佳者为 10 年以上的企业;"不同组织生命周期"在制程创新、创造力环境、营销创新、组织特性创新、组织制度

253

创新、管理创新与组织创新上有显著差异,其中以"衰退期"的组织创新程度最差,此与摩恩、麦金莱与巴克(1998)等人的研究结论一致;"不同资本额"在制程创新的表现上有所差异,资本额越高,制程创新程度较高;"不同产业"在制程创新的表现上有所差异,但是组织创新上则无差异,此与丹麦普(Damanpour,1991)的研究结论不一致。

8.1.2 本书的理论进展

本书进行组织创新模式建构与实证的研究,其理论上的意涵说明如下:

(1)就文献搜集与构面、指标的确认而言

本研究搜集有关国内外关于创新及组织创新的理论和文献,归纳整理所有可能的组织创新评量指针,通过焦点群体法与专家意见咨询法加以汇总,以作为建构我国 TBC 企业组织创新评估模式的理论基础。此流程通过大量次级数据的汇总与专家意见的整合,使得各构面的题项内容与用语均具有面向 TBC 环境的本土化意义,相对于过去研究组织创新的学者而言,本书在组织创新评价构面与内容的扩大化与厘清上,有了更多的修正与发展。

(2)就本研究发展的组织过程理论而言

组织创新本身是一种动态的过程,若仅单从组织创新的结果来进行研究便会失的偏颇,而无法窥得全貌。本书整合"过程理论研究"与"组织的创新性"两种研究取向,针对组织创新的议题进行更深入的探索与研究。本书就过程理论研究的观点来探讨组织创新过程模式,通过国内 6 家以快速响应著称的 TBC 企业的访谈结果,深入分析了 TBC 组织创新的"来源"、"阶段"与"过程",实际访谈的结果与理论上建构的模式存在一些差异,本书也都针对差异的地方加以修正或说明。组织创新的"过程":个人、组织、环境 3 个因素交互配合与互动,会影响组织创新的过程,至于哪一个对于组织创新有较大的影响力,访谈中并没有一致的结论。而阿马布勒(1988)提出的模式也获得很多公司的支持,只不过影响因素再加入组织与环境,或许会更为严谨。修正后的组织创新过程模式将更值得 TBC 企业及后续研究者参考。此外,有许多变量间的相互影响关系,在访谈中无法得到更进一步的结论,便形成研究命题,以供实证研究再深入验证。因此本书过程理论(PT)的建构对于阿马布勒(1988)与沃尔夫(1994)的研究具有补充与延续的意涵。

(3)就本研究发展的 TBC 组织模式而言

过去评价组织创新的程度,大都是采用认知型问卷以主观指标来评估或是仅用一些简单的客观指标(如专利权、研发支出等等),并未考虑各构面与指标的相对重要权数值,因此很容易随填答者的主观认知而产生偏差。鉴于此,本书在分析了 TBC 企业的过程模式之后,更进一步建构 TBC 企业组织的评价模式。

本书所发展的组织创新评价模式,整合了"过程模式"与"评价量表"建构组织创新评价架构。除了"主观指标"之外,再加入可评价的"客观指标"建立初步的评价模式。在完成本书层级架构的建立之后,随之以层次分析法(Analytic Hierarchy Process, AHP)进行构面与指标的成对比较,以求得层级与指标的相对权重,之后建构评价组织创新的计算公式,至此,完成 TBC 企业组织创新评价模式的建构,此评价模式简单易懂且考虑严谨。本模式的发展建立在组织创新量表的基础之上,增加了权数与计算公式的概念,并综合了行为学派与决策学派的研究取向,这是本书对于组织创新研究领域关于评价工具建构的一大贡献。

255

(4)就组织创新模式的实证研究结果而言

通过文献探讨实证研究的结果发现,组织创新各种不同的研究取向,其研究模式与方法均有所差异,因此若要对"组织创新"的概念形成一致的看法并不容易。本书得到以下的发现:①面临 TBC 环境,企业组织创新事关组织绩效的良否;②关于组织创新的影响因素,许多文献显示,个人变项、组织变项与环境变项均具有影响力,然而哪一个具有较大的影响力,却没有定论;③过去关于组织创新的研究多针对技术能力提出评价指标的看法,需要在理论内涵与评价构面上继续扩充与修正;④双核心模式将"组织创新"分为"技术创新"及"管理创新"是学者们较一致的看法。上述第三与第四点的内容已

在组织创新模式内加以说明,第一与第二点的贡献与理论意涵说明如下:

①组织创新与绩效的关系

就研究组织的学者来说,如何从创新的引进来提高组织的绩效一直是个重要的课题,虽然有些学者曾针对创新组织的特征进行研究,然而得到的结论却很不一致,以至于组织创新理论的建构并不容易(旦恩和莫尔,1976)①。出现上述现象原因可能是:不同的新类型并没有很明确的区别(达夫,1978);未详细考虑到创新的引进是多阶段的过程,而且会产生多种结果(扎特曼和邓肯,1976);相同名称的变量,不同的评价方式(旦恩和莫尔,1976);在研究过一小部分特别领域的组织后,便将创新引进的过程一般化(达夫和巴克,1978)②。本书针对上述问题进行探索与克服,建构的组织创新模式对于各构面有了明确的划分;此外,本书采取大样本的研究,对于 TBC 企业进行实证,其代表性高,一般化能力也提升许多。综上所述,组织创新与绩效间关系的研究,存在着许多理论上的缺陷,本书均加以克服与修正,因此对组织创新理论而言,本研究的做法与结果具有较高的参考价值。

②组织创新影响因素与组织创新的关系

关于组织创新的影响因素,许多文献显示,个人变项、组织变项与环境变项均具有影响力,然而其中以"组织变项"具有最高的影响力,而曾进行系列研究探讨组织创新的学者阿马布勒(Amabile,1988)非常重视个人创造性变项对组织创新的影响,此外,也有许多学者认为环境因素对于组织创新而言也是一个重要的干扰因素。基于 6 家个案访谈的结果,本书较支持"环境变项"与"组织变项"对组织创新有较大的影响力,而个人创造性则与组织创新相关性较小,此与阿马布勒(Amabile,1988)的观点迥异。经过实证研究验证的结

---

① Downs, G. W., and Mohr, L. B., "Conceptual Issues in the Study of Innovation", *Administrative Science Quarterly*, 1976, 21: pp. 700 – 714.

② Daft, R. L. and Becker, S. W., *The Innovative Organization*, Elsevier, New York, 1978.

果,此结论也获得支持。本书对于组织创新评价的构面划分较为精细,研究结果分析也较为严谨,此研究结果将使得"面向 TBC 环境的组织创新及其影响因素"的系列研究更有讨论的空间,后续研究者可再延续此研究议题深入研究。

8.1.3 本书的现实意义

本书在进行组织创新模式建构与实证研究后,得到相当丰富的实证资料可供企业界参考,其实务上的意涵说明如下:

(1)本书通过国内 6 家 TBC 企业的访谈结果,深入探讨国内企业组织创新的"来源"、"阶段"与"过程",实际访谈的结果与理论上建构的模式存在一些差异。组织创新的"阶段":TBC 环境下的竞争压力,常会使企业组织创新的阶段缩短,以便提早获得成效,一般企业对理论上所提出的模式多是持赞成态度,只不过在不同的背景与环境的下,企业会修正其执行的阶段,某些阶段会被技巧性地跳过掉。组织创新的"过程":个人、组织、环境 3 个因素相互配合与互动,会影响组织创新的过程,至于哪一个对于组织创新有较大的影响力,访谈中并没有一致的结论,修正后的组织创新过程模式将更值得 TBC 企业及后续研究者参考。

(2)本实证研究的样本,均为需要对环境作出快速响应并满足顾客个性化需求的企业,对于研究面向 TBC 环境的组织创新应该具有相当的代表性。研究结果发现,其中"制程创新"、"创造力工作环境"、"策略创新"平均数较高;而"营销创新"、"组织制度创新"、"产品创新"的平均数较低,"技术创新"构面的平均数高于"管理创新"构面的平均数,大体而言,组织创新的程度都还在平均水平之上。可见一般企业对于技术方面创新较为满意,对管理方面创新的程度则较不了解或不满意,特别是"营销创新"、"组织制度创新"与"产品创新"。今后企业在进行组织创新时,营销创新、组织制度创新与产品创新是首要加强的重点。

(3)本书通过严谨的研究方法建构了 TBC 企业组织模式,有助于 TBC 企业对自身组织创新能力的评价,此外,也可作为公司改善创新管理规划与执行的指导方针与依据。就各构面相对重要性而言,综合学术界与企业界专家的看法,"技术创新"对于组织创新的重要性高于"管理创新";"技术创新"系统构面中以"产品创新"重要性较高;"管理创新"系统构面中以"策略创新"、"组织制度创新"与"组织特性创新"重要性较高。明茨伯格(Mintzberg,2000)认为创新的组织常面对复杂而动态的竞争环境,其中涉及高度技术、经常性的产品变动,临时性、规模极为庞大的项目。因此,上述系统构面中较为重要的,多为因应环境与顾客需求的构面,如"产品创新"与"策略创新"两构面,"策略创新"后紧跟着的是组织的调整与创新,因此"组织制度创新"与"组织特性创新"也存在相当的重要性。此结果相当符合钱德勒的"环境—策略—组织"理论。企业应该遵循此逻辑,配合 TBC 环境因素,进行创新策略的制定与组织模式的及时有效调整。

258

(4)个人变项、组织变项与环境变项均具有影响力,然而,本书的结果认为,"环境变项"与"组织变项"对组织创新有较大的影响力,个人创造性则与组织创新相关性较小。访谈企业多数认为整体的组织创新必须在"个人、组织、环境相互配合"前提下进行,环境快速的变化,个人可以很快转变以顺应环境,改变组织却较缓慢,而组织会直接影响环境、个人的搭配,环境、速度和外界压力有关。企业在面对 TBC 环境时,既要做到快速响应,又要满足顾客的个性化需求,对人的压力很大、压迫感多、要求性很强烈。速度会应 TBC 要求变得非常快,且环境力大,组织给予的权力相对也会比较大,相对地也会激发出创新来,因此若组织为一个有机体,而人会是一个变量,环境就是在后面的推动力,相对地如果没有压力、没有变化,组织也不会有创新。组织创新常是因应环境的快速变化。当然,不确定性大时,企业对于创新会持比较保守的态度。审视环境,调整组织,提高创造力,是企业提升整体组织创新能力的不二法门,企业应该审慎评估面向 TBC 的竞争环境,进而调整组织与个人。

根据以上的研究结论与结果可知,就组织创新而言,技术创新的重要性似乎高于管理创新,然而不可忽略的是管理创新活动对于技术创新活动具有相辅相成的效果,两者同时存在方能发挥综效(Synergy),提升企业适应环境变化的能力。因此,本书关于 TBC 企业组织模式建构的研究,将有助于企业了解本身组织创新的现况,并提供策略上的建议,研究结果将可作为企业改善其创新活动的指导方针与依据,以提高企业的竞争力。

8.2　研究展望

　　尽管本研究大胆地尝试了一些创新工作,且力求严谨,但仍有许多不足或尚待克服的困难点。后续研究者若能就此持续发展,则研究结果将更臻完善与成熟。概括起来,今后关于该方面的研究可以从如下几个方面着手:

259

8.2.1　通过其他研究方法,建构更完善的评价模式

　　就建构 TBC 企业组织评价模式而言,组织创新的评价具有多目标、不易评价、模糊性及涉及认知行为等特性,因此建立一套完整且严谨的评价模式,必须长期融合不同兴趣与专长的学术界与企业界专家方能完成。本书关于在建构此评价模式的过程中,除了相关文献的整理之外,更通过深度访谈法、焦点群体法、专家意见咨询法、探索性因素分析法及层次分析法(AHP)等各种质化与量化方法的整合,求算各层级构面与指标的权重,最后再建构出评价模式与计算公式,此将有助于模式发展严谨性的提升,同时模式内的构面与指标的效度与信度都较能确保。

　　此外,本书假设各层级构面与各指标均是独立的,这与企业管理实务上的运作有所出入。因此,本书的评价模式,并未考虑各层级构面与指标间的相互作用,模式简化的结果可能在评价时产生部分的偏差。后续研究者还可以考虑运用其他的方法来建构"TBC 企业组织评价模式",例如,应用模糊理论或灰色理论来进行模糊准则评分、模糊准则权重设定及模糊组织创新得分,后续研究者可就不同的思考方向及构面,来进行企业组织创新评价的研究。

8.2.2　扩大研究样本或不同的产业及对象

本书建构的研究模式,虽然已针对国内部分 TBC 企业进行实证分析,然而样本数仍嫌不够。因此,本书所建构的组织创新评价模式的研究样本的数量仍有加强的空间。后续研究者可扩大研究的样本进行实证分析,以再度考验本评价模式的信度与效度,使 TBC 组织评价模式更趋严谨。

另外,后续研究者还可考虑不同产业的特性与差异性,分别咨询各个不同产业专家的意见,并针对不同的产业,分别建构各产业所属的评价构面、权数与指标,并进行实证结果的比较分析与汇总,这样将使组织创新的评价模式更趋完善与成熟。

8.2.3　访谈样本与对象可再严谨化

本书的访谈对象的个案公司的选取,虽力求严谨,然而受限于公司配合度的问题,无法选择所有标杆的 TBC 企业进行访谈,加上访谈对象每家企业仅有一位受访者,容易受其主观看法的影响,而影响研究结果,建议后续研究者可选择较多具代表性的受访个案公司,每家企业访谈多位主管或提高访谈主管的阶层,以增加研究的严谨性。

8.2.4　补充或扩大研究模式的内涵及构面

本书所发展的组织创新评价模式偏向于对企业内技术创新与管理创新两大系统构面的评价,后续研究者或许可以加入产业创新、社会创新与国家创新系统的概念,深入探讨其与组织创新间的互动关系或影响,之后再补充或扩大研究模式的内涵及构面,这将使组织创新评价模式更为完善与严谨。此外,本书仅整合"过程理论研究"与"组织的创新性"两种研究取向,后续研究者可再加入"创新的扩散"的研究取向。整合沃尔夫(Wolfe,1994)所提的三种研究,将使组织创新的研究结论更具比较性与完整性。

参考文献

[1]　Aiken, Michael, Samuel B. Bacharach, and J. Lawrence French, "Organizational Structure, Work Process, and Proposal Making in Administrative Bureaucracies", *Academy of Management Journal*, 1980, 23.

[2]　Amabele, T. M. , "Entrepreneurial Creativity Through Motivational Synergy", *Journal of Creative Behavior*, 1997, 31(1).

[3]　Amabile, T. M. , "How to Kill Creativity", *Harvard Business Review*, 19(September-October).

[4]　Amabile, T. M. , "Effects of External Evaluation on Artistic Creativity", *Journal of Personality and Social Psychology*, 1979, 37.

[5]　Anderson, J. C. and Gerbing, C. W. , "Structural Equation Modeling in Practice: A Review and Recommended Two-Step Approach", *Psychological Bulletin*, Vol. 103, 1988, 3.

[6]　Bagozzi, R. P. & Yi, Y. , "On the Evaluation of Structure Equations Models", *Academy of Marketing Science*, 1988, 16.

[7]　Beyer, J. M. and Trice, H. M. , *Implementing Change*, Free Press, New York, 1978.

[8]　Blau, J. R. and McKinley, W. , "Idea, Complexity, and Innovation", *Administrative Science Quarterly*, 1979, 24.

[9]　Boussofiane, A. Dyson R. G. and Thanassoulies, E. , "Applied Data Envelopment Analysis", *European Journal of Operational Research*, 1991, 53.

[10]　Burns, T. and Stalker, G. M. , *The Management of Innovation*, Tavistock, London, 1962.

[11]　Burnside, Robert M. , "The Soft Stuff is the Hard Stuff:

261

Encouraging Creativity in Times of Turbulence", *Compensation & Benefits Management*, 1995,11(3).

[12] Carroll, Jean, "A Note on Departmental Autonomy and Innovation in Medical Schools", *Journal of Business*, 1967,40.

[13] Hair, J. F. Jr. , Anderson, R. lE. , Tatham, R. L. & Black, W. C. , *Multivariate Dataanalysis with Reading*, New York, NY: Macmillanj Publishing Company,1992.

[14] William R. King, "Measuring Police Innovation: Issues and Measurement", *Policing*, Bradford, 2000,23(3).

[15] Scott, S. G. & Burce, R. A. , "Determinates of Innovative Behavior, A Path Model of Individual Innovation in the Workplace", *Academy of Management Joumal*, 1994, 37(3).

[16] Gooding, Richard Z. and John A. Wagner, "A Meta-analytic Review of the Relationship Between Size and Performance", *Administrative Science Quarterly*, 1985, 30.

[17] Acs, Zoltan J. and David B. Audretsch, "Innovation, Market Structure, and Firm Size", *Review of Economics and Statistics*, 1987, 69.

[18] Afuah, Allen, *Innovation Management: Strategies, Implementation, and Profits*, New York: Oxford University Press,1998.

[19] Aiken, M. & Hage, J. , "The Organic Organization and Innovation", *Sociology*, 1971, 5.

[20] Alexander E. Ellinger, "Improving Marketing, Logistics Cross-Functional Collaboration in the Supply Chain", *Industrial Markteing Management*, 2000, 29.

[21] Allen,N. J. & Meyer, J. P. , "The Measure Meat and Antecedents of Affective,Continuance and Normative Commitment to the Organization", *Journal of Occupational Psychology*, 1990,(63).

[22] Amabile, T. M. , R. Conti, H. Coon, J. Lazenby & M. Herron, "Assessing the Work Environment for Creativity", *Academy of*

262

Management Journal, 1996, 39(5).

[23] Amabile, T. M. , "Social Psychology of Creativity: A Componential Conceptualization", *Journal of Personality and Social Psychology*, 1983,45.

[24] Amabile, T. M. , "The Creative Environment Scales: The Work Environment Inventory", *Creativity Research Journal*, 1989, 2.

[25] Amabile, T. M. , "A Model of Creativity and Innovation in Organization", Edited by Behavior,1988,10.

[26] Amabile, T. M. , "Motivational Synergy: Toward New Conceptualization of Intrinsic and Extrinsic Motivation in the Workplace", *Human Resource Management Review*, 1993, 3.

[27] Amabile, T. M. , Mary Ann Collins, Regina Conti Y. Elise Phillips, *Creativity in Context: Update to The Social Psychology of Creativity*, Boulder, Colo. , Westview Press,1996.

[28] Amabile, T. M. , P. Goldfarb & S. Brackfield, "Social Influences on Creativity: Evaluation, Coaction and Surveillance", *Creativity Research Journal*, 1990,3.

[29] Amabile, T. M. , K. G. Hill, B. A. Hennessey & E. M. Tighe, "The Work Preference Inventory: Assessing Intrinsic and Extrinsic Motivational Orientation", *Journal of Personality and Social Psychology*, 1994,66(5).

[30] Andrew Pettigrew and Silvia Massini and Tsuyoshi Numagami, "Innovative Forms of Organizing in Europe and Japan", *European Management Journal*, London, 2000,18(3).

[31] Angle,H. L,& Perry,J. L. , "An Empirical Assessment of Organizational Commitment Scales", *Personnel Psychology*, 1983(36).

[32] Bagozzi, R. P. ,*Causal Models in Marketing*, New York: Wiley, 1980.

[33] Baldridge, & Burnham, R. , "Organizational Innovation: Industrial, Organizational, and Environmental Impact", *Administrative*

Science Quarterly, 1975,20.

[34] Bander, A. Charnes and W. W. Cooper, "Some Models for Estimating Technical and Scale Inefficiencies in Data Envelopment Analysis", *Management Science*, 1984, 30(9).

[35] Barbosa, R. R. , "Innovation in a Mature Industry", Ph. D. Dissertation, Columbia University,1985.

[36] Becker, S. W. and Whisler, T. L. , "The Innovative Organization: A Selective View of Current Theory and Research", *Journal of Business*, 1967, 4.

[37] Betz, F. , *Managing Technology-Competing Through New Ventures-Innovation, and Corporate Research*, Prentice Hall, 1987.

[38] Bingham, Richard D. , *The Adoption of Innovation by Local Government*, Lexington, MA: Lexington Books, 1976.

[39] Bolton, Michele Kremen, "Organizational Innovation and Substandard Performance: When is Necessity the Mother of Innovation", *Organization Science*, 1993,4.

[40] Bowlin, W. F. , "Evaluating the Efficiency of US Air Force Real-Property Maintenance Activity", *Journal of the Operational Research*, 1987,38(2).

[41] Budros, "A Conceptual Framework of Analyzing Why Organizations Downsize", *Organization Sciency*, Providence,1999,10(1).

[42] Burgess, B. H. , *Industrial Organization*, Prentice-Hall, Englewood Cliffs, N. J. ,1989.

[43] Butler, J. E. , "Theories of Technological Innovation as Useful Tools for Corporate Strategy", *Strategic Management Journal*, 1988, 9.

[44] Cecil Bozarth & Steve Chapman, "A Contingency View of Time-Based Competition for Manufacturers", *International Journal of Operation & Production Management*, 1996, Vol. 16(6).

[45] Chakrabarti, Alok K. , and Albert H. Rubenstein, "Inter

Organizational Transfer of Technology: A Study of Adoption of NASA Innovations", *IEEE Transactions on Engineering Management*, 1976, EM-23.

[46] Charnes, A. , W. W. Cooper and E. Rhodes, "Measuring the Efficiency of Decision Making Units", *European of Operational Research*, 1979. 、

[47] Charnes, A. , W. W. Cooper and E. Rhodes, "Measuring the Efficiency of Decision Making Units", *European Journal of Operational Research*, 1978,12(6).

[48] Charnes, A. , W. W. Cooper, A. Y. Lewin, R. C. Morey and J. Rousseau, "Sensitivity and Stability Analysis in EDA", *Annals of Operations Research*, 1985, 2.

[49] Chen, J. C. and Abetti, P. A. and Peters, L. S. , "Companies: A Comparative Longitudinal Analysis", *International Journal of Technology Management*, 1998,15(6/7).

[50] Child, John, "Predicting and Understanding Organizational Structure", *Administrative Science Quarterly*, 1973, 18.

[51] Child, John, "Organization Structure and Strategies of Control: A Replication of the Aston Study", *Administrative Science Quarterly*, 1972,17.

[52] Cohen, W. M. and Levinthal, D. A. , "Absorptive Capacity: A New Perspective on Learning and Innovation", *Administrative Science Quarterly*, 1990,35.

[53] Cohn, S. F. & Turyn, R. M. , "The Structure of the Firm and the Adoption of Process Innovations", *IEEE Transactions on Engineering Management*, 1980,27.

[54] Cooper, R. G. and Kleinschmidt, E. J. , "Success Factors in Product Innovation", *Industrial Marketing Management*, 1987,16.

[55] Corwin, Ronald G. , "Innovation in Organizations: The Case of Schools", *Sociology of Education*, 1975,4.

［56］ Dabbs, J. M. , Jr. , "Varieties of Qualitative Research: Making Things Visible" in J. Van Maanen, J. M. Dabbs, Jr. & R. R. Faulkner(ed.), Beverly Hills, CA: Sage,1982.

［57］ Daft, R. L. and Becker, S. W. , *The Innovative Organization*, Elsevier, New York, 1978.

［58］ Daft, R. L. , "A Dual-Core Model of Organization Innovation", *Academy of Management Journal*, 1978,21.

［59］ Daft, R. L. , *Organization Theory and Design*, West, St. , Paul,1989.

［60］ Daft, Richard L. , "Bureaucratic Versus Nonbureaucratic Structure and the Process of Innovation and Change", In *Research in the Sociology of Organizations*, S. B. Bacharach(ed.), Greenwich, CT: JAI Press, 1982.

［61］ Daft, Richard L. , *Organization Theory and Design*, Paul: West Pub. ,1995.

［62］ Damanpour, F. and Evan, W. M. , "The Adoption of Innovation Overtime:Structural Characteristics and Performance of Organizations", Paper Presented at the Annual Meeting of the Decision Science Institute, San Diego,1990.

［63］ Damanpour, Fariborz, "Organizational Complexity and Innovation: Developing and Testing Multiple Contingency Models", *Management Science*, 1996,42.

［64］ Damanpour, F. and Evan, W. M. , "Organizational Innovation and Performance:The Problem of Organizational Lag", *Administrative Science Quarterly*, 1984,29.

［65］ Damanpour, F. and Shanthi Gopalakrishnan, "The Impact of Organizational Context on Innovation Adoption in Commercial Banks", *IEEE Transactions on Engineering Management*, 2000, 47(1).

［66］ Damanpour, F. and Shanthi Gopalakrishnan, "The Dynamics of the Adoption of Product and Process Innovations in Organizations",

Journal of Management Studies, 2001,38(1).

[67] Damanpour, F. , "The Adoption of Technological, Administrative, and Ancillary Innovations: Impact of Organizational Factors", *Journal of Management*, 1987,13.

[68] Damanpour, F. , "Innovation Type, Radicalness, and the Adoption Process", *Communication Research*, 1988,15.

[69] Damanpour, Fariborz, "Organizational Innovation: A Meta Analysis of Effects of Determinants and Moderators", *Academy of Management Journal*, 1991,34(3).

[70] Davenport H. T. , Delong W. D. & Beers C. M. , "Successful Knowledge Management Projects", *Sloan Management Review*, Winter.

[71] Davis Louise, "Work Environments and Organizational Innovativeness: An Exploratory Study of the Formal Relationships in Three Organizations", Doctoral Dissertation University of California, Los Angeles, 1991.

[72] Davis, K. , *Human Relation at Work*, N. Y. : Mcgraw-Hill, 1986.

[73] Dewar, R. D. and Dutton, J. E. , "The Adoption of Radical and Incremental Innovations: An Empirical Analysis", *Management Science*, 1986,32.

[74] Dougherty, D. and Bowman, E. H. , "The Effects of Organizational Downsizing of Product Innovation", *California Management Review*, 1995,37(4).

[75] Downs, G. W. , and Mohr, L. B. , "Conceptual Issues in the Study of Innovation", *Administrative Science Quarterly*, 1976,21.

[76] Drazin, Robert, "Professionals and Innovation: Structural-Functional Versus Radical-Structural Perspectives", *Journal of Management Studies*, 1990,27(3).

[77] Drucker, P. F. , *Innovation and Entrepreneurship: Practice*

and Principles, Heinemann, London,1985.

[78] Duncan, R. B., "The Ambidextrous Organization: Designing Dual Structures for Innovation", Edited by R. H. Kilmann, L. R. Pondy, and D. P. Slevin, *The Management of Organization: Strategy and Implementation*, 1, New York: North-Holland,1976.

[79] Edwards J. R., "Person-job Fit: A Conceptual Integration, Literature Review and Methodological Critique", *International Review of Industrial Organizational Psychology*, 1991,6.

[80] Ettlie, J. E., Bridges, W. P., and O'eefe, R. D., "Organization Strategy and Structural Differences for Radical Versus Incremental Innovation", *Management Journal*, 1984,30.

[81] Ettlie, John E. and Albert H. Rubenstein, "Firm Size and Product Innovation", *Journal of Product Innovation Management*, 1987, 4.

[82] Evan, W. M. and Black, G., "Innovation in Business Organization: Some Factors Associated with Success or Failure", *Journal of Business*, 1967,40.

[83] Evan, W. M., "Organizational Lag", *Human Organizations*, 1966,25.

[84] Fare, R. and W. Hunsaker, "Note: Notions of Efficiency and Their Reference Sets", *Management Science*, 1986,32(2).

[85] Fariborz Damanpour, Shanthi Gopalakrishnan, "The Dynamics of the Adoption of Product and Process Innovations in Organizations", *Journal of Management Studies*, Oxford, 2001,38(1).

[86] Farrell, M. J., "The Measurement of Productive Efficiency", *Journal of the Royal Statistical Society*, 1957,120(3).

[87] Fennell, Mary L., "Synergy, Influence, and Information in the Adoption of Administrative Innovation", *Academy of Management Journal*, 1984, 27.

[88] Forusund, F. R., C. A. Knox Lovell, and P. Schmid,

"A Survey of Frontier Productions and of Their Relationship to Efficiency Measurement", *Journal of Econometrics*, 1980,34(8).

[89] Frankle, E. G. ,*Management of Technology Change*, Kluwer Academic,1990.

[90] Freeman, C. A. , "A Study of Success and Failure in Industrial Innovation", Williams, B. R. (ed.), *Science and Technology in Economic Growth*, New York: Halsted, 1973.

[91] Gattiker, U. E. , *Technology Management in Organization*, Sage, CA.

[92] Glynn, Mary Ann, "Innovative Genius: A Framework for Relating in Dividual and Organizational Intelligences to Innovation", *Academy of Management*, 1996,21(4).

[93] Golany B. and Roll Y. , "An Application Procedure of DEA", *OMEGA*, 1989, 17(3).

[94] Gomez-Mejia, L. R. , Balkin D. B. & Cardy R. L. , *Managing Human Resources*, Englewood Cliffs, N. J. : Prentice-Hall Inc. , 1995.

[95] Gough, H. G. , "A Creative Personality Scale for the Adjective Check List", *Journal of Personality and Social Psychology*, 1979, 37(8).

[96] Hage J. , Aiken M. , *Change in Complex Organizations*, Englewood Cliffs, NJ: Prentice-Hall, 1970.

[97] Hage, "Organization Innovation and Organization Change", *Annu. Rev. Social*, 1999, 25.

[98] Hage, J. , *Theories of Organizations*, Wiley, New York,1980.

[99] Henderson, R. M. and Clark, K. B. , "Architectural Innovation: The Reconfiguration of Existing Product Technologies and the Failure of Established Firms ", *Administrative Science Quarterly*, 1990, 35.

[100] Higgins, James M. , "Innovation:The Core Competence",

269

Planning Review, 1995,23.

[101] Holland, J. L. , *Making Vocational Choices*, Englewood Cliff, NJ: Prentice-Hall, 1985.

[102] Hull, F. and Hage, J. , "Organization for Innovation: Beyond Burns and Stalker's Organic Type", *Sociology*, 1982,16.

[103] Hussey, David E. , *Creativity, Innovation and Strategy: The Innovation Challenge*, London: John Wiley & Sons Ltd. , 1997.

[104] Jervis, P. , "Innovation and Technology Transfer the Roles and Characteristics of Individuals", *IEEE Transactions on Engineering Management*, 1975, 22.

[105] Johannessen, J. A. & Dolva, J. O. , "Competence and Innovation: Identifying Critical Innovation Factors", *Entrepreneurship, Innovation,and Change*, 1994,3(3).

270

[106] Johannessen, Jon-Arild and Olsen, Bjorn and Olaisen, Johan, "Aspects of Innovation Theory Based on Knowledge-Management", *International Journal of Information Management*, Kidlington, 1999,19 (2).

[107] Kaluzny, Arnold D. , James E. Veney, and John T. Gentry, "Innovation of Health Services: A Comparative Study of Hospitals and Health Departments", *Health and Society*, 1974,52.

[108] Kanter, R. M. , "When a Thousand Flowers Bloom: Structural, Collective, and Social Conditions for Innovation in Organization", *Research in Organizational Behavior*, 1988,10.

[109] Kanter, Rosabeth M. , "Innovation – the Only Hope for Time Ahead?", *Sloan Management Review*, 1983,25(4).

[110] Khan, Arshad M. and V. Manopichetwattana, "Innovative and Noninnovative Small Firms: Types and Characteristics", *Management Science*, 1989, 35.

[111] Kim, L. , "Organizational Innovation and Structure", *Journal of Business Research*, 1980, 8.

[112] Kimberly, J. R. & Evanisko, M. , "Organizational Innovation: The Influence of Individual, Organizational, and Contextual Factors on Hospital Adoption of Technological and Administrative Innovations", *Academy of Management Journal*, 1981,24.

[113] Kimberly,J. R. , "Managerial Innovation", Edited by P. C. Nystrom and W. H. Starbuck, *Handbook of Organizational Design*, Oxford University Press, New York, 1981.

[114] Kimberly, J. R. , "The Organization Context of Technological Innovation", Edited by D. D. Davis, *Managing Technological Innovation*, Jossey-Bass, San Francisco, 1986.

[115] Kimberly, John R. , "Organizational Size and the Structuralist Perspective: A Review, Critique, and Proposal", *Administrative Science Quarterly*, 1976, 21.

[116] King, N. & Anderson, N. , *Innovation and Change in Organizations*, London & New York, 1995.

[117] Knight, K. E. , "A Descriptive Model of the Intra-Firm Innovation Process", *Journal of Business*, 1967, 40.

[118] Kristof AL. , "Person-Organization Fit: An Integrative Review of Its Conceptualizations, Measurement, and Implications", *Personal Psychology*, 1996, 49.

[119] Lewin and J. W. Minton, "Determining Organizational Effectiveness", *Management Science*,1986,32(5).

[120] Lewis, Laurie K. and Seibold, David R. , "Innovation Modification During Intraorganizational Adoption", *Academy of Management*, 1993,18(2).

[121] Litwin, G. & Stringer, R. , *Motivation and Organizational Climate*, Cambridge, Mass. : Harvard University Press,1968.

[122] Long, J. C. , *Confirmatory Factor Analysis*, CA:SAGE,1983.

[123] Lumpkin, G. T. & Dess, G. G. , "Clarifying the Entrepreneurial Orientation Construct and Linking it to Performance", *Acade-*

my of Management Review, 1996,21(1).

[124] Majaro, Simon, *The Creative Gap: Managing Ideas for Profit*, London: Longman,1988.

[125] Marino, K. E., "Structural Correlations of Affirmative Action Compliance", *Journal of Business*, 1982,8.

[126] Marsh, Robert M., and Hiroshi Mannari, "The Size Imperative? Longitudinal Tests", *Organization Studies*, 1989,10(1).

[127] Meyer, A. D. & Goes, J. B., "Organizational Assimilation of Innovations: A Multilevel Contextual Analysis", *Academy of Management Journal*, 1988, 31.

[128] Miles, R. E. & Snow, C. C., *Organization Strategy, Structure, and Process*, New York: McGraw-Hill Book Co. ,1978.

[129] Miller, D. & Friesen, P. H., "Innovation in Conservative and Entrepreneurial Firms: Two Models of Strategic Momentum", *Strategic Management Journal*, 1982,3.

[130] Moch, Michael K. and Edward V. Morse, "Size, Centralization and Organizational Adoption of Innovations", *American Sociological Review*, 1977, 42.

[131] Moch, Michael K., "Structure and Organizational Resource Allocation", *Administrative Science Quarterly*, 1976, 21.

[132] Mohr, L. B., *Explaining Organizational Behavior*, San Francisco: Jossey-Bass, 1982.

[133] Mohr, Lawrence B., "Determinants of Innovation in Organizations", *American Political Science Review*, 1969, 63.

[134] Mone, M. A., McKinley, W. and Barker, V. L., "Organizational Decline and Innovation: A Contingency Framework", *Academy of Management*, 1998,23.

[135] Muchinsky P M, Monahan C J., "What is Person-Environment Congruence? Supplementary Versus Complementary Models of Fit", *Journal of Vocational Behavior*, 1987, 31.

［136］ Newell, S. & Swan, J., "Professional Associations as Important Mediators of the Innovation Process", *Science Communication*, 1995,16(4).

［137］ Nicholson, N., "Organizational Innovation in Context: Culture, Interpretation and Application", In M. A. West & J. L. Farr (ed.), *Innovation and Creativity at Work*, Wiley, New York,1990.

［138］ Nohria, N. & Gulati, R., "Is Slack Good or Bad for Innovation?", *Academy of Management Journal*, 1996,39(5).

［139］ Nonaka, I., "The Knowledge-Creating Company", *Harvard Business Review*, 1991.

［140］ Nord, W. R. and Tucker, S., *Implementing Routine and Radical Innovation*, Lexington Books, MA, 1987.

［141］ Normann, R., "Organizational Innovativeness: Product Variation and Reorientation", *Administrative Science Quarterly*, 1971,16.

［142］ Nunnally, Jim C., *Psychometric Theory*, 2nd *Edition*, New York: McGraw-Hill, 1978.

［143］ Nystrom, H., *Creativity and Innovation*, Wiley, New York, 1979.

［144］ Oates, Keith, "Innovation is Everybody's Business", *Management Services*, 1997,41(5).

［145］ Oerlemans L, Meeus M., Boekema W., "Do Networks Matter for Innovation? The Usefulness of the Economic Network Approach in Analyzing Innovation", *Tijdschr. Econ. So. Geogr*, 1998,89(3).

［146］ Pavitt, K., M. Robson, and J. Townsend, "Technological Accumulation, Diversification and Organization in U. K. Companies, 1945 – 1983", *Management Science*, 1989,35.

［147］ Pelz, Donald C. and Fred C. Munson., "Originality Level and the Innovating Process in Organizations", *Human Systems Management*, 1982,3.

［148］ Phoebe M. Carillo, Richard E. Kopelman, "Organization Structure and Productivity", *Group & Organization Studies*, 1999(5).

［149］ Pierce, Jon L. and Andre L. Delbecq, "Organizational Structure, Individual Attitudes, and Innovation", *Academy of Management Review*, 1977,2.

［150］ Porter L. W., Steers R. M., Mowday R. T., "Organization Commitment, Job Satisfaction, and Turnover Among Psychiatric Technicians", *Journal of Applied Psychology*, 1974(59).

［151］ Pugh, D. S., D. J. Hickson, C. R. Hinings, and C. Turner., "Dimensions of Organization Structure", *Administrative Science Quarterly*, 1968,13.

274 ［152］ Pugh, D. S., D. J. Hickson, C. R. Hinings, and C. Turner, "The Context of Organizational Structure", *Administrative Science Quarterly*, 1969,14.

［153］ Quinn, J. B., "The Intelligent Enterprise a New Paradigm", *Academy of Management Executive*,1992, 6(4).

［154］ Raudsepp, E., "Establishing a Creative Climate (Two Dozen Ways to Turn on Your Organization's Light Bulbs)", *Training and Development Journal*, 1987,4.

［155］ Robbins, S. P., *Organizational Behavior: Concepts, Controversies and Applications*, Englewood Cliffs, N. J. Prentice-Hall, 1996.

［156］ Roessner, J. D., "Incentives to Innovate in Public and Private Organizations", *Administration and Society*, 1977,9.

［157］ Rogers, Everett M., Linda Williams, and Rhonda B. West, "Bibliography of the Diffusion of Innovations", Stanford University, Stanford, CA: Institute for Communications Research, 1977.

［158］ Rogers, E. M., *Diffusion of Innovations*, Free Press, New York,1983.

［159］ Roll, Y. and Glolny, B. and Seroussy, D., "Measuring

the Efficiency of Maintence Units in the Israeli Air Force", *European Journal of Poerational Research*, 1991, 43.

[160]　Rosner, M. M. , "Economic Determinants of Organizational Innovation", *Administrative Science Quarterly*, 1968,12.

[161]　Ross, P. F. , "Innovation Adoption by Organizations", *Personnel Psychology*, 1974,27.

[162]　Rothwell, Roy, "Small and Medium Sized Manufacturing Firms and Technological Innovation", *Management Decisions*, 1978, 16(6).

[163]　Rowe, L. A. & Boise, W. B. , "Organizational Innovation: Current Research and Evolving Concepts", *Public Administration Review*, 1974, 34.

[164]　Rubenstein, A. H. and Geisler, E. , "Evaluating the Outputs and Impacts of R & D/Innovation", *IJTM*.

[165]　Russell, R. D. , "An Investigation of Some Organizational Correlates of Corporate Entrepreneurship: Toward a Systems Model of Organizational Innovation", *Entrepreneurship, Innovation, and Change*, 1995, 4(4).

[166]　Satty, T. ,*Analytic Hierarchy Process*, Wiley: N. Y. .

[167]　Schonberger R. J. , "Make Work Cells Work for You", *Quality Progress*, 2004(Apr.).

[168]　Schumann, P. A. , Prestwood, D. C. , Tong, A. H. and Vanston, J. H. , *Innovate: Straight Path to Quality Customer Delight & Competitive Advantage*, McGraw-Hill, New York,1990.

[169]　Senge, P. M. , *The Art and Practice of the Learning Organization*, New York: Doubleday/Currency,1990.

[170]　Shanthi Gopalakrishnan, Fariborz Damanpour, "The Impact of Organizational Context on Innovation Adoption in Commercial Banks", *IEEE Transactions on Engineering Management*, New York, 2000,47(1).

275

[171] Shepard, H. A., "Innovation-Resistion and Innovation-Producing Organizations", *Journal of Business*, 1967, 4.

[172] Singletary, M., *Mass Communication Research: Contemporary Methods and Applications*, New York: Longman.

[173] Slappendel, "Carol Perspectives on Innovation in Organizations", *Organization Studies*, 1996, 17(1).

[174] Souder, W. E. and Quaddus, A., "A Decision Modeling Approach to Forecasting the Diffusion of Longwall Mining Technologies", *Technological Foreecasting and Social Change*, 1982, 21.

[175] Sundar Bharadwai and AnilMenon, "Making Innovations Happen in Organizations: Individual Creativity Mechanisms, Organizational Creativity Mechanisms of Both?", *The Journal of Product Innovation Management*, New York, 2000, 17(6).

[176] Super D., *The Psychology of Careers*, New York: Harper & Row, 1957.

[177] Swanson, E. B., "Information Systems Innovation Among Organizations", *Management Science*, 1994, 40(9).

[178] Taylor, J. B., "Toward Alternative Forms of Social Work Research: The Case for Naturalistic Methods", *Journal of Social Welfare*, 1977, 4.

[179] Taylor, S. J. & Bogdan, R., *Introduction to Qualitative Research Methods: The Search for Meanings*, New York: John Wiley & Sons, 1984.

[180] Thiruvenkatam Ravichandran, "Redefining Organizational Innovation: Towards Theoretical Advancements", *Journal of High Technology Management Research*, Greenwich, 1999, 10(2).

[181] Thompson, James D., *Organizations in Action: Social Science Bases of Administrative Theory*, New York: McGraw-Hill, 1967.

[182] Thompson, V. A., "Bureaucracy and Innovation", *Administrative Science Quarterly*, 1965, 10.

〔183〕 Tidd, Joseph, Bessant, John & Pavitt, Keith, *Managing Innovation: Integrating Technological, Market, and Organizational Change*, Chichester, West Sussex, England; New York: John Wiley, 1997.

〔184〕 Tornatzky, L. G. and Fleischer, M., *The Process of Technological Innovation*, Lexington, Mass.: Lexington Books, 1990.

〔185〕 Tornatzky, Louis G., and Katherine J. Klein, "Innovation Characteristics and Innovation Adoption-Implementation: A Meta-Analysis of Findings", IEEE Transactions on Engineering Management, EM-29.

〔186〕 Torrance, E. P., *Rewarding Creative Behavior*, Englewood Cliffs, NJ: Prentice-Hall, 1966.

〔187〕 Tushman, N. L. and Nadler, D. A., "Organizing for Innovation", *California Management Review*, 1986, 28.

〔188〕 Tushman, Michael L. and William L. Moore, *Readings in the Management of Innovation*, Cambridge, MA: Ballinger, 1988.

〔189〕 Tushman, Michael L. & O'Reilly, C. A., *Winning Through Innovation: A Practical Guide to Leading Organizational Change and Renewal*, Boston, Mass.: Harvard Business School Press, 1997.

〔190〕 Utterback, J. M. & Abernathy, W. J., "A Dynamic Model of Process and Product Innovation", *Omega*, 1975, 3.

〔191〕 Utterback, James M., "Innovation in Industry and the Diffusion of Technology", *Science*, 1974, 183.

〔192〕 Vande Ven, Andrew H., "Central Problems in the Management of Innovation", *Management Science*, 1986, 32.

〔193〕 Van de Ven, Andrew H., and Everett M. Rogers, "Innovation and Organizations-Critical Perspectives", *Communication Research*, 1988, 15.

〔194〕 Van Maanen, J., Dabbs, J. M., Jr. & Faulkner, R. R. (ed.), *Varieties of Qualitative Research*, Beverly Hills, CA:

277

Sage,1982.

[195] Walton, R. E. , *Innovating to Compete*, Jossey-Bass, San Francisco,1987.

[196] Watkins, K. E. , Ellinger, A. D. & Valentine, T. , "Understanding Support for Innovation in a Large-Scale Change Effort: The Manager-as-Instructor Approach", *Human Resource Development Quarterly*, 1999,10(1).

[197] West, M. A. & Farr, J. L. , *Innovation and Creativity at Work*, Chichester, England: Wiley,1990.

[198] Wolfe, R. A. , "Organizational Innovation: Review, Critique and Suggested Research Directions", *Journal of Management Studies*, 1994,31(3).

[199] Woodman, R. W. Sawyer,J. E. & Griffin, R. W. , "Toward a Theory of Organizational Creativity", *Academy of Management Review*, 1993,18.

[200] Woodman, R. W. & Schoenfeldt, L. F. , "An Interactionist Model of Creative Behavior", *Journal of Creative Behavior*, 1990, 24.

[201] Yamin, Shahid and Gunasekaran, A. and Mavondo, Felix T. , "Innovation Index and its Implications on Organizational Performance: A Study of Australian Manufacturing Companies", *International Journal of Technology Management*, Geneva, 1999,17(5).

[202] Young, Robert L. , James G. Hougland, and Jon M. Shepard, "Innovation in Open Systems: A Comparative Study of Banks", *Sociology and Social Research*, 1981, 65.

[203] Zaltman, G. Duncan, R. and Holbek, J. , *Innovations and Organizations*, Wiley New York,1973.

[204] Zammuto R. , O'Connor E. , "Gaining Advanced Manufacturing Technologies Benefits:The Role of Organizational Design and Culture", *Acad. Mgmt. Rev.* , 1992,17.

［205］ Zmud，R. W.，"An Examination of Push-Pull Theory Applied to Process Innovation in Knowledge Work"，*Management Science*，1984，30.

［206］ Zmud，R. W.，"Diffusion of Modern Software Practices：Influence of Centralization and Formalization"，*Management Science*，1982，28.

［207］ 彼得圣吉:《第五项修炼》,上海三联书店1994年版。

［208］ 陈荣秋:《基于时间竞争的运作管理新技术与新方法研究》(国家自然科学基金申请报告),2003年9月。

［209］ 陈维政、胡豪:《员工 组织匹配中的新员工社会化》,载《西南民族大学学报》2003年第9期。

［210］ 程晓勇:《论图书馆组织结构中岗位匹配》,载《图书馆学研究》2004年第2期。

［211］ 郝云宏:《供应链中的成本管理》,载《经济管理》2003年第5期。

［212］ 蔡明田、胡联国、庄立民:《组织创新——概念架构与命题之建立》,第五届两岸中华文化与经营管理学术研讨会,哈尔滨工业大学与台湾成功大学共同主办,2002年。

［213］ 胡蓓、张建林:《零时间企业的管理模式探析》,载《管理评论》2005年第17卷第9期。

［214］ 胡杨:《零时间竞争的绩效管理模式构建研究》,载《中国人力资源开发》2009年第12期。

［215］ 胡杨、杨新荣:《国企绩效管理中的常见问题及对策》,载《当代经济》2009年第12期。

［216］ 胡杨:《基于绿色化理念的新型工业化建设路径探讨》,载《当代经济》2009年第11期。

［217］ 胡杨、胡蓓:《TBC下的企业组织模式特征及构建研究》,载《企业技术开发》2007年第3期。

［218］ 胡杨、胡蓓:《TBC下的员工流失分析及管理对策》,载《中国人力资源开发》2007年第1期。

[219] 胡杨、胡蓓:《基于时间竞争的物流组织整合模式分析》,载《中国物流与采购》2007年第2期。

[220] 胡杨、胡蓓:《面向零时间企业的即时激励机制研究》,载《科研管理》2007年第3期。

[221] 雷蒙德·叶、克瑞·皮尔逊、乔治·科兹梅特斯基著,唐德琴、唐文焕、邵浩萍译:《零时——即时响应客户需求的创新战略》,电子工业出版社2002年版。

[222] 刘冰、郁晓燕:《员工职业生涯早期管理问题》,载《东岳论丛》2005年第1期。

[223] 刘和东:《技术进步对企业组织结构的影响》,载《现代管理科学》2003年第3期。

[224] 米歇尔·R.利恩得斯、哈罗德·E.费伦:《采购与供应链管理》,机械工业出版社2001年版。

[225] 彭志忠:《现代物流与供应链管理》,山东大学出版社2002年版。

[226] 邱皓政:《组织环境与创意行为——组织创新量表的发展与创新指标的建立》,2001年。

[227] 瑞奇·大卫:《敏捷企业》,载《中国机械工程》1996年第7期。

[228] 石书玲:《大规模定制生产企业群供应链的构建与优化》,载《经济管理》2003年第18期。

[229] 史忠良:《网络经济环境下产业结构演进探析》,载《中国工业经济》2002年第7期。

[230] 宋伟:《新技术革命与企业组织结构创新》,四川大学出版社2002年版。

[231] 唐纳德·J.鲍尔索克斯、戴维·J.克劳斯著,李习文译:《供应链物流管理》,机械工业出版社2004年版。

[232] 王安民、徐国华:《基于最优组织单元的网络化组织设计模式》,载《西安电子科技大学学报》(自然科学版)2006年第33卷第3期。

［233］ 王魁恒、覃正、吴卓立、姚公安:《基于流程的虚拟企业组织框架》,载《科技进步与对策》2006 年第 7 期。

［234］ 王权:《因特网原理对管理思想的启示》,载《现代企业》2003 年第 1 期。

［235］ 王燕涛、朱彬、刘加光、辛献杰、陈义保:《基于企业细胞单元的动态联盟构造方法研究》,载《机械科学与技术》2006 年第 3 期。

［236］ 王易冈等:《敏捷企业组织设计研究》,载《中国机械工程》1998 年第 6 期。

［237］ 吴海平等:《价值网络的本质及其竞争优势》,载《经济管理》2002 年第 24 期。

［238］ 肖亮:《营销供应链物流管理战略过程研究》,航空工业出版社 2005 年版。

［239］ 约翰盖特纳著,宋华译:《战略供应链联盟》,经济管理出版社 2003 年版。

［240］ 约瑟夫·M. 普蒂、海因茨韦里奇、哈罗德孔茨著,丁慧平、孙先锦译:《管理学精要》,机械工业出版社 2000 年版。

［241］ 张洁等:《企业的组织模型》,载《华中科技大学学报》2001 年第 9 期。

［242］ 张雪宁:《物流发展与组织模式的演进及其规律》,载《深圳大学学报》2004 年第 4 期。

［243］ 庄立民:《组织创新模式建构与实证之研究——以台湾资讯电子业为例》,博士学位论文,2002 年。

［244］ 周伯生、樊东平:《零时间:21 世纪企业的概念构架》,载《中国机械工程》2000 年第 11 卷第 1 期。

后 记

自 1999 年攻读硕士学位以来,我一直致力于企业管理方面的研究。经过长期艰辛的努力,发表了一系列论文,取得了一些成果,并以国内外文献资料为基础,依托国家自然科学基金重点项目(编号:70332001)和国家博士后科学基金项目(编号:20090460995),完成了这本著作。

本书研究了面向 TBC 环境的组织创新结构模式、激励模式、过程模式及评价模式,并进行了相应的实证研究,主要得到以下研究成果:第一,提出了 TBC 下基于敏捷供应链管理的四种物流组织结构整合模式;第二,建立了 TBC 环境下的面向零时间企业的组织创新激励模式;第三,修订和完善美国著名学者阿马布勒提出的组织创新模式,构建了面向 TBC 环境的组织创新过程模式;第四,整合"过程理论"与"组织的创新能力"两种研究取向,构建了面向 TBC 环境的组织创新评价模式。

本研究既有丰富的理论意涵,又有较强的实务上的可操作性。评审专家对本研究给予了高度评价:武汉大学经济和管理学院李燕萍教授认为,"本研究思路清晰,层次结构分明,语言通畅,中心思想突出,反映了作者很强的研究能力和学术理论功底"。华中科技大学管理学院朱雪忠教授认为,"研究资料翔实,内容丰富;理论分析与实证研究相结合,研究方法正确;结构合理,文字通顺,写作规范;获得了创造性成果,富有启发性和创新性"。武汉大学经济和管理学院冯文权教授认为,本书"观点新鲜,学术水平较高,在理论、实际两方面均有参考、应用价值"。

本书的立项出版,将丰富组织变革的内容,也将为企业在 TBC 下赢得竞争优势提供指导和帮助。

在多年的研究过程中,本人得到了许多支持与帮助。在本书即将付梓出版之际,我心里充满了由衷的感激和无尽的感慨。

首先感谢华中科技大学管理学院陈荣秋教授和胡蓓教授。我在攻读博士学位的三年中,不仅学到了知识,拓宽了视野,训练了从事科研的技能和思维方式,而且从两位导师的治学精神和思想境界中感悟到了许多人生的真谛。想当初,为了解企业的生产运作状况,已是60多岁高龄的陈荣秋教授,顶着炎炎烈日,带领我们参观某高科技企业的车间生产线,深入了解制造企业的生产运作流程。胡蓓教授带领我们到相关企业逐一访谈,在广东某IT企业,为了帮助企业解决管理流程和组织结构问题,经常和我们加班加点至夜半时分。他们求实的工作态度,成为我从事科研工作的典范。

另外,感谢我的博士后合作导师——武汉大学经济与管理学院李燕萍教授,她在我学习、科研的过程中,给了我无私的指导和帮助。感谢我的硕士生指导老师——湖南大学工商管理学院马超群教授,他将我带入了工商管理这个研究领域。感谢师兄刘小秦博士、梁伟年博士、吴涛博士、肖江博士、叶泽博士等给予的方方面面的支持与鼓励! 感谢我众多的师兄师姐师弟师妹们,陈建安博士、张建林博士、刘群慧博士、崔松博士、刘小群博士、吴殿朝博士、古家军博士、翁清雄博士、陈芳博士、王聪颖博士等,还有武汉大学博士后联谊会和华中科技大学博士生会的各位同人们,你们让我感受到友谊的珍贵! 岳麓山下、东湖之滨一起学习和工作的岁月,成为我青春时代最珍贵的永恒记忆!

再次感谢所有关心我、支持我、帮助我学习、工作和科研的领导、同事、同学和朋友! 特别感谢我的家人,他们默默的支持给了我战胜困难的勇气和信心。

本书参考了一些国内外同人的研究成果。谨向本书写作过程中直接引用或间接参考的、提到姓名或尚未提到姓名的作者们表示诚挚的谢意!

最后,感谢人民出版社的编辑老师们在本书出版过程中的辛勤工作! 尤其是责任编辑吴炽东先生一丝不苟、精益求精的工作作风令人钦佩!

283

　　在我成长的道路上有许多人伸出了援手，给予了帮助，要感谢的人实在太多太多，我想唯有在我今后的学习和工作中加倍努力并取得更大成绩，才能报答所有帮助过我的人们；不仅如此，我还要将这爱的薪火传承下去，惠及更多的人。

　　路漫漫其修远兮，吾将上下而求索。

胡杨
庚寅年春于珞珈山